U0149183

由傳統到創新
—— 論台灣方志之編纂

徐惠玲 著

文史哲學集成
文史哲出版社印行

國家圖書館出版品預行編目資料

由傳統到創新：論台灣方志之編纂 / 徐惠玲著.
-- 初版 -- 臺北市：文史哲，民 106.09
頁； 公分（文史哲學集成；702）
ISBN 978-986-314-379-6（平裝）

1.方志學 2.台灣

733.1   106014212

文史哲學集成 702

由傳統到創新
― 論台灣方志之編纂

著　　者：徐　　惠　　玲　　著
出 版 者：文　史　哲　出　版　社
http://www.lapen.com.tw
e-mail：lapen@ms74.hinet.net
登記證字號：行政院新聞局版臺業字五三三七號
發 行 人：彭　　　正　　　雄
發 行 所：文　史　哲　出　版　社
印 刷 者：文　史　哲　出　版　社
臺北市羅斯福路一段七十二巷四號
郵政劃撥帳號：一六一八○一七五
電話886-2-23511028・傳真886-2-23965656

實價新臺幣四二○元
2017 年（民國一○六）九月初版

著財權所有・侵權者必究
ISBN 978-986-314-379-6   01702

由傳統到創新
——論臺灣方志之編纂

目　次

自 序

　　本書為研究臺灣方志纂修的專書，亦可做為研究臺灣方志的工具書，茲就各章要涵介紹說明如下：

　　第一章緒論；說明本文之「研究動機與目的」、「研究文獻回顧」、「研究方法與架構」。

　　第二章〈臺灣方志編纂的分期與發展（1683－2016）〉；說明方志纂修是中華文化的特色之一，臺灣經歷荷據、明鄭、清朝、日本、中華民國等不同政權的統治，康熙 22 年（1683）臺灣納入清領版圖，康熙 23 年（1684）蔣毓英纂修臺灣第一部方志《臺灣府志》，臺灣修志從清代開始，迄今有三百多年的歷史。其中，戰後臺灣方志的產量，則以「戒嚴時期」最鼎盛；又《臺灣全志》總計有 13 志 15 卷 76 篇，其從 2002 年開始纂修，而截至 2016 年為止，尚有〈人物志〉、〈卷尾〉預計 2018 年方能出版，由此可見，志書編纂費時費力，編纂並非容易之事。而析釐戰後臺灣方志纂修呈現「方志名稱多元化」等七大特色，說明臺灣方志在不同時間，均能能夠展現獨特的編纂特色。本文可以提供讀者，認識戰後臺灣修志的最新知訊與概況。

　　第三章〈臺灣方志之史傳體例 ── 以《史記》列傳、表、書體為例〉；《史記》是中國二千多年來教育的共同教材，《史記》是二十四史之一，是漢朝司馬談、司馬遷父子所撰，收錄時間上自黃帝，下迄漢武帝，全書計有一百三十卷，分為本紀十二、

表十、書八、世家三十、列傳七十，為中國第一部紀傳體的史書，《史記》以五體結構詳略得宜，章法之精，句法之巧，用字之妙，為後世典範，成為中國著名正史之一，流傳久遠；而中國方志纂修歷史淵源流長，具有存史、資治、教育等功能，其百科全書式的內容，能補充正史、校勘史料，已成為學術界研究的重要資源。考察中國歷代方志纂修歷程及臺灣方志，發現方志纂修的體例，隨著時代演進而迭有變化，惟《史記》五體結構中的人物紀傳、表、圖體等，迄今卻仍被修志專家學者繼續援用。本文以《史記》和方志做為文本，析釐其纂修結構，綜述方志纂修如何運用中國史傳體例，希冀該文在存史之餘，也兼具可讀性。

第四章〈臺灣方志之文學書寫 —— 以乾隆時期府志記述為例〉；清領時期臺灣首部方志《臺灣府志》刊行後，臺灣方志蓬勃發展，數量持續不斷增加，而《臺灣府志》纂修的體例，乃成為纂修方志的重要指標。自康熙時期，蔣毓英主修臺灣第一本《臺灣府志》，迄乾隆時期余文儀主修的《續修臺灣府志》，期間全臺纂修的《臺灣府志》前後總共有七部，甚具研究價值。本文主要梳理乾隆時期，所纂修的《重修福建臺灣府志》（劉良璧主修）、《重修臺灣府志》（范咸、六十七合纂）、《續修臺灣府志》（余文儀主修）三部府志，分別就「清乾隆《臺灣府志》編纂背景內容」、「清乾隆《臺灣府志》文學記述異同」等，從所遺留的珍貴文獻資料中，一探早期臺灣方志的文學記述特色具有「收錄首批臺灣文學」、「提供大量民情風土」、「首度載入抗爭民變之事」、「鼓勵臺灣文人創作」、「保存文獻豐功懋烈」五大特色。

第五章〈臺灣方志之水利書寫 —— 以桃園大圳石門水庫為例〉；有鑑於臺灣經濟與水利發展息息相關，乃杷梳臺灣各地方

志，發現僅有桃園縣三部官修縣志：《桃園縣志》、重修《桃園縣志》及《新修桃園縣志》，始終一直以〈經濟志・水利篇〉，進行有關水利的纂修，從清領時期的「陴塘」、日本時期的「桃園大圳」、戰後的「石門水庫」並存於桃園臺地，且從不間斷。因為水利不僅改變生活環境，也可呈現桃園縣經濟的古今遞嬗，更為人與水互動歷程留下見證。析釐三部《桃園縣志》〈水利篇〉之纂修，實具有「纂修手法日益進步」、「突顯陴塘文化資產」、「反映當代水利樣貌」、「探究農田水利組織」、「提供經濟轉型史料」五大特色與價值，是探究臺灣北部農田水利史，頗具值得參考的文獻。

第六章〈臺灣方志之漁業書寫 ── 以新屋沿海客家聚落為例〉；則係有感於客家族群是臺灣族群之一，其文化豐富又獨特，而歷史是人類生活的軌跡，方志則是敘述一地居民生活歷史的發展過程，本文從客家聚落為對象，以《新屋鄉志》等方志書寫的歷史脈絡、現實社會生活的實際樣貌等，深入析釐新屋沿海客家聚落，如何經過時間的堆疊，進而發展出特殊的漁業文化，而其呈現在地漁業文化特色，乃為人類活動的文化產物，全臺獨一無二。然而隨著時代的變遷，產業結構、聚落景觀、海岸線等發生改變，新屋沿海在地漁業文化，正面臨快速消逝的命運。方志纂修突顯客家文化特色的傳承、發展與目前急需正視的重要課題，彰顯方志纂修對社會的影響力與重要性。

第七章〈臺灣方志之歌謠書寫 ── 以原住民族〈澹水各社祭祀歌〉為例〉；世界上各民族先期的表述傳遞，係以歌謠、神話、傳說等口頭的方式，其不僅具有教育、娛樂功能，更是各族群歷史文化的結晶體。平埔原住民族的口傳文學，其實就是原住民的文化寶庫，而要了解原住民的文化真相，口傳文學是不可或缺。惟清代末期，臺灣平埔原住民族口傳文學，因平埔

原住民族漢化，平埔語言迅速消失，加上有關平埔原住民族早期的文獻，記載極其缺乏，研究不易。儘管如此，筆者還是竭盡所能，在有限的文獻資料中探索、分析桃園地區平埔原住民族的口傳文學外，並深入民間進行田野調查，親自訪問龜崙社頭目永媽隆的後裔，努力尋找是否還有口傳文學的蛛絲馬跡，最後採集到僅存的三句平埔語：「gū man（吃飯）」、「mō dū（客人）」、「bi là（錢）」。本文提供臺灣文學史有關桃園地區的參考資料，而編纂方志如能廣集古文史，加上勤跑田野調查，善用口述史料等，纂修的成果必定超越想像。

　　第八章〈戰後臺灣方志纂修的歷史貢獻 —— 以《續修臺北市志》為例〉；臺灣修志工作蓬勃發展，臺北市立文獻館在 2017年 7 月 15 日，於臺北市長官邸藝文沙龍表演廳舉行《續修臺北市志》新書發表會，由擔任監修的現任臺北市長柯文哲，以及前次監修人、前臺市長許水德共同見證。本書付梓前，適值該志出爐，為提供臺灣方志最新編纂概況，乃藉由析釐《續修臺北市志》之纂修，一探其在中國方志發展史之貢獻，冀能有助於臺灣方志編纂之研究。

　　第九章〈結論〉；乃總結全書各章所研究的成果。全覽臺灣方志纂修現況，並對於臺灣方志編纂的未來願景，提出箇己淺見，以供地方行政當局規畫和纂修志書的參考，希冀有助於地方志書纂修水準的提昇。本文乃為拋磚引玉之舉，期待未來有更多同好投入，並賜予雅正。

第一章 緒 論

第一節 研究動機與目的

地方史志編纂，遠在春秋戰國，晉國的史書乘和楚國的史書檮杌，皆可視為地方史志。而孔子依據魯國史書加以刪訂，而成《春秋》，也可視為地方史志[1]，方志編纂在中國已有悠久的歷史與傳統。

方志，是專門記述一地方的史志。臺灣方志，乃記載臺灣各個地方中所存在的人、事、時、地、物等重要史志，其所記載的內容門類繁富，每一本方志皆隱藏編纂者的思想邏輯與個人特性。臺灣，在二次世界大戰之前（以下簡稱戰前），曾歷經以原住民為主體的史前時期（1624 年以前）、荷據時期（1624－1662 年）、鄭氏治臺時期（1662－1683 年）、清領時期（1683－1895 年）、日本時期（1895－1945 年）等，不同主權者與政權統治帶來不同文化，臺灣文化呈現多元色彩。

清代臺灣地方志大多由地方官員編修撰寫，撰寫的範圍以行政區域為主，或一府，或一縣，或一廳，大都是為了統治的

---

1 黃秀政，〈地方史志編纂與研究專輯（上）導讀〉，《臺灣文獻》67 卷 4 期，2016 年 12 月 30 日，頁 2。

目的與行政的便利之考量，而進行方志的編寫。[2]在清領時期臺灣方志編纂體例之變遷和發展，大致與中國傳統方志學相同[3]；清康熙 22 年（1683）臺灣納入清領版圖，翌年蔣毓英纂修臺灣第一部方志《臺灣府志》；清末甲午戰爭，清廷敗戰，割讓臺灣給日本，日本殖民政府統治臺灣初期，為了調查臺灣各地的特殊民俗風情，作為施政的參考，並未致力於官方修志，反而是熱衷於全島性的調查。[4]日本時期，日式的軍事情報與鄉土志，呈現另一種新的修志方式。

　　民國 34 年（1945）9 月 1 日，中國國民政府在重慶成立「臺灣省行政長官公署」，任命陳儀為臺灣省行政長官兼臺灣警備總司令。臺灣省行政長官公署與警備司令部於 9 月 28 日派長官公署秘書長葛敬恩，和臺灣警備司令部副參謀長范誦堯二人籌組「前進指揮所」，並兼該所正、副主任。10 月 5 日由葛敬恩率幕僚八十多人，由重慶抵達臺北。10 月 25 日陳儀銜命在臺北公會堂（今中山堂）接受日本投降。[5]二次大戰結束以後（以下簡稱戰後），臺灣回歸中華民國。戰後初臺灣，在政治上雖然回歸中國，但仍在日本語文化圈中，公署似乎有改變此情況的迫切性。

---

2 林美容，〈確立地方誌的傳統：兼談臺灣史學的奠基〉，收錄於東吳大學主編，《方志學與社區鄉土史學術研討會論文集》（臺北：臺灣學生書局，1998 年 5 月），頁 82。

3 陳捷先，〈論清代臺灣地區方志的義例〉，收錄於《漢學研究》第三卷第二期（臺北：漢學研究資料及服務中心，1985 年），頁 231。

4 林美容，〈確立地方誌的傳統：兼談臺灣史學的奠基〉，前引書，頁 96。據林美容研究，雖日本政府在日治時期熱衷於臺灣全島調查，但還是出版了《臺北廳志》、《新竹縣志初稿》，及清領時期所沒有的《苑里志》、《樹杞林志》、《大園莊志》等以鄉鎮為範圍的志書，修志傳統並未中斷。

5 李筱峰，《臺灣全志·卷首～戰後臺灣變遷史略》，（南投：國史館臺灣文獻館，2004 年 12 月），頁 7。

[6]當時臺灣省行政長官公署深恐臺灣因奴於異族,造成國民性的扭曲,因此積極推動「文化重建」,加強臺灣對中國文化的認同。戰後的臺灣,在中華民國統治之下,積極沿襲中國的修志傳統,繼續從事清領時期(1683－1895 年)、日本時期（1895－1945 年）的修志成果,努力展開方志的纂修工作。臺灣修志從清代開始,迄今有三百多年的歷史,在經歷不同政治、社會、經濟變遷等影響,臺灣方志編纂的演變備受關注。

戰後臺灣在政府積極推動下,不論《臺灣省通志》、《臺北市志》、《高雄市志》、縣（市）志、鄉鎮（市、區）志,及 2003 年開始纂修的《臺灣全志》,四級志書[7]的纂修成果,成績斐然。惟傳統方志編纂之學,已不足為當代新方志學之依據。[8]戰後,臺灣方志的纂修,從戒嚴、解嚴到政權輪替等時代,志書編纂有相當豐碩成果,臺灣方志編纂值得重視與探討。對此,長久大力推動臺灣方志編纂的學者黃秀政認為,政府部門對於地方史志的編纂尚稱重視,民間人士亦投入地方史志的編纂,但對於地方史志編纂的論述與研究,仍在起步階段,有待進一步的

6 黃英哲,《「去日本化」「再中國化」:戰後臺灣文化重建（1945－1947）》(臺北:麥田出版社,2007 年 12 月),頁 280。

7 黃秀政,〈戰後臺灣方志的纂修（1945－2005）〉,收錄於《臺灣史志新論》(臺北:五南圖書館公司,2007 年 9 月),頁 444。「四級志書」名詞係黃秀政所創,「四級」志書乃指,範圍包括臺澎金馬之《臺灣全志》、省（市）志、縣（市）志,及鄉鎮（市、區）志。按劉緯毅,《中國地方志》(北京:新華出版社,1991年 12 月),頁 5-10。方志按其記述內,可分綜合性、專業性二大類,其中,按地域範圍,分為郡志、州志、府志、路志、軍志、監志、省志、道志、縣志、衛志、所志、廳志、旗志、土司志、鹽井志、關志、島志、市志、區鄉鎮村志等。本文依臺灣現實幅員編制,而採「四級志書」之分類進行研究。

8 黃秀政、曾鼎甲,〈論戰後臺灣方志之纂修 —— 以《臺灣省通志稿・學藝志》為例〉,收錄於《臺灣文獻》49 卷第 2 期,1998 年 6 月,頁 95。

推動與加強。[9]

　　過去，筆者曾以〈《新修嘉義縣志》、《新修桃園縣志》之比較研究-以藝文方志為例〉做為博士論文題目，並自許以此做為認識方志的研究基礎。近年來，更喜見有愈來愈多的碩、博士論文，紛紛以方志做為研究題目，為研究方志編纂提供一個新的研究方向。筆者乃以方志編纂做為觀察中心，並積極以〈由傳統到創新：論臺灣方志之編纂〉為題，期待本文研究，能在方志編纂有所發現，且能對方志編纂提出具體的建議，對讀者有所啟發，對地方行政當局提供規畫與編纂志書的參考依據，進而能夠對國內地方史志編纂風氣與水準，有所幫助。

第二節　研究文獻回顧

　　從過去與本書相關的研究論著來看，前人主要有兩種取徑，分述如下：

一、方志學者持續研究與推廣

　　從清代章學誠，到民國以來有學者梁啟超、朱士嘉、陳捷先、林天蔚等人，歷來前賢或從方志學史的角度，或以自身修志經驗，提出對方志纂修之研究文獻甚多。戰後臺灣方志編纂體例、方法、成果，也有不少學者進行討論。例如，盛清沂以〈吾國歷代之鄉鎮志暨本省當前編纂鄉鎮志問題〉[10]，討論歷代

9　2017 年 7 月 3 日，在新北市淡水區，採訪前國立中興大學歷史學系教授/文學院院長黃秀政。

10　盛清沂，〈吾國歷代之鄉鎮志暨本省當前編纂鄉鎮志問題〉，《臺灣文獻》，第17 卷第 2 期（1966 年 6 月），頁 28-47。

鄉鎮志編纂與臺灣鄉鎮志題；尹清章以〈方志體例的創新與新史料的運用 — 以新莊志為例〉[11]等文，主張體例創新、方志個性化、運用新史料、註續註明資料來源；高志彬以〈臺灣方志之纂修及其體例流變述略〉[12]等文，全面檢討戰後臺灣方志纂修的體例流變、纂述方法、內容與編纂方向等；黃秀政、郭佳玲則以〈戰後臺灣縣(市)志的纂修 — 以新修《臺中市志》為例〉[13]，提出《臺中市志》是學者修志的典型等。

　　除了以上諸多前賢大量著作外，民國74年（1985）4月漢學研究資料及服務中心在臺北市舉辦「方志學國際研討會」，又1998年12月在臺中市中興大學，召開海峽兩岸地方史志地方博物館學術研討會。[14]此外，民國88年（1999）5月中央研究院臺灣史研究所籌備處，在中研院舉辦「五十年來台灣方志成果評估與未來發展學術研討會」，計有來自大陸地區、美加、香港、日本學者等人發表論文，及2013年10月9日至11日，在大陸廣東省舉辦「第三屆中國地方志學術年會暨兩岸四地方志文獻學術研討會」。

　　近年，學者黃秀政為國史館臺灣文獻館所發行的《臺灣文

---

11 尹清章，〈方志體例的創新與新史料的運用-以新莊志為例〉，《漢學通訊》第3卷第3期（1984年7月），頁147-149；尹章義，〈清修臺灣方志與近三十年所修臺灣方志之比較研究〉，收入尹章義，《臺灣開發史研究》（臺北：聯經出版社，1989年），頁477-526。

12 高志彬，〈臺灣方志之纂修及其體例流變述略〉，《臺灣文獻》第49卷第3期，1998年9月，頁187-205。

13 黃秀政、郭佳玲，〈戰後臺灣縣(市)志的纂修 — 以新修《臺中市志》為例〉，《方志學理論與戰後方志纂修實務》（南投：國史館臺灣文獻館，2008年）。

14 洪孟啟，《海峽兩岸地方史志地方博物館學術研討會論文集》序（一），（南投：臺灣省文獻委員會，1999年6月）。

獻》[15]，主持該刊物的「地方史志編纂與研究」專輯，並從民國105 年（2016）12 月到 106 年 3 月，陸續以多達二期的刊物版面，分別收錄筆者〈清康熙年間《臺灣府志》之文學記述及其特色〉、黃文榮〈地方志中的日治時代校史修纂：以《嘉義市志》與《嘉義縣志》〈教育志〉為例〉、鄭政誠〈戰後桃園各地志書對日治時期初等教育的書寫分析〉、丁仁傑〈臺北三峽地方史中的人類學觀察〉、張素玢〈由傳統到創新：《新修彰化縣志·人物志》的編纂理念及其特色〉、吳正龍〈論戰後彰化縣鄉鎮志「社會篇」之撰修：以新修《員林鎮志》和《溪湖鎮志》為中心〉、邱正略〈田野調查與古文書運用：以《大里市史》、《大村鄉志》編纂為例〉、陳鴻圖〈《續修臺北市志·政事志自治與選舉篇》的纂修構想及特色〉八篇論文[16]，皆屬方志研究之具體實踐。臺灣方志在學者努力研究與推廣，方志研究與修志工作，依然持續不斷。

二、跨領域學術研究逐漸萌芽

以國家圖書館所錄的臺灣碩博士論文為例，過去以方志理論、方志學為研究者，係以文學院的研究生居多，並能觀察方志纂修的轉變，例如，陳彥文在〈臺灣方志中女性傳記書寫之

---

15 《臺灣文獻》季刊，獲得科技部人文社會科學研究中心，核定為「臺灣人文及社會科學期刊評比暨核心期刊收錄」為第二級期刊，並收錄為人文核心期刊（簡稱 THCI）。

16 黃秀政主持「地方史志編纂與研究」專輯，共收錄徐惠玲〈清康熙年間《臺灣府志》之文學記述及其特色〉等八篇，分別刊登於《臺灣文獻》67 卷 4 期（2016 年 12 月 30 日），及 68 卷 1 期（2017 年 3 月 31 日）。

研究 — 以桃園、新竹、苗栗、臺中及彰化地區為例〉[17]（2017）一文，係檢視當代新修各地方志，有關女性列傳之書寫模式，已不再如傳統方志強褒揚女殉夫之行為，而是能跳脫傳統方志書寫節婦列女之窠臼，逐漸趨向於宣揚女性之德行與孝行，褒揚各類特殊貢獻者，並以模範母親褒揚；另外，孫定邦以〈臺灣清代地方志木雕版研究 —— 以國史館臺灣文獻館所藏《淡水廳志》雕版為例〉[18]（2016）則以一百五十年前的《淡水廳志》為文本，其以復刻實驗，發現只有在政府的大力支持下，才有可能完成復刻。

惟近年來，以方志為文本的研究生，已逐漸擴及到工電算機應用學類、創意設計學類、電資工程學類、建築系等，以下則是把非文學領域，但卻頗有成果的研究，茲整理介紹如下：

呂凌慧在〈《枋寮 100 番地誌》：地方志的數位實驗創作〉[19]（2013）中，蒐集中和枋寮在地歷史、人物與故事，並以地方的片段影像、聲音勾勒枋寮的輪廓與地方感。在敘事上，轉化原來以時間作為陳述順序的地方志結構，提出「空間」概念作為敘事主題。內容安置在地圖的經緯度間，由讀者透過街道的介面設計，展開地方內容的探索與漫遊。作品進一步結合定位與主動推播，創造在地閱讀的互動情境，內容對應著讀者所佇立的當下，空間的今昔對比形成「此在」、「此曾在」的跨時經驗。數位地方志的互動閱讀體驗，賦予地方閱讀空間與探索的

---

17 陳彥文，《臺灣方志中女性傳記書寫之研究 – 以桃園、新竹、苗栗、臺中及彰化地區為例》，國立彰化師範大學台灣文學研究所碩士論文，2016 年。

18 孫定邦，《臺灣清代地方志木雕版研究 – 以國史館臺灣文獻館所藏《淡水廳志》雕版為例》，逢甲大學歷史與文物研究所碩士論文，2016 年。

19 呂凌慧，《《枋寮 100 番地誌》：地方志的數位實驗創作》，國立政治大學數位內容碩士論文，2013 年。

趣味，使地方志不再只是單向、平面的陳述。對於中和在地人而言，閱讀的過程是一場地方記憶的召喚；對於外地讀者，作品賦予漫遊者一種穿梭時空的地方體驗，提供不同觀看地方的角度、視野、感受與記憶。透過新媒體 iPad 為敘事平台，運用新媒體敘事的互動性、行動與多媒體特色，將文學的創作結合空間系統，賦予地方志閱讀立體的空間感知。她強調是創作者對於家與土地的追尋與紀錄。

　　孫偉哲在〈地方志設計屬性與喜好度相關探討〉[20]（2016）認為，方志是紀錄地方要聞的書籍，從自然、人文、歷史皆詳盡記載，但是地方志卻沒有因為資料的重要而被受重視。而資訊時代快速演進，書籍閱讀習慣不斷受到挑戰與改變，從過往的竹簡抄寫，到後來的印刷成冊，書籍在傳遞知識與訊息的同時面對險境，地方志在這樣的處境下更備受挑戰。孫氏將方志書籍視為一部地方的文化內涵，以文化為基底，結合創意，讓地方志書籍能夠在設計上更加凸顯方志的文化價值。此外，書籍設計加入地方特色，透過裝幀提升方志的價值，強化國民對地方的認同感，進一步透過方志瞭解自己居住的土地，對地方產業帶來正面的影響。該研究發現，透過提升地方志的有趣程度與精緻度，可以增加讀者對方志的喜好程度。方志也做為饋贈貴賓重要書籍，可讓人認識不同土地的歷史。

　　黃致凱以〈應用序列標記技術於地方志的實體名詞辨識〉[21]（2015），從過去整理的方志人物等資訊，透過實驗，對未處理

20　孫偉哲，《地方志設計屬性與喜好度相關探討》，國立高雄師範大學文化創意設計碩士論文，2016 年。

21　黃致凱，《應用序列標記技術於地方志的實體名詞辨識》，國立政治大學資訊科學學系碩士論文，2015 年。

過的方志語料做實體名詞辨識，辨識人名準確率高達 80%以上，地名辨識則達 86%。未來還要對方志的語法進行分析，進而進行人物與其他實體名詞連結，俾利整理更完善的人物資訊。

李鈺淳在〈鳥瞰臺灣方志：以物產、職官為初探對象〉[22]（2011），將清領時期方志的職官與物產資訊進行歸納，並進一步儲存為詮釋資料（metadata），讓資料的檢索方式更彈性，呈現的方式更多樣化。論文藉由不同於一般傳統檢索的呈現方式，觀察方志原先不容易得到或是需要耗費工時才能取得的結果，在將統整出來的結果，以嶄新的面貌呈現，讓觀察的觸角能朝更多的方向延伸。

盧巧榕以〈臺灣清代街的形成與發展：以方志記載為中心的探討〉[23]（2011），以清代方志記載的街為研究對象，用宏觀的角度建構清朝治理臺灣開始到日治時期之前（1683–1895），臺灣街鎮的歷史發展脈落。再進一步闡述，臺灣街的區域體系、規模與族群關係，以及海港街、河港街、陸路街與山城街，在不同的地理環境與歷史背景之下，發展出具有臺灣風味的街鎮特色。最後，透過鑑古觀今，反思現行臺灣對聚落保存的態度，提供不同的觀點。

劉郡芷在〈清代台灣方志中文化資產記載之研究〉[24]（2010），從文化資產的角度回顧清代的台灣方志，從「古蹟」和「風俗」兩篇目進行分析與整理，一方面從觀念上討論其中

---

22 李鈺淳，《鳥瞰臺灣方志：以物產、職官為初探對象》，國立臺灣大學資訊工程學研究所碩士論文，2011 年。

23 盧巧榕，《臺灣清代街的形成與發展：以方志記載為中心的探討》，國立臺北藝術大學建築與文化資產研究所碩士論文，2011 年。

24 劉郡芷，《清代台灣方志中文化資產記載之研究》，國立臺北藝術大學建築與古蹟保存研究所碩士論文，2010 年。

對文化資產的態度；另一方面，則針對各項的內容，找尋與現代各項資產的關連性。最後，再經由現行「文資法」進行比較與統整。

以上論文，係分別以數位內容、數位創作、裝幀、設計、包裝、應用序列標記技術、詮釋資料（metadata）資料檢索技術，還有聚落保存觀念及文化資產等研究，這些來自於電算機應用學類、創意設計學類、電資工程學類、建築系等不同的學術領域，但卻有志一同以方志做為探究對象，提供不同的研究氣息，為方志編纂修的研究之路注入新血，闢一新途。

第三節　研究方法與架構

本文研究方法與研究架構如下：

一、研究方法

方志具有資治、教育、存史之功能。方志資料充實、內容豐富，具有系統性、複載性、差異性、可靠性等基礎。[25]千百年來，中國大地歷盡滄桑，多少烜赫的皇朝、風雲的人物消失殞落，但中國方志卻未衰落，甚至日漸發達，此乃與方志具有地區性、綜合性[26]、資料性、連續性等特點。方志取得屹立不搖之

---

25 巴兆祥，《方志學新論》（上海：學林出版社，2004 年 6 月），頁 33-47。
26 方志內容無所不包，體裁兼採多種著作長處。它用地圖表達山川城鄉的位置和距離；用編年史的形式敘述歷朝大事和各種事物的沿革變遷；用表格來列舉文武官員和舉人、進士的姓名簡歷；用目錄的形式介紹當地人的著作和當

歷史地位，方志編纂研究具有高度研究價值。

　　本文研究方法，乃以客觀的立場、平實的態度，除以歷史編纂法、搜集排比法、比較法、文獻資料分析法、綜合法、演繹法、訪問法、輯佚法等社會學科研究方法，再輔以其他文獻資料交互考證、詮釋、析疑、辨異等，而搜集、整理、考辨之資料，包括文獻記載、方志資料庫及調查訪問等，徵集資料力求全面性。對數字以表格和計量統計呈現，俾使讀者快速掌握，並能全面深入方志編纂相關問題，期能為方志編纂，提供微薄之力。

二、研究架構

　　本論文計有九章二十七節，另有「自序」、「參考書目」與八個「附錄」。全文以歷史發展時間為經，以方志編纂為緯，一探臺灣方志編纂之發展。各章節次安排說明如下：

　　第一章為「諸論」，計以三節分別說明研究動機與目的、研究文獻回顧、研究方法與架構。

　　第二章為「臺灣方志編纂的分期與發展（1683－2016）」，以「清領時期的臺灣方志（1683－1895）」、「日本時期的臺灣方志（1895－1945）」、「戰後時期的臺灣方志（1945－2016）」三節，析理臺灣方志在清領、日本、戰後三個不同時期的編纂情

地文物；用傳記的形式記載名人事蹟；用隨筆雜著的形式記錄軼聞雜事。在《藝文志》中仿照詩文集的形式編錄讚頌當地著名古蹟或反映當地民情風俗的詩詞和文章。方志體裁多采多姿，展現綜合性的風格。見周迅，《中國的地方志》（臺北：臺灣商務印書館，1994年2月初版），頁1-16。

形。

　　第三章為「臺灣方志之史傳體例 —— 以《史記》列傳、表、書體為例」，以「《史記》所採體例」、「方志所採體例」、「史體與方志」三節，分別論述傳統史記的體例與方志體例之異同，突顯方志纂修的變與不變。

　　第四章為「臺灣方志之文學書寫 —— 以乾隆時期府志記述為例」，則以「清乾隆《臺灣府志》編纂背景內容」、「清乾隆《臺灣府志》文學記述異同」、「清乾隆《臺灣府志》文學記述特色」三節，深入探究臺灣早期方志有關文學的書寫樣貌。

　　第五章為「臺灣方志之水利書寫 —— 以桃園大圳石門水庫為例」，計以「臺灣水利志纂修概況」、「連綿不斷纂修水利的方志」、「水利志纂修的特色與價值」三節，一探日本時期，方志中有關臺灣最具代表的水利重大建設之編纂。

　　第六章為「臺灣方志之漁業書寫 —— 以新屋沿海客家聚落為例」，分別以「方志中有關客家漁業之書寫」、「新屋沿海客家聚落及漁業發展」、「區域發展對新屋沿海客家聚落及漁業之影響」三節，分別論述方志對於客家文化編纂，進而提供不同的省思。

　　第七章為「臺灣方志之歌謠書寫 —— 以原住民族〈澹水各社祭祀歌〉為例」，則以「臺灣平埔原住民分佈與現況」、「臺灣平埔原住民流傳的歌謠」、「〈澹水各社祭祀歌〉反映的思想」三節，深入探討方志中有關臺灣原住民族歌謠的編纂，充分展現對原住民的關心。

　　第八章為「戰後臺灣方志纂修的歷史貢獻 —— 以《續修臺北市志》為例」，以「《續修臺北市志》纂修背景與纂修過程」、

「《續修臺北市志》纂修團隊與審查機制」、「《續修臺北市志》編纂篇目與纂修內容」、「《續修臺北市志》之歷史貢獻」四節，析釐《續修臺北市志》之纂修，說明臺灣方志最新編纂概況，並一探其在中國方志發展史之貢獻，冀能有助於臺灣方志編纂之研究。

第九章為「結論」，則分別以「臺灣方志編纂的歷史貢獻」、「臺灣方志編纂的未來願景」二節，總結本文研究結果，說明臺灣方志編纂在方志史上的貢獻值得肯定。方志編纂是中華文化獨一無二的文化資產，為使此業永續發展，方志編纂未來應朝諸多願景持續努力。

有關臺灣方志編纂與研究，雖稱已盡綿薄，恐仍多不盡妥善，祈請更多同好博雅方家，不吝教正，至所企盼。

第二章　臺灣方志編纂的
分期與發展（1683-2016）

　　臺灣方志纂修歷史迄今長三百多年，方志纂修的歷史茲分為「清領時期的臺灣方志（1683-1895）」、「日本時期的臺灣方志（1895-1945）」和「戰後時期的臺灣方志（1945-2016）」，其中，為呈現臺灣最新的纂修情形，本書探究的方志斷限於 2016 年。凡 2016 年 12 月以前出版的臺灣方志，皆是本書探究的範圍。有關臺灣方志各期纂修與發展如下：

第一節　清領時期的臺灣方志（1683-1895）

　　清廷治臺長達二百一十二年，依康熙、乾隆、嘉慶、道光、同治、光緒年間分期，纂修的方志如下[1]：

1　陳捷先，《清代臺灣方志研究》（臺北：臺灣學生書局，1996 年 8 月）；方豪，〈清代前期臺灣方志的編纂工作〉，《台灣人文》第 2 期（1978 年 1 月）；黃秀政，《臺灣史志新論》（臺北：五南圖書公司，2007 年 9 月）；徐惠玲，《《新修嘉義縣志》、《新修桃園縣志》之比較研究——以藝文方志為例》（臺北：花木蘭出版社，2014 年 3 月）。

一、康熙年間

（一）康熙 23 年（1684），季麒光修《臺灣郡志稿》[2]、王喜撰《臺灣志稿》[3]、蔣毓英修《臺灣府志》[4]。

（二）康熙 24 年（1685），林謙光修《臺灣紀略》[5]、杜臻修《澎湖臺灣紀略》。

（三）康熙 25 年（1686），施鴻《臺灣郡志》。

（四）康熙 34 年（1695），高拱乾纂《臺灣府志》。[6]

（五）康熙 51 年（1712），臺灣知府周元文纂修《重修臺灣府志》，體例完全仿照高拱乾的舊志，有十個總目，只是子目從 80 個減為 77 個。

（六）康熙 55－56 年（1716－1717），諸羅知縣周鍾瑄、陳夢林合修《諸羅縣志》。

（七）康熙 58 年（1719），鳳山知縣李丕煜、陳文達合修《鳳山縣志》。

（八）康熙 58－59 年（1719－1720），臺灣海防同知兼掌臺灣縣事王禮、陳文達合修《臺灣縣志》。

（九）康熙年間，還有施鴻纂修《臺灣郡志》，以及周于仁、胡

---

2 毛一波，〈臺灣方志與早期史料〉，《臺南文化》第 6 卷第 1 期（1958 年 8 月）；陳捷先，《清代臺灣方志研究》（臺北：臺灣學生書局，1996 年 8 月）；方豪，〈清代前期台灣方志的編纂工作〉，《台灣人文》第 2 期（1978 年 1 月）；黃秀政，《臺灣史志新論》（臺北：五南圖書公司，2007 年月）。

3 廖漢臣，《臺灣省通志》（臺北：臺灣省文獻委員會，1971 年 6 月），頁 6。

4 陳捷先，《清代臺灣方志研究》，前引書，頁 16－35。

5 廖漢臣，《臺灣省通志》，前引書，頁 6。

6 方豪，〈臺灣方志的研究資料〉，《臺南文化》第 2 卷第 3 期（1952 年 9 月），頁 47－53。

格合修《澎湖志略》[7]。

二、乾隆年間

（一）乾隆 1 年（1736），周于仁纂修《澎湖志略》。

（二）乾隆 2 年（1737），福建省臺灣府修《福建通志臺灣府》。

（三）乾隆 3 年（1738），分巡臺灣道伊士俍修《臺灣志略》。

（四）乾隆 5 年（1740），胡格重修《澎湖志略》。

（五）乾隆 5－6 年（1740－1741），分巡臺灣道兼按察使司副
　　使劉良璧纂修《重修福建臺灣府志》。

（六）乾隆 9－11 年（1744－1746），巡臺御使范咸、六十七合
　　修《重修臺灣府志》。

（七）乾隆 17 年（1752），王必昌纂修《重修臺灣縣志》。

（八）乾隆 25－29 年（1760－1764），臺灣知府余文儀《續修
　　臺灣府志》。

（九）乾隆 27 年（1762），鳳山知縣王瑛曾纂修《重修鳳山縣
　　志》。

（十）乾隆 34 年（1769），澎湖通判胡建偉纂修《澎湖紀略》。

三、嘉慶年間

（一）嘉慶 12 年（1807），嘉義縣學教諭謝金鑾、臺灣縣學教
　　諭鄭兼才合修《續修臺灣縣志》。

---

7 方豪，〈清代前期台灣方志的編纂工作〉，《台灣人文》第 2 期（臺北：1978 年
　1 月）頁 5-16。

（二）嘉慶 14 年（1809），李元春輯《臺灣志略》。

（三）嘉慶年間，謝金鑾修《蛤仔難紀略》。

四、道光年間

（一）道光 9 年（1829），澎湖通判蔣鏞纂修《澎湖續編》、陳壽祺修《福建通志臺灣府》、臺灣府修《臺灣采訪冊》。

（二）道光 9–10 年（1829–1930），陳國瑛等十六人採輯《臺灣采訪冊》。

（三）道光 11–12 年（1831–1833），彰化知縣周璽纂修《彰化縣志》、陳淑均纂修《噶瑪蘭廳志》。

（四）道光 12 年（1832），署噶瑪蘭通判柯培元纂修《噶瑪蘭志略》。

（五）道光 18 年（1838），陳淑均修《噶瑪蘭廳志》。

（六）道光年間，鄭用錫、李嗣業修《淡水志初稿》。

五、同治年間

（一）同治 9 年（1870），淡水同知陳培桂纂修《淡水廳志》。

（二）同治年間，林豪修《續志稿》。

六、光緒年間

（一）光緒 18 年（1892），林豪纂修《澎湖廳志》。

（二）光緒 19 年（1893），林豪纂修、薛紹元刪補《澎湖廳志》。

（三）光緒 19－20 年（1893－1894），苗栗知縣沈茂蔭纂修《苗栗縣志》。

（四）光緒 20 年（1894），屠繼善纂修《恆春縣志》、倪贊元修《雲林縣采訪冊》、胡傳修《臺東州采訪冊》。

（五）光緒 21 年（1895），蔣師轍、薛紹元修《臺灣通志》。

（六）光緒 25 年（1899），李烇、程森合修《雲林縣采訪冊》。

　　統計以上清領時期纂修的臺灣方志，至少有上述 45 部，其中，學界咸認為《臺灣府志》為臺灣第一本方志。但《臺灣府志》作者有二個版本，分別為蔣毓英（又稱《蔣志》[8]）、高拱乾（又稱《高志》）所著，二本《府志》的內容也不同。此乃因《蔣志》是在大陸出版，臺灣並無傳本，蔣氏修志乙事幾乎無人知情。《高志》乃曾被學界以為是臺灣第一部府志。直到民國以後，方志學家朱士嘉發現《蔣志》的康熙刻本藏於上海圖書館上海圖書館，1985 年由北京中華書局景印出版。據陳捷先研究《臺灣府志》（《蔣志》）成書時間及相關內容，以「蔣毓英的《臺灣府志》卷九〈勝國遺裔〉逕用『朱弘桓』」、『弘』等，『弘』字不缺筆，也不改字，顯然《臺灣府志》的付刻是在乾隆以前[9]，故《蔣志》應該才是臺灣第一部方志。

8　據陳捷先研究，蔣氏《臺灣府志》共十卷，是一家刻本，白口，上魚尾、左右雙邊，仿宋體字、每半頁十一行，每行 19 字，全書 125 頁，約五萬字，分 10 卷 25 目，有圖。刻本沒有序跋、凡例，書中重視學校、廟宇、強調古蹟、災祥，崇尚勛臣節烈人士及勝國遺裔，蔣志用心保存明鄭史料，並統計當時臺灣人口有三萬零 229 人，其中，男性一萬六千二百七十四人、女性一萬三千九百五十五人，為臺灣方志奠下基礎。陳捷先，《清代臺灣方志研究》，前引書，頁 16-35。

9　陳捷先，《清代臺灣方志研究》，前引書，頁 16-35。

　　此外，分巡臺灣道伊士俍修《臺灣志略》一書：

> 《臺灣志略》是幾年前，筆者在一個偶然的機會發現了
> 尹著《臺灣志略》原書的一些蛛絲馬跡，經過不懈地努
> 力和多方求覓，……見到了這部塵封湮沒二百五十載之
> 久的存世孤本。尹著《臺灣志略》為刊本，白口，左右
> 雙邊，單魚尾，半頁八行，每行十八字，宋體，分上、
> 中、下三卷……卷首有作者自序一篇，簡要介紹自己在
> 臺灣為官的經歷及與《臺灣志略》編纂的事情，落款為
> 乾隆三年歲次戊午黃鐘月濟水尹士俍泉甫書於臺陽觀察
> 署之斐亭。所以尹士俍所著《臺灣志略》是在尹任滿（乾
> 隆 4 年，1739 年）前付梓刊印的。[10]

> 辛亥夏，有委盤彰邑倉庫之役，途間采之父老，問之番
> 黎，悉心焉志之……山形地勢、番俗民風皆親歷而目擊
> 焉……今當瓜期將屆，憶自己酉以來共十年於茲……。
> 謹就餘所見聞，聊綴數言，刊就一帙，非敢謂於前人所
> 記載者，能為之備遺而補缺。[11]

前段引文，是李祖基說明尹士俍纂修《臺灣志略》的始末與內
容；後段引文，則是據尹士俍在《臺灣志略》的自序，說明纂
修的原委。除李、伊二人說明《臺灣志略》為伊氏私纂的方志
外，李氏又考證劉良璧的《重修福建臺灣府志》、范咸的《重修

10　（清）尹士俍纂修、李祖基點校，《臺灣志略》（中國北京：九州出版社，2003
　　年 3 月），頁 1-4。
11　（清）尹士俍纂修，〈臺灣志略序〉，收入於（清）尹士俍纂修、李祖基點校，
　　《臺灣志略》，前引書，頁 2。

臺灣府志》、陳淑均的《噶瑪蘭廳志》，都曾經引用尹志的《臺灣志略》。尹士俍私纂的《臺灣志略》，資料廣被其他方志引用，顯示私纂方志不容輕視。

清領時期的臺灣方志，有蔣毓英、高拱乾、陳夢林等學者與官員，將中國傳統優良的修志傳統引進臺灣，而方志的纂修人員，幾乎都是清廷官員親自認真參與修志，此外，並積極培訓陳輝（臺灣舉人，參與《重修福建臺灣府志》纂修）、曾作霖（彰化舉人，編輯《彰化縣志》）等多位在地人士參與修志。官、私修方志提供豐富史料，係為探索早期開闢臺灣史實的資料庫。

第二節 日本時期的臺灣方志（1895-1945）

清光緒 20 年（日明治 27 年，1894），清朝為了朝鮮主權問題，和日本發生甲午戰爭，但清廷戰敗，與日本簽訂馬關條約。光緒 21 年 4 月 17 日臺澎割讓給日本（乙未割臺），日本治臺長達五十年。清廷割臺，不僅牽動臺灣與中國大陸的分合，也改變臺灣的命運，對臺灣的政治、經濟與社會文化等方面影響至深且鉅。

「就政治方面言，割臺使原先為清朝一個省分的臺灣，從此成為日本帝國的第一個殖民地，而臺灣住民乃從大清帝國的臣民，改為日本帝國殖民地的住民。就經濟方面言，割臺改變臺灣農、工、商各業的發展，其中，農、商兩方面的影響尤為顯著。農業方面，日本統治當局引進農耕作技術，並從事科學的農業改良；商業方面，最大的變化是臺灣貿易對象的改變，

原先臺灣與中國大陸所進行的區域分工，以臺灣所產的農產品換取中國大陸的民生日用品，至是，漸為臺灣與日本的貿易所取代，使臺灣的經濟體由原先融入中國經濟圈，改為融入日本經濟圈。就社會文化言，割臺對原已具有相當程度內地（中國）化傾向的社會文化，亦帶來極大的衝擊，特別是因民生日用品供應來源的改變，由生活方式所形塑的大眾文化，在臺灣確曾出現顯著的變化。臺灣總督府並透過教育及種種制度安排所加強的紀律觀念，對臺灣住民的影響極為深遠。日本末期，臺灣總督府實施戰時體制，積極推動皇民化運動，左右臺灣社會文化的走向。」[12]在日本殖民統治下，臺灣住民處境十分困難。

　　臺灣在日本期間，從三縣一廳（臺北縣、臺灣縣、臺南縣及澎湖島廳）演變至 1926 年（日昭和元年）的五州三廳（臺北州、新竹州、臺中州、臺南州、高雄州及澎湖廳、臺東廳、花蓮港廳）[13]，日本受中國影響，亦盛行纂修方志，早在奈良時代就有編纂方志的傳統[14]，因此，1895 年，日本依馬關條約取得臺

---

12 黃秀政，《臺灣史志新論》（臺北：五南圖書公司，2007 年 9 月），頁 108-109。

13 黃秀政、張勝彥、吳文星，《臺灣史》（臺北：五南圖書出版社，2002 年 2 月），頁 6。

14 日本奈良時代，根據朝廷的命令，各諸侯均編纂稱之為《風土記》的地方誌類的書。日和銅 6 年（713）5 月，元明天皇向諸侯提出：一、為郡鄉地名加好字（由兩個漢字組成的佳名）；二、錄入郡內物產種類、名稱；三、土地肥沃的狀態；四、山川原野名字的由來；五、古老、舊聞的傳說，－上報。諸侯國響應號令，將調查結果以國史之解，以向中央官廳報告的公文形式向朝廷報告。至延喜 14 年（914），這些資料以某某國府土記的名稱保存於朝廷。但或許由於保存狀態很差，多有散佚。奈良時代之所以如此向諸侯國求得各國風土記，是因為要模仿中國歷代史書中的收錄地方誌的方式。到了江戶時代，幕府及各藩均展開編纂方志活動，編纂的地志大多仿照奈良時代風土記之先例，稱為某某風土記。見犬井正，〈關於關東地方史志類中「志」與「史」的若干考察—來自與中國「方志」關聯的角度的探討〉，《中日地方史志比較

灣，是年 7 月日本參謀本部隨即編印第一部官修方志《臺灣誌》，作為治臺參考。為殖民統治之需，日本殖民政府致力於中國法制之研究，及清領時期臺灣地方有關土地、風俗等慣例之調查。

　　日人治臺之初，一方面成立「臨時臺灣土地調查局」及「臨時臺灣舊慣調查會」；另一方面，臺灣總督府廣泛蒐集清領時期所纂修之府廳舊志，並倡修縣廳志。綜觀日本治臺五十年，所纂修臺灣方志如下：[15]

一、全臺志

（一）《臺灣誌》

　　日明治 28 年（光緒 21 年、1895），日本參謀本部編纂，是日本時期第一部官撰臺灣史志。

（二）《臺灣形勢一斑》

　　日明治 30 年（光緒 23 年、1897），日本中央政府拓殖務省南部局第二課編印。

（三）《臺灣統治綜覽》

　　日明治 41 年（光緒 34 年、1908），臺灣總督府官房文書課印行。

（四）《臺灣統治概要》

研究》（中國天津：南開大學出版社，1996 年 1 月），頁 310-311。

15 王世慶，〈日據時期臺灣官撰地方史志的探討〉，《漢學研究》第 3 卷第 2 期（臺北：國立中央圖書館出版，1985 年 12 月），頁 317-319。另據黃秀政，《臺灣史志新論》，前引書，頁 451-454。

日昭和 20 年（民國 34 年、1945），臺灣總督府編印，此為日本時期官方編印之最後一部全臺志書。

以上四種全臺志，全部都是日文。

二、縣廳志

（一）《臺南略誌》

日明治 29－30 年（1896－1897），臺南縣所編纂。

（二）《新竹縣志初稿》

日明治 30 年（1897），新竹縣知事櫻井勉聘前臺北府廩生鄭鵬雲、前新竹縣學附生曾逢辰等撰纂修。

（三）《嘉義管內采訪冊》

日明治 31–34 年（1898–1901）打貓辦務署調查採訪編輯，書名全稱為《嘉義管內打貓西堡、打貓北堡、打貓南堡、打貓東下堡三分、打貓東頂堡采訪冊》，一般簡稱為《嘉義管內采訪冊》。

（四）《臺南縣志》

日明治 29 年（1896）日人磯貝靜藏任臺南縣知事，委任瀨戶晉為縣志編纂主任，主持縣志編纂逐年完稿，全志分為四編四冊。首編沿革之部，第二編制度之部、第三編員警司法監獄、第四編沿革之二。

（五）《南部臺灣誌》

日明治 34 年（1901）11 月 9 日，廢臺南縣，改設臺南廳，乃將《台南縣志》改稱為《南部台灣志續編》。臺南廳委託日人

花岡伊之作、蔡國琳編纂，為《台南縣志》續編，共有四編。

（六）《臺北廳志》

日明治 36 年（1903），臺北廳總務課編印。

（七）《桃園廳志》

日明治 38–39 年（1905–1906），桃園廳長竹內卷太郎命屬僚編輯調查完成。

（八）《新竹廳志》

日明治 36–39 年（1903–1906），新竹廳長里見義正命屬官波越重乏編纂。

（九）《臺北廳志》（重修）

日大正 7–8 年（1918–1919），臺北廳重修十五年前刊行之《臺北廳志》，是日本時期唯一重修的縣廳志，也是日本時期最後一部官撰縣廳志。

以上縣廳志，除《新竹縣志初稿》、《嘉義管內采訪冊》為中文外，餘者均為日文。

三、郡市志

（一）明治 30 年（1897），前清附生蔡振豐纂輯《苑裡志》。

（二）明治 31 年（1898），前清附生林百川、訓導林學源纂輯《樹杞林志》（樹杞林，今竹東）。

（三）昭和 5 年（1930），臺北市役所為紀念該市成立十周年，

編印《臺北市十年誌》。此部為日本時期，全臺首部市志。

（四）昭和 9 年（1934），高雄市役所為紀念該市成立十周年，
編印《高雄市制十週年略志》。

（五）昭和 10 年（1935），嘉義市役所為紀念該市成立五周年，
編印《嘉義市制五周年紀念誌》。

（六）昭和 17–18 年（1942–1943），大溪郡役所庶務課文書主
任富永豐編纂《大溪誌》。

以上均為官撰郡市志，除《苑裡志》、《樹杞林志》為中文
外，餘者皆為日文。

四、街庄志

（一）大正 15 年（1926），嘉義街役場編印《大嘉義》。

（二）大正 15 年（1926），新竹街役場編印《新竹街要覽》。

（三）昭和 6 年（1931），海山郡中和莊役場聘請前臺灣總督府
翻譯劉克明編纂《中和庄誌》，此為日本時期官撰首部正
式街庄志，《中和庄誌》被喻為「日據時期北臺官撰街庄
志的範本」。[16]

（四）昭和 8 年（1933），板橋街役場編印《板橋街誌》。

（五）昭和 8 年（1933），桃園郡為舉辦街莊聯合自治展覽會而
編纂《龜山庄全誌》。

（六）昭和 8 年（1933），蘆竹莊役場職只編印《蘆竹庄誌》。

---

16 王良行，《鄉鎮志撰修實務手冊》（臺中：國立中興大學、行政院文化建設委
員會中部辦公室，1999 年 9 月），頁 19。

（七）昭和 8 年（1933），大園莊役場書記徐秋琳編纂《大園庄誌》。

（八）昭和 8 年（1933），桃園街役場書記岸藤次郎編纂《桃園街誌》。

（九）昭和 9 年（1934），鶯歌莊長今澤正秋編纂《鶯歌鄉土誌》

（十）昭和 9 年（1934），三峽莊役場編印《三峽庄誌》（全一冊，98 頁），這是日本時期最後一部官撰街庄志。以上官撰街庄志，皆為日文。

　　乙未割臺，但臺灣修志工作卻未此稍戢。除以上官修方志外，一般中小學校、文教團體等共同團體，亦積極參與修志，纂修的「鄉土志」、「要覽」、「概況」、「大觀」、「一覽」數量多達二百多種[17]，惟纂修內容多為施政資料。至於私人方面，例如伊能嘉矩（1867－1925）精查臺灣史實，一覽臺灣文化各方面的發展，以三十年時間，殆竭盡其一生的精力，傾注平民之歷史，完成著述《臺灣文化志》[18]，其獨步研究臺灣古文化，獲得學界讚賞，肯定該書是「集史話、統計年鑑、臺灣初期發達史於一書，可謂為：臺灣文獻通考」。[19]此外，還有井出季和太的

---

17 王世慶，〈日據時期台灣官撰地方史志的探討〉，《漢學研究》第 3 卷第 2 期，前引書，頁 317-319。

18 日本人伊能嘉矩，28 歲抵台灣，41 歲才回日本，在臺期間從事學術調查等工作，返日之後仍以臺灣總督府理蕃沿革志編纂委員、臺灣總督府舊慣調查會委員、臺灣總督府史料編纂委員，終生與臺灣關係密切。伊能嘉矩傾注精魂寫成之書尚未出版，不幸病逝日本，原稿無題多達五十四冊委託愛徒板澤武雄出版，原本無題的稿本改題《台灣文化志》，1928 年（昭和 3 年）9 月 20 日出版，共分上、中、下三卷，每卷皆為千頁巨著。夏麗月主編，《伊能嘉矩與台灣研究特展專刊》（臺北：國立台灣大學圖書館，1998 年 11 月）。

19 福田德三，〈《臺灣文化志》序〉，收於伊能嘉矩著，江慶林等人譯，《臺灣文化志》（臺北：臺灣書房出版公司，2011 年 3 月），頁 2。

《臺灣治績志》，及鈴村串宇經二十多年穿梭中、臺、日蒐羅而得資料編成《台灣全誌》等，均能提供大量參考史料。

綜上所述，首先，就纂修方志的態度而言，日本從 1895 年來臺，對臺係推行殖民地統治，第一時間就著手編纂第一部《全臺志》，直至從臺灣撤退前，1945 年又出版《臺灣統治概要》，由此可見，日本從治臺開始，到撤離臺灣，其長期從事臺灣的調查工作，從未間斷。其次，就纂修方志的內容而言，方志內容多以日文書寫纂修，開創纂修的街庄志，則相當於戰後的鄉鎮（市區）志，而成為戰後臺灣新興的方志。

第三節　戰後時期的臺灣方志（1945–2016）

戰後時期，臺灣方志纂修如雨後春筍般，方志發展白熱化，茲以下列分期說明如下[20]：

一、1945–1949 年（戰後初期）

民國 34 年（1945）戰後初期，日皇軍宣佈無條件投降，到

---

20 有關戰後出版的臺灣方志工程浩大，部分初稿曾分別於 2011 年在《世新中文研究集刊》、《臺北文獻》發表，惟當時收錄斷限時間是 2010 年。而本書出版應與時俱進，為力求完整，本文乃以原文的研究為基礎，再增補 2011 年至 2016 年期間，臺灣各縣市纂修的所有方志，本文除內容有所增修，並力求有所變異。參見徐惠玲，〈戰後臺灣方志纂修的總體考察與論析〉，《世新中文研究集刊》（臺北：世新大學中國文學系所，2011 年 7 月）第七期，頁 91-132。另見徐惠玲，〈戰後臺灣縣（市）志的纂修研究 — 以《新修桃園縣志》為例〉，《臺北文獻》（臺北：臺北市文獻委員會，2011 年 9 月），頁 171-234。

10 月 5 日前進指揮所主任葛敬恩率員抵臺前，期間整整 50 天，原有日本行政機關已失去拘束力，臺灣許多地方都發生日本員警遭到突擊報復，臺灣許多地方發生報復日人的小騷動，時有所聞。[21] 10 月 16 日中國軍隊從基隆登陸，進入臺北市，臺灣人民以瘋狂似的熱情，迎接他心目中的「祖國」的官員和軍隊。10 月 25 日，中國戰區臺灣省受降典禮在臺北市公會堂（中山堂）舉行，臺澎地區的受降代表由臺灣省行政長官陳儀擔任，日方代表則由最後一任臺灣總督安藤利吉（あんどうりきち，明治 17 年 – 昭和 21 年，西元 1884 – 1946 年）簽署降書。

　　臺灣主權歸還中華民國之後，成為中華民國的一個行省後，臺灣省下設八縣九省轄市（八縣即臺北縣、新竹縣、臺中縣、臺南縣、高雄縣、臺東縣、花蓮縣、澎湖縣；九省轄市為臺北市、基隆市、新竹市、臺中市、彰化市、嘉義市、臺南市、高雄市、屏東市）。省設行政長官公署，委任行政官立法、行政，兼臺灣省警備總司令，集立法、行政、軍事大權。

　　戰後臺灣政府部門，基本上是以貫徹政府的政策為主要考量，例如以文化行政，戰後初期的「去日本化」與「再中國化」政策，戒嚴時期的「反攻復國」與「復興中華文化」政策，解嚴時期的「在地化」與「本土化」政策，以及政黨輪替時期的「文化公民權」與「文化臺灣」政策等皆如此。文化發展的走向，深受各時期政府政策的支配與影響。[22] 臺灣人民對新的時

---

21 李筱峰，《臺灣全志・卷首》（南投：國史館臺灣文獻館，2004 年 12 月），頁 8。

22 黃秀政，《臺灣全志・文化志》〈總論〉（南投：國史館臺灣文獻館，2009 年 6 月），頁 2。

代充滿興奮與期待。

　　民國 36 年（1947）2 月在臺北市爆發的「二二八事件」[23]，原臺灣省行政長官公署因「二二八事件」改組為臺灣省政府。民國 38 年（1949）5 月 20 日，臺灣省主席兼警備總司令陳誠宣告，「自今日零時起，全臺戒嚴」，中央政府遷臺。戰後的臺灣，從資源不足、經濟匱乏的艱難環境中，茁壯發展。

　　臺灣在戰後如此艱難的環境下，中華民國政府仍依據 1944 年內政部頒佈的「地方誌書纂修辦法」[24]，展開纂修方志工作。1946 年 10 月，內政部又頒佈「各省市縣文獻委員會組織章程」[25]，以利進行修志工作。但戰後初年，因臺灣省行政長官公署忙於接收臺灣、遣返日本人，修志相關工作由地方人士倡議。

　　1946 年 11 月 8 日臺北縣長陸桂祥邀集黃純青、楊雲萍等地方士紳二十餘人召開「臺北縣修志委員會會議」，決議建議行政

23　黃秀政，〈論二二八事件的發生及其對臺灣的傷害〉，收入於《臺灣史志新論》，前引書，頁 164-216。民國 36 年（1947 年）在臺北市發生的「二二八事件」，是影響戰後臺灣歷史發展極為深遠的不幸事件。由於行政長管擁有行政、立法、司法，甚至人事、督察之權，因此形成在臺專權獨斷的無限權力。其體制在臺灣實施期間，不斷有人建議國府高層廢除長官公署，恢復省府制度。

23　1944 年內政部公佈「地方誌書纂修辦法」之後近六十餘年，均僅對省（市）志、縣（市）志有明確規定，鄉鎮志則不在此列。

24　1944 年內政部公佈「地方誌書纂修辦法」之後近六十餘年，均僅對省（市）志、縣（市）志有明確規定，鄉鎮志則不在此列。

25　1929 年內政部向全國頒佈《修志事例概要》，《修志事例概要》，規定各省應於省會所在地設立省通志館，由省政府請館長一人、副館長一人、編纂若干人組織，惟臺灣當時尚在日本時期，這項規定未及臺灣。俟 1945 年日本結束統治臺灣，戰後臺灣方志纂修，「各省市縣文獻委員會組織章程」明文規定，省市縣需設文獻員會，編制人員為 7-15 人，由省市縣政府聘請學者專家及機關首長充任，其下分設編纂、採集、整理、總務四組，以徵集、調查、保管、以及編纂文獻資料。同時並規定省志三十年纂修一次，市志及縣志十五年纂修一次。

長官公署纂修省志，並召開「《臺北縣志》編纂委員會會議」，是為臺灣議修省、縣志之先聲，旋因人力與財力不足而撤銷[26]。該次會議不僅率先籌劃編纂縣志，並建議臺灣省行政長官公署纂修省志。[27]但 1946 年 12 月 10 日臺北縣政府失火，建物及所接收收的檔案付之一炬，陸桂祥翌年辭職回大陸，《臺北縣志》纂修計畫未及實現。[28]綜上所見，戰後臺灣方志纂修計畫始於 1946 年，但真正開始修纂則是中華民國政府播遷來臺以後的事了。

　　繼臺北縣首行修志之後，政府於 1948 年 6 月成立「臺灣省通志館」，公佈《臺灣省通志館組織章程》、《臺灣省通志館辦事細則》，由「臺灣省通志館」負責修纂《臺灣省通志》。1949 年 7 月「臺灣省通志館」改名「臺灣省文獻委員會」(以下簡稱省文獻會)，以纂修省通志先務，延攬林獻堂擔任館長，籌劃纂修通志，通過「臺灣省通志假定綱目」，共分 38 編。

　　中華民國因在大陸剿共失利，1949 年中央政府被迫播遷臺灣，臺北成為中華民國政府的首都。戰後臺灣內外動亂甫定，在「反共復國」國策的政治背景下，以國族主義為中心[29]，基於維護正統、施政的需求，有關方志之纂修，係以傳承中國傳統官方修志的傳統。因此，志書纂修之成果，俟於 1950 年以後，在省文獻會輔導下，各縣（市）持續展開縣（市）志的創修、續修、重修等工作，方志修纂隨著各縣市成立文獻委員會，陸

---

26 高志彬，《臺灣文獻書目題解：方志類》(二)（臺北：中央圖書館臺灣分館，1989 年），頁 34。
27 黃秀政，《臺灣史志新論》，前引書，頁 455-456。該次修志會議，被視為戰後方志學界最早的一件大事。
28 王世慶講評，〈尹章義「清修臺灣方志與近三十年所修臺灣方志之比較研究」〉，收錄於《漢學研究》（臺北：漢學研究資料及服務中心，1985 年），第三卷第二期，頁 267-268。
29 黃秀政，《臺灣全志・文化志》，前引書，頁 3。

續展開。

二、1949－1987 年（戒嚴時期）

戰後，臺灣於 70 年代面臨國際孤立的外部危機，內部則發生「鄉土文學論戰」，主張有生命的文學是鄉土所象徵的「土地與人民」為職志，也促使知識界逐漸重視土生土長的價值以及進一步思考臺灣的未來。[30]進入 80 年代，知識界更展開了關於臺灣與臺灣住民認同的「中國意識」與「臺灣意識」的爭論。[31]

在經濟上，臺灣於 70 年代末期躋身新興工業國家之列，以農業為中心的「底度開發國家」轉為「半開發國家」，經濟急遽發展，造成教育普及、個人所得增加。[32] 在政治上，臺灣內部改革的呼聲不斷，1987 年解除戒嚴令、開放大陸探親，以及民進黨成立等，臺灣逐漸由威權統治進入政治民主化的時代[33]，1982 年通過「文化資產保護法」，以法令保存傳統技藝與地方戲曲等，重視鄉土文化教育。

戰後臺灣在 1987 年以前的戒嚴時期，由於「黨國體制」的嚴密控制，幾乎沒有「民間社會團體」存在的空間[34]。不論是報紙、雜誌等平面媒體，或是電影、廣播、電視等立體媒體，均受到政黨軍部門的嚴密控制，其中「報禁政策」是對報紙的發

---

30 若林正丈著、許佩賢譯，《臺灣：分裂國家與民主化》（臺北：新自然主義股份有限公司，2000 年 7 月），頁 483。

31 若林正丈著、許佩賢譯，《臺灣：分裂國家與民主化》，前引書，頁 191。

32 若林正丈著、許佩賢譯，《臺灣：分裂國家與民主化》，前引書，頁 157。

33 若林正丈著、許佩賢譯，《臺灣：分裂國家與民主化》，前引書，頁 148。

34 黃秀政，《臺灣全志・文化志》，前引書，頁 5。

行採限張、限證、限印與軍情單位對言論的控制；對雜誌的控制最常見的便是依據《出版法》予以查禁、扣押、停刊或取消執照；對電影的控制包括電影檢查制度的建立、電影檢查的程式、電影檢查的內容、電影檢查的手段等；對廣播、電視的控制則採播放頻道的掌控，並採播放前審查播放後檢討的手段的方式，企圖將廣播、電視引導至宣傳政令、導正社會風氣的角色，部分電臺甚至負有對中國大陸心戰的任務。而一連串的禁書與禁歌，堪稱出版業的嚴冬。[35]

　　此時雖為戒嚴時期，但臺灣本土文化政策隨著臺灣的政治、經濟、社會轉變中，因應而生。各地縣市政府依據「地方志書纂修辦法」、「各省市縣文獻委員會組織章程」，1951 年 10 月，臺南市、高雄市、澎湖縣率先成立文獻委員會。1952 年 1 月桃園縣、臺中市、臺東縣、屏東縣、臺北市、雲林縣、南投縣、臺北縣、花蓮縣、新竹縣、臺南縣、宜蘭縣，1953 年間，則有臺中縣、嘉義縣、苗栗縣、彰化縣、高雄縣等地亦相繼成立。各縣市文獻委員會主任委員大多數由縣市長兼任，副主任委員由縣市議長兼任，並羅致地方碩望，展開志書修纂工作。[36]

　　一波波編纂縣市志稿、縣市志，或是縣市文獻叢輯的地方文獻工作，紛紛在全臺各地展開，並由各縣市文獻委員會主其事。[37]戰後臺灣修志工作，在政府積極推動下，官修方志的傳統很快就恢復了。

---

35 黃秀政，《臺灣全志·文化志》，前引書，頁 6。

36 簡榮聰，〈臺灣省文獻委員會推動全面修志概述〉，收入於《臺灣文獻》，（南投：臺灣省文獻委員會，1995 年 9 月）第 46 卷第 3 期，頁 97。

37 林美容，〈確立地方誌的傳統：兼談臺灣史學的奠基〉，收入於東吳大學主編，《方志學與社區鄉土史學術研討會論文集》（臺北：臺灣學生書局，1998 年 5 月），頁 83。

　　以 1945－1949 年做為戰後方志纂修發展的第一個時期，因臺灣光復初期忙於遷臺工作，省府多數人力均投入於計畫纂修一部臺灣省通志，戰後初期方志纂修尚無具體成果。到了戒嚴時期（1949－1987 年），雖「黨國體制」的嚴密控制，但對於纂修方志，1983 年 4 月內政部再公佈新修「地方誌書修纂辦法」，規定各機關應編列纂修志書預算，志書的初審則委託臺灣省文獻委員會負責，展現官方對纂修方志的重視。因此，在戒嚴時期，纂修方志的成績十分顯著，此期除有實際進入纂修省（市）志外，縣（市）志、鄉鎮（市）志亦頻傳出佳績分述如下：

（一）省（市）志

　　繼臺北縣首行修志之後，臺灣省文獻委員會積極纂修通志，延攬林獻堂擔任館長，籌劃纂修通志，但凡例綱目至 1951 年 5 月奉內政部核定。1951 年 3 月最先編成出版卷首凡例綱目圖表疆域[38]，因尚未送審乃定名為《臺灣省通志稿》。因此，本期纂修之省（市）志開始纂修《臺灣省通志稿》、增訂《臺灣省通志稿》、出版《臺灣省通志》、至重修《臺灣省通志》之外，本期纂修之方志，尚有臺北、高雄改制而成的《臺北市志》、《高雄市志》等。

1、省通志

（1）纂修《臺灣省通志稿》
　　1949 年成立臺灣省文獻委員會之後，即積極纂修通志，至

38　《臺灣省通志》原訂 1953 年底完成，但因來不及送審，乃名為《臺灣省通志稿》出版。至 1965 年除地理篇之地質章未編纂外，其餘皆出版問世。全部志稿十志十一卷，59 篇，60 冊。

1958 年《臺灣省通志稿》已大致完成，至 1965 年 10 月，除地理篇之地理章未編之外，其餘皆全部出版問世，計為 10 志、11 卷、59 篇，分訂 60 冊，約 1100 萬言。[39]《臺灣省通志稿》計有、卷首、土地、人民、政事、經濟、教育、學藝、人物、同胄、革命、光復志等，分訂 60 冊。

（2）增訂《臺灣省通志稿》

1960 年 12 月，內政部行文指示省文獻會應將相關志稿送部審核。[40]省文獻會收文後，1961 年 2 月立即將已出版的省通志稿 40 冊送審。內政部 1961 年 9 月內政部行文指示增修至民國五十年（1961）[41]，文獻會即將志稿增訂至民國 50 年（1961）為斷代，並從 1961 年研擬增修計畫，分年增修，自民國 53 年（1964）3 月起分別打字油印，至民國 56 年（1967）年刊行問世，共分訂為 25 冊，約 400 餘萬字。

---

39 臺灣省文獻委員會編輯組，《重修臺灣省通志・卷首》（南投：編者，1998 年 12 月），頁 375。

40 內政部 1958 年 12 月 27 日 49 內民字第 50172 號函臺灣省政府，略云：「依照地方誌書纂修辦法之規定，所有省縣市志稿，應先送本部核定後始得印行。茲查貴省各縣市志稿，已有部分送部核定付印。惟貴省文獻委員會所纂之省志稿，迄未送部審核。相應函請查照，轉飭該會依照規定，即將志稿送審。」見臺灣省文獻委員會編輯組，《重修臺灣省通志・卷首》，前引書，頁 375。

41 根據內政部（五〇）內字第 66407 號函，略謂：「1、經交本部地方誌書審核委員會加審核，認為所送通志稿內容，大部份篇幅為記述日據時期事蹟，不僅明清兩代事蹟略而不詳，即光復後之政績措施亦未見詳述，如教育志僅記至民國 35 年，光復後一週年，敘述尤嫌簡略。2、查臺灣光復，已逾 15 週年，而貴省志書到現在為止，尚未出版。如依所送志稿之斷代及記載內容，據以出版，顯與目前事實脫節，以之流傳坊間，實屬不妥。復查臺省各項建設工作多在 39 年以後始著績效，貴省志係以民國 39 年（1950）為斷代，遺漏太多，有失修志記載史實之意義。本年為民國 50 年（1961）成立 50 週年，各方面多有檢討過去，策勵將來之舉，《臺灣省通志》應改為以 50 年為斷代。3、請文獻會儘速蒐集資料，將原有志稿予以增訂，隨時送部審查。」見臺灣省文獻委員會編輯組，《重修臺灣省通志・卷首》，前引書，頁 376。

1961 年《臺灣省通志稿》送審之際，内政部函請臺灣省政府轉飭省文獻會，《臺灣省通志稿》應改以民國 50 年(1961)為斷代下限，省文獻會將原有志稿予以增訂，至 1967 年完成四志 22篇，約四百萬字，分訂 25 冊，因未送審故不公開發行。但增修志稿完成後，原修之通志稿 60 冊，和增修通志稿 25 冊兩部志稿無法連貫，成為不全的兩套志稿。[42]有鑑於此，省文獻會再進行整修計畫。

（3）整修《臺灣省通志》

1966 年，張炳楠接任省文獻委員會主委，卸任主任委員洪樵榕曾口頭交代應修省通志。副主任委員李汝和、編纂盛清沂、編纂組長王詩琅三人成立整修小組，1969 年擬定「《臺灣省通志稿》整修辦法」等工作，以 16 開中式線裝本印，外用布裝函套。[43]1973 年底，省通志整修成書全部出版問世，含卷首尾在内，共為共分 146 冊，約 1958 萬字。戰後首度纂修之《臺灣省通志》[44]終告完成。

（4）重修《臺灣省通志》

據「地方志書纂修辦法」規定，省志 20 年一修，而之前《臺灣省通志》因為斷代於民國 50 年（1961）至民國 70 年（1981），此 20 年間需為修志。故臺灣省文獻委員會於民國 69 年（1980）擬訂重修計劃，定《重修臺灣省通志》之纂修，上窮開闢之始，

---

42 黃秀政，《臺灣史志新論》，前引書，頁 463。
43 黃秀政，《臺灣史志新論》，前引書，頁 377-378。
44 《臺灣省通志》計有卷首、卷尾、土地、人民、政事、經濟、教育、學藝、人物、同胄、革命、光復志，分訂 146 冊。

下迄民國 70 年（1981），草擬綱目，幾經修正，於民國 72 年（1983）經內政部核定，含凡例 10 則，綱目有卷首、序錄，卷尾臚錄外，尚有 10 卷，下領 54 篇，初預計自民國 72 年（1983）至 77 年（1988），以 6 年總成。省文獻委員會編輯組擬訂「重修及增修《臺灣省通志》該畫方案留部計畫討論題綱」，1983 年提請委員會討論決定綱目及凡例，最後經內政部數次指示重行修訂後，更改名稱為《重修臺灣省通志》，1984 年奉內政部准予備查，開始進行《重修臺灣省通志》工作。[45] 但因預算不足等因素難成，民國 85 年（1996）謝嘉梁接掌臺灣省文獻委員會主任委員，推展重修。[46]《重修臺灣省通志》編纂期間，通志各志篇文稿，採每篇完稿，隨時送請內政部審定，隨時付印。不過，相關志書出版，則始於 1989 年 5 月。[47]

2、續修《臺北市志稿》

原為臺灣省所轄之省轄市臺北市，設有文獻委員會。1967年 7 月 1 日臺北市改制為行政院直轄市。改制後，原文獻委員會擴編為直轄市層級之委員會，分組辦事，負責編纂市志。因至 1987 年，尚未纂修專志，依內政部頒地方志書纂修辦法，市志十年一修的規定，因此創修直轄市志（《臺北市志》凡例一）。[48]該會至目前為止（2016 年底），出版的《臺北市志》共有二個

---

45 臺灣省文獻委員會編輯組，《重修臺灣省通志‧卷首》，前引書，頁 384。
46 謝嘉梁，〈重修臺灣省通志‧序二〉，收入於《重修臺灣省通志‧卷首》，前引書，頁 5-6。
47 《重修臺灣省通志》第一本印刷出爐的是由王世慶編纂之〈土地志‧轄境篇〉。
48 曾迺碩，《臺北市志‧卷首上》（臺北：臺北市文獻委員會，1991 年 11 月），頁 19。全志包括卷首、卷尾、沿革志、自然志、政制志、社會志、財政志、

版本，並請該會副主任委員兼執行秘書王國璠總纂[49]，自民國 63
年－73 年（1974－1984 年）陸續出版，共十冊，為省轄市時期
的《臺北市志稿》續修、增修；另一版本的《臺北市志》，則為
中國文化大學史學系教授曾迺碩總纂，自民國 76－80 年（1987－
1991 年）陸續出版，共 49 冊，為前一版本的重修版，其斷代下
限為民國 75 年（1986 年）。[50]

3、續修《高雄市志稿》

原為臺灣省所轄之省轄市的高雄市，1979 年 7 月 1 日改制
為行政院直轄市。改制後，文獻委員會於焉成立，隸屬於高雄
市政府民政局，主任委員由民政局長兼任。因鑒於省轄市時期
所修市志不全，斷代時間不一，時斷時續，極不統一，乃於 1982
年 3 月開始，由金祥卿擔任總纂，就省轄市時期志稿進行重修，
《高雄市志》斷代下限為 1979 年 6 月 30 日止，計有卷首十五
卷。[51]

又內政部 1983 年頒布「地方志書纂修辦法」，規定「市縣
志十年纂修一次」，為使修志順利及提高撰寫品質，高雄市文獻

經濟志、教育志、文化志、人物志，共計十一卷。

49 有清一代，並無專志，日人據臺，官方雖編有《臺北市政二十年史》，然體異
意殊，是以本志之纂修，係從新擘畫。該志敘述比例，清代及清代以前百分
之二十、日據時期百分之四十、光復以後百分之四十。參見黃宇元監修、王
國璠纂修、劉曉寒主修，《臺北市志・凡例》（臺北：臺北市文獻委員會，1984
年 6 月），頁 27。

50 曾迺碩，〈臺灣方志五十年：從方志發展談直轄臺北市志之修纂〉，收入於中
華民國史料研究中心，《中國現代史專題研究報告第十八輯》（臺北：中華民
國史料研究中心，1996 年 12 月），頁 7-37。

51 黃興斌編纂、楊王生主編，《重修高雄市志・卷尾》（高雄：高雄市文獻委員
會，1993 年 12 月），頁 1-7。

委員會提前於 1987 年延聘學者專家先行規畫，並邀請國立成功大學歷史學系教授黃耀能總纂《續修高雄市志》，斷代自民國 68 年（1979）7 月至民國 78（1989）年 12 月底止，1998 年 6 月全部完成。[52]

（二）縣（市）志

1949 年 7 月 1 日臺灣省通志館改組為臺灣省文獻委員會，除積極規劃進行纂修省通志，採集整理保管文獻資料外，並發動各地設立縣（市）文獻委員會推行全面修志。1952 年內政部函轉臺灣省政府轉飭各縣市應設立文獻委員會，以纂修地方誌書。且各地縣（市）政府應於文到一個月內，呈報各縣市文獻委員會成立的情形，並於文到三個月內，先行編擬志書凡例、分類綱目及編纂期限，層轉內政部備查。而省文獻委員會則編印《修志通訊》（後改為《方志通訊》），作為全面修志的聯繫工具。[53]

戰後臺灣縣(市)志纂修，此期各地進行纂修的縣(市)志，計有《臺北市志稿》、《基隆市志》、《桃園縣志》、《臺北縣志》、《宜蘭縣志》、《臺南縣志稿》、《彰化縣志稿》、《南投縣志稿》、《臺南市志稿》、《臺灣省新竹縣志稿》、《屏東縣志稿》、《高雄市志》、《新金門志》、《高雄縣志稿》、《花蓮縣志稿》、《臺灣省苗栗縣志》、《臺東縣志》、《澎湖縣志》、《嘉義縣志稿》、《屏東縣志稿》

52 黃耀能，〈纂修高雄市、南投縣志的架構以及所遭遇的困難〉，收入於《五十年來臺灣方志成果評估與未來發展學術研討會論文集》（臺北：中央研究院臺灣史研究所籌備處，1999 年 5 月），頁 403-406。

53 謝嘉樑，〈由行政主管談當前方志纂修面臨的問題〉，收入於《五十年來臺灣方志成果評估與未來發展學術研討會論文集》，前引書，頁 381-385。

（二部）、《臺中市志》、《金門縣志》、《雲林縣志稿》、《臺中市志稿》、《臺中縣志稿》、《續修高雄市志》、《臺灣省苗栗縣志》、《宜蘭縣志續篇》、《花蓮縣志》、《雲林縣志稿》、《臺南市志》，《澎湖縣志》（二部）、《臺灣省新竹縣志》、《彰化縣志》、《金門縣志》、《嘉義縣志》（二部）、《基隆市志》、《福建省連江縣志》（二部）、《臺南縣志》、《續修臺南縣志》、《臺中縣志》、《嘉義縣志‧教育志》、《續修花蓮縣志》、《金門縣志》及重修《桃園縣志》，總計有 50 部。

　　上述 50 部縣（市）志，《臺南市志》、《彰化縣志》、《基隆市志》、《臺中縣志》、《嘉義縣志‧教育志》、《續修花蓮縣志》、《金門縣志》及重修《桃園縣志》、8 部志書，是在 1978－1995 年間的「解嚴初期」才陸陸續續出版，即這 8 部縣（市）志從纂修到出版的時間，跨越「戒嚴」、「解嚴」二個時期。

　　而《臺北縣志》1946 年即著手籌劃；《臺灣省通志稿》則是 1948 年臺灣省通志館成立後才開始籌劃，1951 年開始出版，1965 年出齊 60 冊。因此，戰後縣（市）志的籌劃最早。換言之，戰後臺灣縣（市）志的纂修籌畫工作，早於《臺灣省通志稿》。

　　《臺北縣志》雖是戰後臺灣第一個著手籌劃，但卻遲於 1953 年開始纂修，直到 1960 年才完成出版。而稍晚籌劃的《基隆市志》則於 1954 年開始出版，一直到 1959 年 20 冊志書全部完成出版，《基隆市志》成為戰後臺灣出版的第一部縣（市）志。戰後初期臺灣方志編纂，是以通志稿體與盛清沂的《臺北縣志》影響也最深遠。基隆、澎湖縣志則仿《臺北縣志》。[54]

---

54 林玉茹，〈知識與社會：戰後臺灣方志的發展〉，收入於《五十年來臺灣方志成果評估與未來發展學術研討會論文集》（臺北：中央研究院臺灣史研究所籌

此一時期，方志出版的對象有所不同：1972 年以前，有 19 部志書的出版對象是各地文獻委員會，另有 8 部志書是各地文獻委員會及各地縣市政府出版。1972 年以前方志出版單位多以文獻委員會為主，此係與 1972 年省府精簡各機關編制員額，將縣（市）文獻委員會裁撤，改組文獻課，隸屬於縣（市）政府民政局；1972 年以後，各縣（市）出版的方志，出版單位則幾乎都是縣（市）政府包辦。

（三）鄉鎮（市區）志

在 1946、1968、1983 年三次條文修改過程中，並未規範到鄉鎮（市、區）志書，使得鄉鎮（市、區）志從戰後至 1997 年以前，都未受中央機關明文規定要求受審或規範。儘管如此，臺灣省文獻委員會館所藏此一時期之鄉鎮（市、區）志[55]，其中，官修部分，以 1960 年出版的《中和鄉志》最早（盛清沂纂修）；私修則以 1951 年出版的《臺灣埔里鄉土志稿》[56]最早。

此一期出版的鄉鎮（市、區）志，則有《永和鎮志》、1950 年《大溪鎮管內概要》、1954 年《金山縣管內概要》等光復早期油印地志。此外，還有《士林鎮志》（1968）、《重修永和鎮志》

備處，1999 年 5 月），頁 41。

55 臺灣地區公藏方志計有：中央研究院歷史語言研究所傅斯年圖書館、故宮博物院圖書文獻館、國立中央圖書館、中央圖書館臺灣分館、孫逸仙博士紀念圖書館、臺灣省文獻委員會。見顧力仁、辛法春，〈臺灣地區公藏方志的存藏留傳與利用之調查〉，收錄於《漢學研究》第三卷第二期（臺北：漢學研究資料及服務中心，1985 年），頁 379-389

56 國立中央圖書館臺灣分館編印，《臺灣文獻書目題解》第一種方志類（六）（臺北：中央圖書館臺灣分館，1989 年），頁 107-120。有關《臺灣埔里鄉土志稿》共有 2 卷 8 章，1946 年 1 月埔里改埔里鎮，隸臺中縣能高區，1950 年 9 月行政區重劃，臺中縣分臺中、彰化、南投縣，埔里鎮隸南投縣轄。

（1973）、《內埔鄉志》（1973）、《六堆客家鄉土誌》（1973）、《蘆竹鄉志》（1975）、《樹林鎮志》（1976）、《大園鄉志》（1978）、《重修中和鄉志》（1977）、《白沙鄉志》（1977）、《麻豆鎮鄉土誌》（1977）、《鶯歌鎮志》（1979）、《大坵園鄉土誌》（1979）、《頭份鎮志》（1980）、《員林鎮志》（1980）。

　　《新莊志卷首—新莊（臺北）平原拓墾史》（1981）、《大溪鎮志》（1981）、《梓官鄉志》（1981）、《高樹鄉志》（1981）、《竹南鎮志》（1982）、《仁武鄉志》（1984）、《屏東縣南州鄉誌》（1984）、《馬公市志》（1984）、《橋頭鄉志》（1984）、《永安鄉志》（1984）、《杉林鄉志》（1984）、《鳥松鄉志》（1985）、《頭城鎮志》（1985）、《林園鄉志》（1985）、《阿蓮鄉志》（1985）、《路竹鄉志》（1985）、《六龜鄉志》（1985）、《甲仙鄉志》（1985）、《林邊鄉志》（1985）。

　　《觀音鄉志》（1986）、《豐原市志》（1986）、《溪湖鎮志》（1986）、《草屯鎮志》（1986）、《後壁鄉志》（1986）、《湖內鄉誌》（1986）、《大寮鄉志》（1986）、《大樹鄉志》（1986）、《大社鄉志》（1986）、《岡山鎮志》（1986）、《高雄縣田寮鄉誌》（1986）、《田寮鄉誌》（1986）、《茄萣鄉誌》（1986）、《永和市志》（1986）、《三民鄉志》（1987）、《鳳山市志》（1987）[57]，以上總計有 54部。

---

57 林玉茹撰、蔡峙製表，〈戰後臺灣方志總表〉，收入於《五十年來臺灣方志成果評估與未來發展學術研討會論文集》，前引書，頁 446-505。

三、1987－2000 年（解嚴初期）

　　1987 年 7 月 14 日，已故前總統蔣經國發布命令，宣告臺灣自 7 月 15 日零時起解嚴，國防部宣佈，非軍人受軍法審判之受刑人，237 人獲減刑並回復公權。世界實施最長（長達 38 年）的戒嚴令，終於解除。12 月 1 日，行政院宣佈明年元月起解除報禁，接受新報登記並開放增張。一連串開放改革措施，為臺灣的政治帶來新的氣象。[58]

　　解嚴之後，隨著政治變革與思想開放，出版空間全部開放，社會上充斥著各種批判性書籍，本土意識抬頭，環保、同志、獨統政治意味濃厚等書籍如雨後春筍般的出現。1992 年著作權法，取得翻譯授權成為出版社新的工作重點；出版界開始走向組織化、公司化、企業化、集團化，不再像過去由黨公營和中國大陸來臺的出版社主導。隨著黨國體制的崩解以及民間社會的崛起，時至今日，基金會甚至成為「第三部門」或「非政府組織」，在民間社會扮演重要角色。1991 年以後，伴隨著解嚴而來的民主化與本土化趨勢，臺灣的民主政治發展逐漸走向以社區和地方自治為主要考量。[59]

　　1991 年臺灣省文獻委員會以「各縣市政府加強輔導各鄉鎮市纂修地方志書，落實文獻紮根，達到省、縣市全面修志之既定目標」，向省政府爭取縣市鄉鎮志纂修經費，訂定「臺灣省各

---

58 張勝彥，《臺灣全志・大事志》（南投：國史館臺灣文獻館，2004 年 12 月），頁 358。

59 黃秀政，《臺灣全志・文化志》，前引書，頁 5-7。

機關纂修機關志及出版文獻書刊獎勵金發給要點」[60]，1997 年 9
月內政部進一步修訂「地方誌書纂修辦法」，明令鄉鎮市公所可
以視需要纂修方志，鄉志並需送縣政府與省文獻委員會等機關
審查[61]，鄉志的編纂終於被納入內政部管轄的範圍。

　　此一時期，在省（市）志部分，除《重修臺灣省通志》全
部出版之外，並先後完成《臺北市志》、《高雄市志》之重修、
續修的出版工作。在縣（市）志部分，則有 8 部志書順利出版，
另外著手進行纂修的 5 部志書，則係於 1987 年以後才得以陸續
出版。至於鄉鎮（市、區）志則猶如雨後春筍般冒出頭來，本
期相關志書纂修情形整理如下：

（一）省（市）志

1、完成《重修臺灣省通志》

　　先前整修《臺灣省通志》係以民國 50 年為斷代，由於整修
通志斷代年限，省文獻會從 1961 改為 1981 年為斷代下限，《臺
灣省通志》乃從 1982 年起再行重修。但《重修臺灣省通志》一
直到民國 85 年（1996）謝嘉梁接掌臺灣省文獻委員會主任委員，
推展重修。1989 年由王世慶編纂的〈土地志〉問世，其餘志書
陸續出版，直至〈土地志‧博物篇‧動物章〉於 1998 年 2 月出

60　依「臺灣省各機關纂修機關志及出版文獻書刊獎勵金發給要點」申請者，1994
　　年計有 23 個單位，其中有 20 件符合規定，獲核發獎勵金總計有 123 萬元。
　　至 1995 年全省有 75 個鄉鎮市完成纂修。見簡榮聰，〈臺灣省文獻委員會推動
　　全面修志概述〉，收入於《臺灣文獻》（南投：臺灣省文獻委員會，1995 年 9
　　月）第 46 卷第 3 期，頁 98。
61　內政部臺 86 內民字第 8682143 號函，1997 年 9 月 17 日。

版後，《重修臺灣省通志》終算完版。《重修臺灣省通志》總計共出版 72 冊，計 3600 萬言，前後歷經數十年，修纂人手達一百多人。[62]

戰後臺灣省（市）志的纂修，通志自民國 39 年（1950）開始進行，期間歷經《臺灣省通志稿》（1950－1965 年纂修、1950－1965 年出版）、增修《臺灣省通志稿》（打字油印，未出版，1962－1965 年纂修，1964－1967 年出版）、出版《臺灣省通志》（1966－1972 年纂修，1968－1973 年出版），最後《重修臺灣省通志》（1982－1996 年纂修，1989－1998 年出版）終於 1998 年出版。省志纂修之時間長達 48 年之久，充份顯示修志工程之不易。

2、完成重修《臺北市志》

臺北市於 1967 年改制為行政院直轄市，臺北市文獻委員會 1974 年開始續修、增修，二個《臺北市志》的版本，王國璠總纂的《臺北市志》1974 年－1980 年間編纂、出版。另外，文獻委員會 1986 年委託曾迺碩總纂的另一部《臺北市志》，則於 1986－1991 年纂修、1987－1991 年出版，重修之《臺北市志》終於 1991 年全部完成。

3、完成《續修高雄市志》

高雄市在改制為行政院直轄市之後，《高雄市志》仍為高雄市文獻委員會負責，截至目前為止（2016 年底），該會完成修纂的《高雄市志》共有二部，第一部是鑑於省轄時期所修的《高

---

62 謝嘉樑〈重修臺灣省通志〉（序二），收入於《重修臺灣省通志、卷首》，前引書，頁 5-6。

雄市志稿》不全，1981 年重修市志，1993 年完成《續修高雄市志》；另一部《續修高雄市志》，則是邀請國立成功大學歷史學系教授黃耀能總纂。《續修高雄市志》斷限自民國 68 年（1979）7 月至民國 78（1989）年 12 月底止，1998 年 6 月全部完成。

臺北、高雄兩直轄市，從改制到目前為止（2016 年），均分別出版二個版本的市志，除因兩直轄市在省轄市時期已累積相當豐富的修志基礎，兩市幅員均較臺灣省為小外，亦與兩直轄市的文獻會編制較大有關，因此兩市纂修市志的過程雖仍不免遭遇到困難，但比起省通志仍順暢許多。[63]

（二）縣（市）志

此期纂修的縣（市）志，計有《新竹市志》、《續修臺南市志》、《重修屏東縣志》、《福建省連江縣志》、《南投縣志》、《續修臺北縣志》、《新竹縣志‧住民志宗教篇稿》7 部，加上已在「戒嚴時期」纂修，但始於「解嚴時期」才陸續完成出版的《臺南市志》、《彰化縣志》、《基隆市志》、《臺中縣志》、《嘉義縣志‧教育志》、《續修花蓮縣志》、《金門縣志》、《宜蘭縣史》及重修《桃園縣志》9 部方志，因此，此期纂修、出版的縣（市）志有 16 部次。

不過，本期纂修的 7 部方志中，《福建省連江縣志》、《南投縣志》、《續修臺北縣志》3 部縣（市）志，又是因在 2002－2005 年的「政省輪替時期」才陸續出版，因此，此期也是同樣有 3 部方志的纂修、出版，跨越「解嚴初期」、「政黨輪替時期」。

---

63 黃秀政，《臺灣史志新論》，前引書，頁 467。

此期纂修的《新竹市志》等 7 部志書，及「戒嚴時期」纂修但「解嚴初期」才出版的《桃園縣志續補》等 9 部志書，這 16 部次志書其志書出版單位，為各縣市政府。

（三）鄉鎮（市區）志

臺灣光復後，1946 年 7 月內政部頒訂之「地方誌書纂修辦法」並未將鄉鎮（市、區）納入地方志書的範圍，直至 1997 年 9 月第四次修正時，第十一條規定「鄉鎮（市、區）公所得視需要纂修鄉鎮（市、區）志，前項鄉鎮（市、區）志之纂修辦法，準用縣（市）志之規定」。至此，鄉鎮（市、區）志得以取得法源地位，始正式納入地方誌書的範圍。[64] 各基層鄉鎮（市、區）積極投入纂修地方志之行列。

二年之間，行政院編列三千多萬元補助鄉鎮纂修志書，先後舉辦一系列有關鄉鎮志纂修研習活動，包括：「方志學與社區鄉土史學術研討會」、「海峽兩岸地方史志研討會」、「地方誌書編纂實務（分區）研討會」、「地方誌與鄉土史編纂修（分區）研習營」、「臺灣省原住民地方誌書編纂實研討會」、「美濃鎮志編輯理論與實務分享研習營」、「五十年來臺灣方志成果評估與未來發展學術研討會」、「大家來寫村史計畫」等，帶動地方修志熱潮，促進整合各地區學術機構，各學研究者在地文史人才，投入全臺灣各鄉鎮修志蓬勃事業中[65]，纂修鄉鎮（市、區）志，蔚為風尚。

---

64 謝嘉樑，〈由行政主管談當前方志纂修面臨的問題〉，收入於《五十年來臺灣方志成果評估與未來發展學術研討會論文集》，前引書，頁389。
65 王良行，《鄉鎮志撰修實務手冊》〈出版緣由〉，前引書，頁iii。

　　此期出版之鄉鎮（市、區）志計有：《板橋市志》（1988）、
《淡水鎮志》（1988）、《新莊市卷三──新莊政治發展史》
（1989）、《石岡鄉志》（1989）、《后里鄉志》（1989）、《大安鄉
志》（1989）、《北港鎮志》（1989）、《烏來鄉志》（1990）、《和美
鎮志》（1990）、《員林鎮志》（1990）、《長治鄉志》（1990）、《內
門鄉志》（1993）、《埔心鄉志》（1993）、《大園鄉志續編》（1993）、
《霧峰鄉志》（1993）、《大肚鄉志》（1993）、《大埔鄉志》（1993）、
《民雄鄉志》（1993）、《蘆竹鄉志》（1993）、《三峽鎮鎮誌》
（1993）、《潭子鄉志》（1993）。

　　《大里市志》（1994）、《新店市誌》（1994）、《土誠市志》
（1994）、《泰山鄉志》（1994）、《竹南鎮志》（1994）、《公館鄉
志》（1994）、《三芝鄉志》（1994）、《沙鹿鎮志》（1994）、《三義
鄉志》（1994）、《仁德鄉志》（1994）、《大雅鄉志》（1995）、《湖
口鄉志》（1996）、《竹北市志》（1996）、《三重市志》（1996）、《龍
井鄉志》（1996）、《頭屋鄉志》（1996）。

　　《西湖鄉志》（1997）、《烏榕頭與它的根：太平市誌》
（1997）、《板橋市志（續編）》（1997）、《深坑鄉志》（1997）《石
門鄉志》（1997）、《平溪鄉志》（1997）、《萬里鄉志》（1997）、《五
股志》（1997）、《新埔鎮誌》（1997）、《彰化市志》（1997）、《北
斗鎮志》（1997）、《芳苑鄉志》（1997）、《中埔鄉志》（1997）、《美
濃鎮志》（1997）、《新營市志》（1997）。

　　《中和市志》（1998）、《新莊市志》（1998）、《汐止鎮志》
（1998）、《苗栗市誌》（1998）、《清水鎮志》（1988）、《新社鄉
志》（1998）、《鹿港鎮志經濟篇》（1998）、《鹿港鎮志宗教篇》
（1998）、《芬園鄉志》（1998）、《集集鎮志》（1998）、《樸子市

志》（1998）、《潮州鎮志》（1998）、《鹽水鎮志》（1998）、《歲月
山河店仔口：白河鎮志》（1998）、《佳里鎮志》（1998）、《永康
鄉志》（1988）、《銅鑼鄉志》（1998），以上總計有 69 部。

四、2000－2016 年（政黨輪替時期）

　　2002 年行政院文建會推動「文化產業」[66]列為施政主軸，行
政院也在「挑戰 2008：國家重點發展計畫」中納入「文化創意
產業」政策，產官學界對文化創意產業的重視程度日益提昇，
視之為經濟發展的新生命，逐步影響臺灣經濟發展的結構。[67]

　　國民政府從戰後初年，長久以來一直積極努力於纂修通
志，直至《重修臺灣省通志》終於 1998 年全部完成出版，省（市）
志的部分，已完成省通志，至於《臺北市志》、《續修高雄市志》
也陸續出版。

　　《臺灣省通志》、《重修臺灣省通志》分別是戰後臺灣首部
及第二部通志。到了 2002 年，臺灣省文獻委員會改隸為國史館
臺灣文獻館，省通志的位階從方志格局，經調整後提升為國史
的撰修。[68] 因此，本期最受矚目的修志工作，莫過於纂修《臺
灣全志》。此外，偏遠的外島如金門、馬祖等地，則排除萬難，

---

66 「文化產業」，是將製造業與文化軟體結合，以策略引導帶動產業轉型加值，
　創造更高的產業附加價值，透過創意或文化資產再生開創新的產業。參見黃
　秀政，《臺灣全志・文化志》〈總論〉，前引書，頁 7。
67 黃秀政，《臺灣全志・文化志》，前引書，頁 7。
68 蕭新煌、黃世明，〈纂修《臺灣全志・社會志》：實務的經驗與檢討〉，收入於
　國史館臺灣文獻館，《方志學理論與戰後方志纂修實務》（南投：編者，2008
　年 5 月），頁 150。

首度完成有史以來第一部鄉鎮志，刷新地方歷史紀錄。有關本期纂修志書情形，分述如下：

（一）《臺灣全志》

《臺灣全志》由國史館臺灣文獻館[69]負責，該館前身是「臺灣省文獻委員會」，再之前則是「臺灣省通志館」，修志是主要職掌之一，歷年來辦理《臺灣省通志》的興修，以 1961 年斷代，先後出版《臺灣省通志館》、《臺灣省通志》，再於 1981 年之後陸續出版《重修臺灣省通志》。2002 年 2 月至 5 月間，國史館多次召開纂修事宜諮詢會議，邀請館長張炎憲、學術界人士及國史館相關人員參加，經討論爰將新修之志定名為《臺灣全志》，纂修範圍擴及臺北市、高雄市、福建省連江縣、金門縣，斷代以 1945 年為起點，至 2001 年止。依政府採購法規定採限制性招標方式，自 2002 年度起，分志篇、分年編列預算辦理。

全國性的志書《臺灣全志》，其內容涵蓋臺灣省、臺北市、高雄市，以及福建省，亦即 1949 年以後中華民國政府實際統治區，其性質有如元、明、清的「一統志」。[70]

《臺灣全志》各志之內容，為避免為臺灣省文獻委員會時期出版的《臺灣省通志》、《重修臺灣省通志》重複，以「略古詳今」為原則，即 1981 年（民國 70 年）以前予以適當略述，1981 年以後則力求詳實完整（《臺灣全志》凡例四）。全志各志

---

69 李筱峰，《臺灣全志・卷首～戰後臺灣變遷史略》，前引書，頁 1-2。臺灣省文獻委員會 2002 年 1 月 1 日改隸總統府國史館，機關層級提升為中央層級，有關志書纂修仍為國史館職掌，乃有賡續辦理修志之舉。
70 黃秀政，《臺灣史志新論》，前引書，頁 457。

分篇纂修，除大體沿用《重修臺灣省通志》原有者外，為因應臺灣的政治、經濟及社會之急遽變遷，志篇名稱和內容有所調整或增刪。原轄境篇改為地理篇，原同冑篇改為族群篇，原保安篇改為治安篇；而原〈武備志〉改為〈國防志〉，以求精當。另社會篇、外交篇擴大內容，分別改為〈社會志〉、〈外交志〉，其他各志增列相關內容，如環保、國貿、政黨輪替、客家事務、兩岸關係等，不一而足，以符合時代變遷與發展。（《臺灣全志》凡例五）

　　《臺灣全志》全書共分十二志、七十八篇，包括〈卷首〉、〈卷一大事志〉、〈卷二土地志〉、〈卷三住民志〉、〈卷四政治志〉、〈卷五經濟志〉、〈卷六國防志〉、〈卷七外交志〉、〈卷八教育志〉、〈卷九社會志〉、〈卷十職官志〉、〈卷十一人物志〉、〈卷十二文化志〉、〈卷尾〉。除〈卷首〉、〈卷尾〉及〈卷一大事志〉外，一般以志統篇，篇下分章、節、項、目，各以類從，並附相關圖表。《臺灣全志》每篇預計 20 萬字，完成後志稿，除可保存近50 年來，政府各項施政成果及社會經濟等各方面之變遷史料外，並可提供民眾進行相關研究之參考。《臺灣全志》既保留「志」的名稱，又有重構臺灣史位階之意義，兼顧方志的特性，以歷史及地理並重。就修纂方式而言，《臺灣全志》仍多沿襲《臺灣省通志》之體例；就轄境而言，則非《臺灣省通志》之延續工作；又斷限自 1945 年起，可呈現半世紀來臺灣的全貌。範圍涵蓋臺澎金馬，既非屬國家意涵修志，也非一省的意涵修志，而是一種事實的表述，深具時代意義。[71]

---

71 李筱峰，《臺灣全志‧卷首～戰後臺灣變遷史略》，前引書，頁 1-2。

　　《臺灣全志》預定出版十二志，但截至目前為止（2016 年
12 月底），按其出版的時間先後，已出版的《臺灣全志》計有：
〈卷首戰後臺灣變遷史略〉（2004 年 12 月出版，全一冊，190
頁）、〈卷一大事志〉（2004 年 12 月出版，全一冊，497 頁）、〈卷
十職官志〉（2004 年 12 月出版，共二冊，總計 615 頁）、〈卷九
社會志〉（2006 年 12 月出版，共 11 篇，分訂於 11 冊、總計 3252
頁）、〈卷四政治志〉（2007 年 12 月出版，共 10 篇，分訂 10 冊，
總計 2778 頁）、〈卷十二文化志〉（2009 年 6 月出版，共 5 篇，
分訂 5 冊，總計 2092 頁）、〈卷八教育志〉（2009 年 10 月出版，
共 4 篇，分訂 4 冊，總計 1132 頁）、〈卷二土地志〉（2010 年 11
月出版，共 9 篇，分訂 9 冊，總計 3866 頁）、〈卷三住民志〉（2011
年 12 月出版，共 5 冊，總計 2130 頁）、〈卷六國防志〉（2013 年
8 月出版，共 4 冊，總計 1063 頁）、〈卷七外交志〉（2015 年 6
月出版，分訂共 6 冊，總計 1758 頁）、〈卷五經濟志〉（2016 年
8 月出版，分訂十冊，共有 2945 頁）。

　　主辦單位為提升修志品質及解決經費不足，2011 年進行與
國防部合作纂修國防志，由國防部負責纂修，完成後，出版經
費由國史館臺灣文獻館支應。最後由國防部與國史館臺灣文獻
館共同出版。《臺灣全志》從 2002 年開始纂修，而截至 2016 年
為止，尚有〈人物志〉和〈卷尾〉尚未完成，其中，〈人物志〉
已於民國 104 年（2015）5 月 1 日完成簽約，第一次期中報告審
查通過。《臺灣全志》總計有 13 志 15 卷 76 篇，其中，〈人物志〉、
〈卷尾〉預訂 2018 年方能出版，由此可見，志書編纂費時費力，
編纂並非容易之事。

（二）省（市）志

　　《重修臺灣省通志》、《臺北市志》、《續修高雄市志》均於前期完成出版。此期，並無有關省志纂修；惟臺北市為中華民國的首都，自民國 56 年升格院轄市，文獻會考量臺北市升格後，社會經濟大幅發展，乃全面進行重修，民國 80 年（1991）雖完成重修《臺北市志》，由於重修市志的斷限至民國 70 年，篇目不足、斷代未能統一，以致未臻完善，志書已不符合臺北市的變遷，因此，臺北市立文獻館的前身臺北市文獻委員會，乃積極展開續修市志的工作。

　　《續修臺北市志》歷經將近 7 年的努力編撰完成。整套書包括〈卷首〉、〈卷尾〉及卷一〈大事紀〉、卷二〈土地志〉，卷三〈政事志〉、卷四〈經濟志〉、卷五〈交通志〉、卷六〈社會志〉、卷七〈教育志〉、卷八〈人物志〉。全志以民國 71 年（1982）1月為上限，下迄民國 100 年（2011）12 月，重新完整記錄臺北市近 30 年的發展實況。

　　全套《續修臺北市志》共計有 8 志 11 卷 33 冊，總字數逾1,033 萬字。先後於民國 103 年 12 月 8 日發表〈土地志〉（3 篇）、〈教育志〉（3 篇）與〈人物志〉（2 篇）；另民國 104 年 12 月出版〈大事紀〉、〈政事志〉（5 篇）、〈經濟志〉（4 篇）、〈交通志〉（4 篇）、〈社會志〉（4 篇）。[72]

（三）縣（市）志

72　《續修臺北市志》〈經濟志〉等志已於 105（2016）年底出版。本書設定整理
　　收錄出版的志書年限至 2016 年底，但為求完整交待，特將甫於 106 年相繼完
　　成付印的〈文化志〉（5 篇），連同「卷首」與「卷尾」同時出版，並於 106 年
　　7 月 14 日在市長官邸藝文沙龍表演廳舉辦全部《續修臺北市志》發表會，後
　　續出版情形，一併以註釋說明。

本期纂修的縣（市）志，計有《基隆市志》、《嘉義市志》[73]（2007）、《續修新竹市志》、《續修澎湖縣志》、《續修花蓮縣志》、《重修苗栗縣志》、《臺中市志》（2008 年）、《嘉義縣志》（2009年）、《新修桃園縣志》、《續修臺中縣志》（2010 年）、《續修臺北市志》（2014 年）、《續修苗栗縣志》（2015 年）。此外，《福建省連江縣志》、《南投縣志》、《續修臺北縣志》3 部縣（市）志，雖係於前期的「戒嚴時期」纂修而成，但因出版時間是在 2002－2005 年。另外，新竹市政府將日文版的《新竹廳志》（2014 年）完成中文翻譯。因此，本期纂修、出版的縣（市）總計有 16 部次。且本期纂修的志書出版單位，均是各縣市政府單一機構獨立完成。

（四）鄉鎮（市區）志

本文根據國家圖書館所等地最新收藏所得，此期鄉鎮市出版的鄉鎮市區志計有：

2006 年：《太平市志》、《大同鄉志》、《新店市志》、《寶山鄉志‧文化篇》、《寶山鄉志‧歷史篇》、《北埔鄉土誌》、《竹山風土誌》、《斗六市志》、《花壇鄉志》、《莒光鄉志》、《四湖鄉志》、《新市鄉志》、《旗山鎮誌》、《富里鄉誌》、《琉球鄉志》、《金峰鄉志》、《秀林鄉志》、《重修大社鄉志》。

2007 年：《竹東鎮志》、《新埤鄉志》、《水里鄉志》、《鹿野鄉志》、《金沙鎮志》。

2008 年：《萬巒鄉志》、《茂林鄉誌》、《仁愛鄉志》、《泰安鄉志》。

---

73 顏尚文總編纂，《嘉義市志》（嘉義：嘉義市政府，2007 年 9 月）。計有分訂15 冊。

2009 年：《板橋市志三編》、《新豐鄉志》、《北斗鄉土誌》、《重修白沙鄉志》、《山岡鄉志》、《大甲鎮志》、《金城鎮志》、《甲仙鄉志》（增修）。

2010 年：《永康市志》、《大園鄉志續篇》、《增修蘭嶼鄉志》、《安定鄉志》、《續修五股鄉志》、《重修路竹鄉志》。

2011 年：《社頭鄉志》、《口湖鄉志》、《南竿鄉志》。

2012 年：《左鎮鄉志》、《國姓鄉志》、《溪湖鎮志》。

2013 年：《重修清水鎮志》、《淡水鎮志》、《龍潭鄉志》。

2014 年：《龍潭鄉志增編》、《桃園縣平鎮市志續編》、《卓蘭鎮志》、《望安鄉志》、《續修桃園市志》、《蘇澳鎮志》、《田中鎮志》、《新埔鎮誌》、《大溪鎮志》、《復興鄉志增修》、《續修田寮鄉誌》、《綠島鄉誌》。

2015 年：《卓溪鄉志》、《長濱鄉志》、《大村鄉志》、《卓蘭鎮志》、《新修西螺鎮志》。

2016 年：《埔鹽文化生活史》、《續修蘆竹市志》。

官修鄉鎮（市、區）志計有以上 65 部。

除官修鄉鎮（市、區）志方志外，坊間亦有私人纂修，例如《崁津五十一》（2001 年）影印本，則是由一名署名「草店尾老人」之私人著作，私費影印 20 份送人。此外，尚有《梅山地名誌》（2007 年）、《龍眼林誌》（2007 年）則由分別民間團體自發性編纂，紀錄中寮鄉龍眼林的自然環境等。總計本期官、私修鄉鎮（市、區）志近有 70 部。

五、戰後臺灣方志纂修特色

有關戰後臺灣方志纂修特色，分別從以下七個面向進行分

論：

（一）方志名稱多元化

傳統方志多以《志》為名，持續修志者，則在原志書名稱前，冠以「重修」、「新修」、「續修」等，讓讀者能夠快速且有效分辨是新、舊志書。不過，也有例外，例如甫於 2016 年出版的《文化生活圈發展史 ─ 埔鹽文化生活史》，並沒有《志》名。

《文化生活圈發展史 ─ 埔鹽文化生活史》是由彰化縣埔鹽鄉公所出版，因為配合文化部的專案，以便獲得經費補助，因此彰化縣埔鹽鄉公所遂將其所編纂的方志，不稱為《埔鹽鄉志》，而稱為《文化生活圈發展史 ─ 埔鹽文化生活史》。該書不但編纂團隊成員等均比照於縣、市志的格局，除有專業的學術團隊組合而成，此外，還成立編纂審查委員會，聘請專業學者及地方仕紳從嚴審查；該書分為上、中、下三冊，全書內容與鄉鎮志沒有差別，本來就是鄉鎮志的屬性。

類似此以爭取補助經費出版，而不以志名的志書，無獨有偶，在臺灣過去也曾有《宜蘭縣史》、《臺東縣史》等先例，其中，《宜蘭縣史》編修工程，網羅國內約 50 位學者參與編撰，由總編纂張炎憲博士主持，編纂委員會負責審查。自 1992 年 7 月展開，於 1996 年 10 月以專史形式陸續出版，內容係以書寫宜蘭風土，記錄宜蘭人歷史，曾獲 90 年度行政院首屆政府優良出版品 ── 圖書類獎項。由此可見，《文化生活圈發展史 ── 埔鹽文化生活史》雖非首例，但其爭取補助經費而出版的志書，具有正面價值。此舉，應可做為其他財政困難的鄉鎮市公所及政府機關的借鑑，並能以主動的態度，積極向中央單位爭取經

費，鼓勵從事方志編纂之路。

（二）方志產量多變化

臺灣方志纂修工程雖在「戰後初期」成績掛零，但纂修工程啟動之後，至「戒嚴時期」方志產量成績破百。「政黨輪替時期」以後產量稍減，但各地方志纂修工程仍持續進行新修、續修、重修。

臺灣戰後從 1945 - 2016 年僅短短 70 年，已完成出版方志有近 300 部方志。其中，除《臺灣全志》這本全國性方志編纂最受注目外，各地出版之方志頁數厚實，就連地方基層的鄉鎮方志也不例外，例如《芳苑鄉志》（1997 年）六冊共 1600 頁、《鹿港鎮志》（2000 年）計有 10 冊 2389 頁、《旗山鎮誌》[74]（2006年）分訂全三冊共 1799 頁[1]、《仁愛鄉志》[75]（2008 年）分訂二冊共 2027 頁、《鹿野鄉志》[76]（2007 年）分訂二冊共 1419 頁、《龍潭鄉志》（2014 年）分訂二冊計有 971 頁、《綠島鄉誌》（2014）分訂三冊計有 1152 頁，方志產量十分可觀。

（三）出版單位多樣化

我國現存八千多種方志，其中，清代纂修的就有五千多種，

---

74 蔡正松，《旗山鎮誌》（高雄：旗山鎮公所，2006 年 1 月）。本書分大事記及 13 篇，依序為地理、歷史、住民、政事、經濟、交通、教育、藝文、宗教民俗、人民團體、人物、特產勝景與傳說、史料，分訂於全三冊，1799 頁。

75 沈明仁，《仁愛鄉志》（南投：仁愛鄉公所，2008 年 8 月）。計有行政、開發、地理、住民、社會、建設、經濟、教育、文化、宗教、人物、村史采風、勝蹟等 13 篇，全二冊，2027 頁。

76 夏黎明：《鹿野鄉志》，臺東：鹿野鄉公所，2007 年 8 月。計有 13 篇：地理、開發、生態、行政、教育、經濟、建設、阿美族、漢族、宗教、社會、觀光、人物篇。分訂二冊、1419 頁。

約佔百分之八十，清朝首纂《臺灣府志》和縣志，保存臺灣大量史料[77]。清朝方志雖然大盛，但清朝文網甚密，文字獄濫施，清政府嚴格控制編修志書，修志者深恐身陷囹圄，不敢私下修史。[78]

爬梳戰後臺灣方志纂修資料所得，方志出版單位，有各地文獻委員會與各地縣市政府共同出版、或與國防部合作出版（例如《臺灣全志、國防志》），也有各地縣市政府單獨出版，這些方志清一色都是以官修為主；但自從 1951 年首部私修方志《臺灣埔里鄉土志稿》出現，其後又有草店尾老人自行編纂《崁津五十一》[79]、《龍眼林誌》[80]等私纂方志出現。由此可見戰後臺灣

77　清代臺灣地區先後成書的志書，其中康熙期間有《臺灣府志》、《重修臺灣府志》、《諸羅縣志》、《鳳山縣志》、《臺灣縣志》；乾隆期間有《重修福建臺灣府志》、《重修臺灣府志》、《續修臺灣府志》、《重修臺灣縣志》、《重修鳳山縣志》、《澎湖紀略》；嘉慶期間則有《續修臺灣縣志》；道光期間有《澎湖續編》、《彰化縣志》、《噶瑪蘭廳志》、《噶瑪蘭志略》；同治期間有《淡水廳志》；光緒期間有則有《澎湖廳志》、《苗栗縣志》、《恆春縣志》等，內容都是沿宋、元、明、清各朝方志一派演進下來。（陳捷先：《清代臺灣方志研究》，臺北：臺灣學生書局，1996 年 8 月，頁 121-192。）

78　林衍經，《方志學綜論》（上海：華東師範大學出版社，2008 年 10 月第二版），頁 45-48。

79　草店尾老人，《崁津五十一》（桃園：編者印，2001 年 9 月 19 日）。崁津是大溪鎮的舊稱，《崁津五十一》是筆者在各地蒐集出版之方志時，於 2010 年 11 月 10 日發現所得，全冊是打字稿，影印本。作者在書中序言乃因熱愛大溪鎮，並且深以大溪人為榮，因此傾力將有關日據時代的大溪，分成〈日據重大設計〉、〈崁津地文誌〉、〈崁津行政誌〉、〈文業誌〉、〈文教〉、〈建設〉、〈庶民〉等章節一一紀錄下來。全書共計 322 頁，末頁還有疑似作者手寫的註記。該書目前在國立中央圖書館臺灣分館藏有一冊。

80　李應森，《龍眼林誌》（南投：中寮鄉龍眼林福利協會，2007 年 12 月）。計有龍眼林的自然環境、沿革、宗教信仰、地方自治、人口狀態、教育、土地利用、生產事業、金融事業、建設事業、交通運輸、工商業、觀光事業、人物略傳、地名淵源、故事傳說、隘租制度、風林採收場前因後果及民蕃風俗習慣等 20 章、239 頁。

大量方志以官修為主，但私纂方志日益興起，顯示臺灣方志纂修的出版單位多元化，出版自由並不受限。

（四）編纂團隊學術化

　　就方志的纂修者而言，觀察《龍潭鄉志》（2014）、《續修桃園市志》（2014）、《續修臺北市志》（2016）等，以上方志的總纂名單中，除淡江大學教授申慶璧是雲南省第一師範畢業，1948年在中華民國首都南京選出的行憲第一屆國民大會代表外[81]，其餘張永堂、謝國興、鄭樑生、黃耀能、張勝彥、顏尚文、許雪姬、康培德、黃秀政、賴澤涵、雷家驥、鄭政誠等總編纂，皆具有博士學位，均在臺灣公私立大學人文社會等相關學系，或中央研究院服務，是戰後臺灣修志專家的代表。

　　除有學術專精的學者投入之外，還出現民間機構中華綜合發展研究院應用史學研究所編纂的《新店市志》[82]、《琉球鄉志》[83]、《金峰鄉志》[84]。此外，花壇鄉公所委託卓越諮詢顧問有限公司編纂《花壇鄉志》[85]、板橋市公所委託尋俠堂國際創藝有限公

---

81 黃秀政，《臺灣史志新論》，前引書，頁481。

82 中華綜合發展研究院應用史學研究所，《新店市志》（臺北：新店市公所，2006年2月）。共計12志：地理、開拓、政事、行政、經濟、交通與公共事業、人口、教育、宗教、文化與勝蹟、市政建設、人物等，全一冊，合計866頁。

83 中華綜合發展研究院應用史學研究所，《琉球鄉志》（屏東：琉球鄉公所，2006年12月）。該志計有地理、開拓、政事、行政、經濟、建設、住民、教育、文化、宗教、人物等11篇，全一冊、335頁。

84 中華綜合發展研究院應用史學研究所，《金峰鄉志》（臺東：金峰鄉公所，2006年2月）。計有雄山秀水、部落親法、金峰尋根、民事服務、豐衣足食、百年樹人、文化采峰、宗教祭儀、刻石紀功等9篇，分述該鄉之地理、部落慣習、族群開拓、政事、經濟、教育、文化、宗教與人物。全一冊，625頁。

85 卓越諮詢顧問有限公司編纂，《花壇鄉志》（彰化：花壇鄉公所，2006年8月）。計有地理、開發、政事、經濟、社會、教育、宗教禮俗、文化、人物等九篇。全一冊、735頁。

司編纂《板橋市志三編》[86]、財團法人梅山文教基基會出版的《梅山地名誌》[87]，則調查梅山地區 18 個村 310 個老地名。

臺灣的方志，在官方、民間社團推動下，學者主導方志纂修形日盛，戰後臺灣方志纂修方志編纂團隊，除有學者專家之外，方志編纂還出現「文化包商」[88]組合等團隊紛紛投入，修志蔚為風氣。

（五）題材內容現代化

戰後臺灣方志除有行政、開發、地理、住民、社會、建設、經濟、教育、文化、宗教、人物、勝蹟等篇，部分方志取材廣泛，例如：《竹山風土誌》[89]內容有竹文化、鄉土傳奇、鄉土語典、臺灣諺語等。《新埤鄉志》[90]有箕湖村的舊照片與土地契約

---

86 尋俠堂國際創藝有限公司，《板橋市志三編》（臺北：臺北縣板橋市公所，2009年 12 月）。記載範圍 1997~2008 年（凡例五），計有地理、人口、政事、城市、交通、環境、經濟、教育、社會、宗教、文化、人物篇等，全一冊，共 617頁。

87 沈耀宜，《梅山地名誌》（嘉義：財團法人梅山文教基金會，2007 年 2 月）。作者以田野調查的方式，調查梅山地區 18 個村 310 個老地名。

88 林玉茹，〈地方知識與社會變遷 —— 戰後臺灣方志的發展〉，收錄於《臺灣文獻》，第 50 卷第 4 期，前引書，頁 257。「文化包商」係指以類似企業組織的形式包攬「方志工程」。文化包商的出現，意味著社會富裕、經濟充裕、鄉志纂修需求高及地方政府不再裁量或擔心犯禁的社會條件配合之下，方志這種地方知識的生產，變成工廠式的生產，不但產品規格化、生產標準化，而且進行量產，形成知識工業的新型態。

89 劉耀南，《竹山風土誌》（南投：竹山鎮公所，2006 年 12 月）。計有聚落開發、產業、教育、人物、社團、宗教、竹文化、勝蹟、鄉土傳奇、鄉土語典、臺灣諺語等十一章。全一冊，計有 619 頁。

90 林雲榮等，《新埤鄉志》（屏東：新埤鄉公所，2008 年 9 月）。計有話說臺灣、新埤鄉的開拓史、人文地理、政事、人口與農業、經濟、社會志、教育、宗教、新埤鄉各機關簡介、藝文、人物、附錄、村志、新埤村、打獵村、建功村、南豐村、萬隆村、箕湖村、餉潭村、箕湖村老照片專輯、從照片中看歷史、箕湖村的舊照片與土地契約古文書等 24 個部分。全一冊、755 頁。

古文書等。《四湖鄉志》有武術篇，而《富里鄉誌》有觀光勝跡篇、影像誌等，《水里鄉志》有旅遊篇等，方志結合地方觀光產業。此外，《秀林鄉志》則有族群關係與族群互動、文化生活與傳承、當代議題等，《萬巒鄉志》有大事記等。

由於學術界大量投入臺灣鄉鎮志、縣（市）志、省（市）志，臺灣各級志書由量變逐漸質變[91]，例如：一、打破傳統地方誌體例、題材多樣、撰寫彈性大。二、不再習用以往「同胄」觀念，對紀錄原住民傳統社會文化與語言，具有保存傳統的用心。三、由不同學科合作撰述，雖然還只是在分工合作的層次，談不上共同研究，但難保不在未來激起科際研究的火花。四、注重田野調查，以發掘新的史料及文獻，並加強對現況的調查紀錄。五、不再服膺統治者或是執政者的需求。雖然很多方志仍然要配合地方首長的任期，而有時間壓力，但是基本上已擺脫為統治者或行政需要而撰寫方志的型態，越來越接近人民的歷史，而不再是官方的歷史。過去有些縣志或縣志稿寫得像縣政報告，如今已不多見。[92]增加大量方志題材與內容。

（六）編纂方式電腦化

現今資訊科技發達，戰後臺灣方志纂修手法與時俱進，例如《重修大社鄉志》[93]（2006）、《臺中市志》[94]（2008）、《重修

---

91 黃秀政，《臺灣史志新論》，前引書，頁 484。

92 林美容，〈確立地方誌的傳統：兼談臺灣史學的奠基〉，收入於《方志學與社區鄉土史學術研討會論文集》（臺北：臺灣學生書局，1998 年 5 月），頁 96。

93 柯安正，《重修大社鄉志》（高雄：大社鄉公所，2006 年 2 月）。計有大事記、歷史、地理、經濟、政事、社會、文化等 7 篇。全一冊、848 頁，附光碟。

94 黃秀政總編纂，《臺中市志》（臺中：臺中市政府，2008 年 12 月），計有沿革、地理、政事、經濟、社會、教育、藝文與人物等八志，每志單獨成冊，附光碟。

路竹鄉志》（2010）、《續修田寮鄉誌》（2014）、《綠島鄉志》（2014）
等，當志書出版時，都另製成光碟片，隨書附贈。將方志從平
面印刷的傳統方式，改變以光牒出版外，在網路上，還有專門
提供電子檔，供民眾上網快速查詢等服務。方志的出版與發行，
打破傳統的紙本平面印刷，而隨著社會的進步，方志纂修不再
侷限於紙本印刷的傳統形式。方志纂修充分運用資訊科技，迎
合時代潮流的腳步，編纂的手法，頗能順應現代企業經營，並
能提供新產品、新服務等現代化服務，已與傳統編纂手法大相
逕庭，令人耳目一新。

（七）經營方法多角化

　　檢視方志的出版頁，除了書名、作者、出版社、出版年等，
此外，近年出版的方志還增加「售價」字樣，例如在《金沙鎮
志》[95]頁末出現「工本費 1980 元」、《增修烈嶼鄉志》[96]頁末標出
「訂價 2000 元」，不僅方志紙本的版權頁有訂價，2017 年出版
《續修臺北市志》的光碟，也以「定價新台幣 3000 元」亮相，
成為臺灣第一片標示售價的方志光碟，令人耳目一新。而「工
本費」、「訂價」等字樣，乃為交易行銷商業需求，因此出版之
方志，也都依規定編印政府出版品統一編號（Government
Publications Number；以 GPN 標示），並依國家圖書館之規定，
申請辦理及印製國際標準書號（International Standard Book

95　楊天厚、林麗寬，《金沙鎮志》（金門：金沙鎮公所，2007 年 12 月）。計有方
　　域、經營、政事、教育、村里、導覽、人物、風俗、經濟等 9 篇，分上、下
　　二冊，共 819 頁。工本費 1980 元。

96　呂允在，《增修烈嶼鄉志》（金門：烈嶼鄉公所，2010 年 1 月）。計有地理、
　　開發、政事、文化、教育、經濟、社會、軍事、華僑、人物等 10 篇，分訂
　　上、下二冊，共 924 頁，訂價 2000 元。

Numbering；以 ISBN 標示），此乃戰後臺灣方志另一特色。

　　臺灣方志，從清領、日本到戰後時期，因政治、社會、經濟等各種因素，造就不同時期的臺灣方志，例如戰後臺灣的方志編纂具有「方志名稱多元化」、「方志產量多變化」、「出版單位多樣化」、「編纂團隊學術化」、「題材內容現代化」、「編纂方式電腦化」、「經營方法多角化」，說明臺灣方志在不同時間，均能能夠展現與時俱進、且獨特的編纂特色。

第三章　臺灣方志之史傳體例

── 以《史記》列傳、表、書體為例

　　「經典」本義，按許慎《說文解字》，「經」　是「織從絲也」，段玉裁注：「從絲謂之經。必先有經，而後有緯，是故三經、五常、六藝，謂之天地之常經。」[1]劉勰《文心雕龍》說：「三極彝訓，其書曰經。經也者，恆久之至道，不刊之鴻教也。」[2]，簡言之，舉凡天經地義常理常道之典籍即為「經典」，儘管其已歷經歷史洪流的淘洗，但迄今仍然歷久彌新之作，諸如中國的四書五經、西方的聖經等，皆被公認為「經典」。

　　「經典」之所以成為建立知識素養利器，乃源於經典自身的重要性，其所指涉的內涵，不是涉及文化或學術發展的源頭，就是就成文化或學術發展重大的轉捩點。又經典是作者嘔心瀝血之作，它本身就是一個有機的生命體。對於這樣具有原創性的作品進行整體性的理解與領悟，與原創的作者神交，這最易於喚醒學習者的知識熱情與信念寄託。因此，經典代表著權威，

1　（東漢）許慎撰、（清）段玉裁注，《說文解字》（臺北：萬卷樓圖書公司，2002年8月，頁650下）。

2　（南朝梁）劉勰著、（民國）范文瀾注，《文心雕龍》〈宗經第三〉，收入於郭紹虞、羅根澤主編，《中國古典文學理論批評專著選輯》（中國北京：人民文學出版社，2011年10月，頁21）。

一種人類對於美好事物或境界的敬畏與渴慕之情。[3]

　　觀察中國經典研讀教育發展情形，從傳統的五經，到十三經，乃至民國初年，胡適在將傳統經典擴大至經、史、子、集的典籍，使得在傳統社會，原被視為小說的《西遊記》、《水滸傳》等，一躍成為經典之列。近人更將「經」定義為「最有價值的書」[4]，舉凡經、史、子、集外，只要被任何人認為值得一讀再讀的典籍，都可被選為「經典」，而「經典教育」係以經典做為文本，從詮釋方法角度而言，「經典」包括東、西文明傳統的偉大經典，也可以現代文明產生後各種要學術思潮的經典，甚至也可以將當代學領域中所建立的「學科經典」，皆可涵括進來[5]，傳統經典的範疇，日益擴大。

　　《史記》之所以名垂千古，此與司馬遷的時代條件、個人條件與文學條件有關，《史記》自成書以來，歷代碩學鴻儒研究之著作甚多，舉凡《史記》的文字、內容、思想等，一直成為各家研究的重點。本文則關注焦點置於方志與《史記》的體例關係，2014 年曾以〈當方志遇上經典 —— 方志運用《史記》體例纂修研究〉一文，初稿在「銘傳大學中國文學之學理與應用—經典研讀教學學術研討會」宣讀，並收錄於該會論文集。本文經修訂，全文以梳理《史記》與中國方志歸納材料、

3　鄒川雄，《通識教育與經典詮 —— 一個教育社會學的反省》（嘉義：南華大學教育社會學研究所，2006 年 4 月，頁 28-29）

4　王朝貴等人合著，《讀經教育理論與實務》（臺北：洪葉文化，2011 年 6 月，頁 1）。

5　鄒川雄，〈從身心狀態觀點看經典學習與經典詮釋 —— 以《論語》學而篇首章之詮釋分析為例〉，收入於謝青龍、林昭炤主編，《精粹中的博雅 —— 經典、教育與經典教育》（臺北：麗文文化事業，2010 年 4 月，頁 66）。

表達的外在形式，考察史書與方志二者體例之異同。

第一節　《史記》所採體例

有關「體例」一詞，最早見於《春秋穀梁傳注疏》：

> 魯政雖陵遲而典刑猶存，史策所錄，不失常法，其文獻
> 之實足徵，故孔子因而修之，事仍本史，而辭有損益，
> 所以成詳略之例，起褒貶之意。若夫可以寄微旨而通王
> 道者，存乎精義窮理，不在記事少多，此蓋修《春秋》
> 之本旨。師資辯說，日用之常義，故穀梁子可不復發文，
> 而體例自舉矣。[6]

《春秋穀梁傳注疏》所謂「體例」，乃指體現微言大義的春秋筆法。事實上，體例是每一部典籍藉以聯繫的重要方式，也是作者歸納材料、創作思想和創作內容的表現方式。司馬遷（西元前 145 - 西元前 86？）《史記》在〈太史公自序〉說明《史記》編纂方法：

> 網羅天下放失舊聞，王迹所興，原始察終，見盛觀衰，
> 論考之行事，略推三代，錄秦漢，上記軒轅，下至于茲，
> 著十二本紀，既科條之矣。並時異世，年差不明，作十
> 表。禮樂損益，律曆改易，兵權山川鬼神，天人之際，

6　（東晉）范寧等人，《春秋穀梁傳注疏》卷九，收入於《文淵閣四庫全書》本經部，頁29。

承敝通變，作八書。二十八宿環北辰，三十輻共一轂，運行無窮，輔拂股肱之臣配焉，忠信行道，以奉主上，作三十世家。扶義俶儻，不令己失時，立功名於天下，作七十列傳。凡百三十篇，五十二萬六千五百字，為《太史公書》。[7]

司馬遷闡述其編纂《史記》採用的體例：包括「本紀」、「表」、「書」、「世家」、「列傳」五種，有關本文所指的五種體例（以下簡稱「五體」）之來源和結構關係，茲分論如下：

一、《史記》五體來源

有關《史記》五種體例的來源，首先，就「本紀」、「表」、「書」、「世家」、「列傳」而言，據《史記》分別有載：

太史公曰：〈禹本紀〉言「河出崑崙……」。今自張騫使大夏之後也，窮河源，惡睹本紀所謂崑崙者乎？故言九州山川，尚書近之矣。至〈禹本紀〉、《山海經》所有怪物，余不敢言之也。[8]

余讀《諜記》，黃帝以來有年數。稽其曆譜諜終始五德之傳，古文咸不同，乖異。夫子之弗論次其年月，豈虛哉！於是以《五帝繫諜》、〈尚書〉集世紀黃帝以來訖

7　（漢）史馬遷，〈太史公自序〉，《史記》卷一百三十（臺北：新象書局，1985年3月），頁3319。

8　（漢）史馬遷，〈大宛列傳〉第六十三，《史記》卷一百二十三，前引書，頁1283-1284。

共和為〈世表〉。[9]

　　太史公曰：儒者斷其義，馳說者騁其辭，不務綜其終始；曆人取其年月，數家隆於神運，譜牒獨記世謐，其辭略，欲一觀諸要難。於是譜十二諸侯，自共和訖孔子，表見《春秋、國語》學者所譏盛衰大指著於篇，為成學治古文者要刪焉。[10]

　　皋陶之後，或封英、六，楚穆王滅之，無譜。[11]

要言之，〈禹本紀〉應該就是司馬遷「本紀」名稱之源，然而，專以「本紀」敘列帝王事蹟，則創始於司馬遷；譜牒、曆譜家的年月「表」及陰陽家載有年月的「書」，都是太史公表體所本，其表體整齊年差，運用獨到；「書」體則在《史記》之前未見，因此，趙翼認為「八書乃史遷所創」[12]。至於「世家」之體，其來源較有爭議，但仍可總結為司馬遷創發。[13]

　　其次，就「列傳」之體，按〈伯夷列傳〉所云「其傳曰」的「傳」字，乃司馬遷所名，又趙翼云：

古書凡記事、立論及解經者，皆謂之傳，非專記一人事蹟也。其專記一人為一傳者，則自遷始。[14]

9　（漢）史馬遷，〈三代世表〉第一，《史記》卷十三，前引書，頁 488。
10　（漢）史馬遷，〈諸侯年表第二〉，前引書，頁 511。
11　（漢）史馬遷，〈陳杞世家第六〉，前引書，頁 1585。
12　趙翼，《二十二史箚記》卷一（臺北：鼎文書局，1979 年），頁 1 。
13　劉國平，《司馬遷的歷史哲學》（臺北：花木蘭出版社，2010 年 9 月），頁 53-54。
14　趙翼，《二十二史箚記》卷一（臺北：鼎文書局，1979 年），頁 1。

綜上所述，《史體》五體來源，除世家是司馬遷發而明之[15]，至於「本紀」則有所承襲，十「表」則有所因革，八「書」和「列傳」是司馬遷所創。《史記》的五體或出於司馬遷擷取前人菁華，或出於司馬遷個人所創，五體融合而成，則始於太史公之手。

二、《史記》五體關係

　　《史記》以「本紀」記載各時代能左右天下大局的政治人物為中心，按照帝王與年代的時序來記事，可清楚說明整個歷史發展的大勢與實況；以「表」形式譜列人物與事件，將錯綜複雜的歷史事件明確地組織在一起，且能文省具，一目了瞭；「書」是按類寫史，透過禮、樂、律、曆、天官、封禪、河渠、平準等，分門別類的文化制度史，說明歷史政治的發展，班固修《漢書》將「書」改為「志」；「世家」主要係以記載諸侯為主；「列傳」則是人物傳記，主要敘述人物的生平事跡。[16]

　　對於司馬遷作《史記》之目的與體例，趙翼、梁啟超、徐復觀等人分別有云：

15　劉國平，《司馬遷的歷史哲學》，前引書，頁 52。

16　高禎霙，《《史》《漢》論贊之研究》（臺北：花木蘭文化出版社，2006 年 3 月），頁 21-26。比較特別的是：《史記》加入〈項羽本紀〉、〈呂后本紀〉，乃司馬遷根據歷史發展的實況，綱舉時勢的主宰者，而非只有帝王能入〈本紀〉；另〈世家〉有〈孔子世家〉、〈陳涉世家〉，乃司馬遷為了肯定孔子在文化、思想上的不朽，及給予陳涉應有的歷史地位。雖然歷代學者對此議論紛紜，實乃司馬遷編寫自有其用意。《史記》體例除採五體外，與「太史公曰」正文互為參見，惟「太史公曰」與後世史書中之「贊曰」，方志之「按語」等運用上是否有同工異曲之妙，此乃另一研究課題，需待另外研究、闡釋，不在本文探討範圍，合先敘明。

司馬遷參酌古今，發凡起例，創為全史。本紀以序帝王，世家以記侯國，十表以繫時事，八書以詳制度，列傳以誌人物，然後一代君臣政事，賢否得失，總彙一編之中，自此例一定，歷代作史者，遂不能出其範圍，信史家之極則也。[17]

〈本紀〉為全書之冠，〈表〉〈書〉〈世家〉〈列傳〉，皆發明〈本紀〉，相輔以成書而已。蓋〈本紀〉敘帝王，以年統事，但舉大要，〈世家〉敘諸侯，以系統事，列傳敘公卿以下，以事傳人，皆及其詳。〈本紀〉為〈世家〉〈列傳〉之綱，〈世家〉〈列傳〉為〈本紀〉之目。[18]

舊史官記事而無目的，孔子作《春秋》，時或為目的而犧牲事實。其懷抱深遠之目的，而又忠勤於事實者，惟遷為兼之。[19]

文化上極少有突然創始之例。然將古史各種形式，握其綱要，意識地各賦與明確地意義；綜合地將各種形式構造成一個有機的統一體，在統一體中，各發揮前所未有的功能，這便是在史學上震古鑠今地偉大創造。[20]

---

17 趙翼，《二十二史箚記》卷一（臺北：洪氏出版社，1978年二版），頁2。

18 楊燕起編，《歷代名家評史記》（北京：北京師範大學，1986年3月），頁138。

19 梁啟超，《中國歷史研究法》（中國北京：東方出版社，1996年3月），頁18。

20 徐復觀，《兩漢思想史》卷三〈論史記〉（臺北：臺灣學生書局，1993年9月），頁338。

　　它的價值全在體裁的更新。[21]

　　五體互相調和，互保聯絡，遂成一部博大嚴謹之著作。[22]

　　從《史記》五體編排和篇章之間互見記敘，端詳司馬遷以人為中心的歷史觀，《漢書》以後的正史，皆以《史記》的體例，做為其編纂結構。梁啟超因此肯定司馬著作《史記》目的之宏偉，徐復觀讚嘆《史記》創設體例等偉大貢獻。《史記》五體非獨立而各存，邱逢年闡釋：

　　今於《史記》反覆深思，乃知其亦合全書為脈絡……，本紀為全書之冠，表、書、世家、列傳皆發明本紀，相輔以成書。[23]

　　司馬遷作《史記》的目的在「究天人之際，通古今之變，成一家之言」，為了達成此一深遠的目標與理想，其設置了本紀、表、書、世家、列傳五個部分，把中國二千多年的歷史事件，採用「本紀」、「表」、「書」、「世家」、「列傳」等不同的體裁，展現其創作思想和創作內容。司馬遷以「本紀」等五種體裁，做為在《史記》中重要的聯繫方式，而此五種體裁，或出於司馬遷擷取前人菁華，或出於司馬遷個人所創，而將此五體揉合在一起，貫串成為一個完整的體系，則是始於《史記》，為司馬遷的創造。此五種體裁互為相發，各體的編排，分門別類的記述特色，各具意義與功能。

---

21 梁啟超，《中國歷史研究法補編》（上海：上海書局，1989 年），頁 224。
22 梁啟超，《要精解題及其讀法》（臺北：華正書局，1974 年），頁 37。
23 （清）邱逢年，《史記闡述・全書脈絡》，收入於《史記研究集成》（中國北京：華文出版社，2005 年），卷六《史記集評》，頁 97。

第二節　方志所採體例

　　方志為「一方之全史」[24]也是「地方的百科全書」,其所載的內容,上自天文,下至地理,舉凡「人」、「事」、「地」、「物」無所不包,其具資治、致用、教化功用[25]外,還可補正史之不足、可考訂正史之錯誤,如增添科技資源、蒐集地方人物、史事、藝文、宗教及中西文化交流史料等功用。[26]其功用不僅是研究一地之歷史要參考,就是研究通史、斷代史、專門史,都列為重要參考書。

　　考察中國方志纂修歷程,漢朝方志已有圖經;隋代首開官修方志;唐代規定各州府每三年造一圖經,圖經盛行;宋代朝廷創設「九域圖志局」主管州郡編纂圖經業務,方志體例完備成形,圖經逐漸被方志取代;元、明、清是中國方志發展的鼎盛期,並帶動日本、越南等國家傚仿學習纂修方志。而清代因主政者急於瞭解各地情況,且規定蒞任初規要「覽志書」[27],因

24　黎錦熙,《方志今議》(臺北:臺灣商務印書館,1976年3月),頁1-103。

25　方志具有資治、致用、教化功用:一、資治:方志詳載一地之自然與社會等歷史和現況,可以輔助施政者了解情況,制定對策,推行良好的吏治。所以清代《吏治懸鏡》中載新官到任應奉行的「蒞任初規」廿三條中的第三項就是「覽志書」。二、致用:方志中蘊藏大量可供參考的珍貴資料,清初學者顧炎武並參考一千多種方志撰成《天下郡國利病書》名著、英國李約瑟主編《中國科技史》也是參用大量的中國方志。三、教化:方志因記一地一時的名人盛事、高尚品德,去惡趨善,可做為教化群眾的正面教材。見來新夏:《中國地方志》(臺北:臺灣商務印書館,1995年9月),頁29-30。

26　林天蔚,《地方文獻研究與分論》(北京:北京圖書館出版社,2006年12月),頁44-49。

27　(清)徐文弼,《吏治懸鏡》(臺北:廣文書局,1976年8月),頁12。

此從中央到地方，各行政單位幾乎都要修志，方志成為學術著作，樹立方志學之貢獻，成為中國方志發展的鼎盛時期的最高峰。[28]清代從事方志者日眾，方志數量大盛，方志編纂始引起學者和志家重視，因而產生許多重要的方志理論家，例如顧炎武（1613－1682）、戴震（1723－1777）、錢大昕（1728－1777）、章學誠（1738－1801）、洪亮吉（1746－1809）等人。其中，史志派」的代表人物章學誠提出方志體例的規範如下：

> 凡欲經紀一方之文獻，必立三家之學，而始可以通古人之遺意也。倣紀傳正史之體而作志，倣律令典例之體而作掌故，倣《文選》《文苑》之體而作文徵。三書相輔而行，闕一不可；合而為一，尤不可也。[29]

章氏主張以「紀傳」、「掌故」、「文徵」三書，做為方志的三個主幹，再以「皇恩慶典宜作紀、官師科甲宜作譜、典籍法制宜作考、名宦人物宜作傳」[30]做為方志「體例」，方志體例應包括「紀」、「譜」、「傳」、「考」[31]；當代方志學家傅振倫則說：「修志之道，應嚴體例」[32]，也就是說，體例對方志而言，猶如棟樑

28　徐惠玲，《〈新修嘉義縣志〉、〈新修桃園縣志〉之比較研究—以藝文方志為例》（臺北：花木蘭文化出版社，2014年3月），頁60-71。

29　（清）章學誠、（民國）葉瑛注，〈方志立三書議〉《文史通義校注》（臺北：頂淵文化公司，2002年9月），頁571。

30　（清）章學誠、（民國）葉瑛注，〈修志十議〉《文史通義校注》，前引書，頁843。

31　（清）章學誠、（民國）葉瑛注，〈答甄秀才論修志第一書〉《文史通義校注》，前引書，頁819。

32　傅振倫，《中國方志學通論》（臺北：臺灣商務印書館，1966年12月），頁110。

之於房屋、施工之藍圖、分工之依據、全書之準繩。近人陳三井則認為，「體例是處理內容，安排詳略的一些技術性問題。」[33]；高志彬謂，「體例係編纂體裁與纂述義法，含括綱目、體型、義例、書法。」[34]；王良行則主張「最狹義的體例，係指體裁和凡例，如編輯的體式和方法；最廣義的則涵蓋宗旨、類型、名稱、年代斷限、體裁、框架和篇目、大事記、人物立傳、文體、資料依據、字數、版式等，幾乎志書的元素都包括在內。」[35]體例是把各志內容安排一定的位置，使全志的內容佈局合理。要言之，體例是方志纂修之根本，貫徹修志宗旨的方法。

清領時期，臺灣官修方志體例，例如康熙二十四年臺灣首部方志是蔣毓英纂修的《臺灣府志》，即以順治年間賈漢復（1606－1677年）纂修的《河南通志》[36]做為標準範本，《河南通志》為「平列體」，類目計有四十三目，分別為：聖制、輿圖、沿革、星野、疆域、山川、城池、禮樂、兵制、河防、水利、封建、田賦、戶口、漕韻、鹽客、郵傳、風俗、物產、職官、公署、倉廩、學校、選舉、祠祀、陵墓、寺觀、古蹟、帝王、名臣、人物、理學、儒林、忠烈、孝義、文苑、隱逸、烈女、流寓、仙釋、方技、藝文、辯疑，門目並列。

康熙三十五年高拱乾纂修的府志則始採「分志體」；臺灣縣

33 陳三井，〈論清代臺灣地區方志的義例講評〉，《漢學研究》，第三卷第二期，1985年12月，頁232。
34 高志彬，〈臺灣方志之纂修及其體例流變述略〉，《臺灣文獻》第49卷第3期，1998年9月，頁193。
35 王良行，〈鄉鎮志體例另論〉，《五十年來臺灣方志成果評估與未來發展學術研討會論文集》（臺北：中央研究院臺灣史研究所籌備處，1999年5月），頁298。
36 （清）賈漢復修、沈荃纂，《河南通志》，清順治17年刊本。

志的濫觴《諸羅縣志》也採「分志體」，總計有卷首、卷一封域
志、卷二規制志、卷三秩官志、卷四祀典志、卷五學校志、卷
六賦役志卷六賦役志、卷七兵防志、卷八風俗志、卷九人物志、
卷十物產志、卷十一藝文志、卷十二雜記志，及山川圖十一幅、
縣治一幅、學宮一幅、番俗十幅。同治三十九年陳培桂《淡水
廳志》則改採「正史體」。

　　據高志彬統計，清修臺志計有「門目體」、「分志體」、「正
史體」、「史論體」、「三寶體」、「三書體」六種體例，其中，又
以「分志體」最多。[37]由此可見，方志組織包含「紀」、「表」、「考」、
「傳」等類目，已脫離早期的單一類目。

　　戰前臺灣所修方志，其志書體式基本都是從大陸移植而來
[38]，但傳統方志纂修不足為新方志之依據，不少學者不再詳其常
而略其變，反而大量援引社會科學方法修志，傳統方志體例產
生變化；戰後臺灣方志體例詳略不一，歷史學派的盛清沂主張
以「史法修志」、地理學派的陳正祥主張「區域地理」、社會學
派的陳紹馨主張「區域研究」，及綜合學派的林熊祥主張「百科
全書」，然方志纂修包羅萬象，纂修方法不應僅限於記載歷史、
地理，而是應該包括研究政治、社會、經濟、文化等人類社會
一切現象的科學方法，纂修方法應以各學門的「科學方法」，以
現代科學之分類體系，做為方志綱目之編訂，綱目的安排採用

---

37 高志彬，〈臺灣方志之纂修及其體例流變述略〉，《臺灣文獻》第 49 卷第 3 期，
　　1998 年 9 月，頁 196。

38 巴兆祥，《方志學新論》（上海：學林出版社，2004 年 6 月），頁 260。巴兆祥
　　認為這不僅因教育文化方式及體系一樣，而且參與纂修人員大多為大陸內地
　　籍官員及文人。

「章節體」[39]，戰後纂修的臺灣方志，體例則多採用「章節體」。

以下以臺灣多部方志為例，析釐當代方志之體例。其中，新修《嘉義縣志》〈文學志〉除收錄作家和作品外，並採用以人繫文的記述方式，例如：

> 洪以南，字逸雅，淡水艋舺人。清光緒間生員。工書善畫。日治時，任淡水街長，初代瀛社首任社長。[40]

> 伍佰，本名吳俊霖，嘉義縣六腳鄉人，嘉義高中肄業。父親在糖廠工作，母親照顧檳榔攤，他以聯考前十名的成績考上嘉中。他在嘉中參加管樂團，吹 TUBA 低音號，於民國七十五年（一九八六）赴臺北補習，這時候民間社會力衝擊權威體制，後現代就要來，他放棄升學，從事各種勞力工作，擺地攤、貼海報、拉保險，以及地下舞廳、保齡球館的服務生，同時，他日夜琢磨著他自己的音樂。八十一年(一九九二)，他崛起於 PUB 演出，組成 China Blue 樂團，擔任主唱，漸受矚目，現為知名歌手、歌曲創作人。他的歌迷遍及各階層，文化圈、白領、藍領階級，而年齡層則從國中跨入大學生；幾乎形成了

---

39 所謂「章節體」，係取西方主題分類的概念，以篇、章、節為綱目編體，因事立篇，依篇分章，分章統節，由篇章節目項次的編次結構，其邏輯關係嚴密，層層統攝，展現研究主題，這種體式在清末光緒年間被引入志書中。戰後臺灣修志的過程中，以「章節體」為體例的專題研究，已為史學派、地學派、社會科學派廣泛接受，從而取代傳統地理考證與歷史敘述的方法，成為方志纂修的新體裁。

40 總纂修雷家驥，纂修江寶釵，分修張屏生、蕭藤村，《嘉義縣志・文學志》(嘉義：嘉義縣政府，2009 年 12 月)，頁 210。

十五歲到七十歲都有人在聽的「伍佰現象」。[41]

　　上述方志的引文，以人物紀傳體方式，記述古典文學、現代文學作家之生平和寫作的緣起，對於當代從事歌謠創作的簡上仁、伍佰等人，亦以相同的記述方式呈現，方志所收錄的人文傳記係採「生人立傳」，此與〈人物志〉「生人不立傳」之原則衝突。上述〈文學志〉、〈藝文志〉雖採「生人立傳」，然而其以人繫文的人物傳記方式，使得一些表現優異，且被大眾傳為美談的作家及其作品，能夠順利入志，增益藝文資料，可供參考。

第三節　史體與方志

　　除上述的人物傳記外，「紀」、「圖」、「表」本為中國傳統史體，但也常見於方志之中，茲分述如下：

一、紀　體

　　「紀」，本是史體，宋時方志始用紀體，是記載之意。新修《嘉義縣志》〈藝術志〉、〈文學志〉均有採用紀體。其中，新修《嘉義縣志·文學志》附錄「嘉義縣文學大事紀（19112007）」，計有四十五頁，總計篇幅約佔新修《嘉義縣志·文學志》的百

41　總纂修雷家驥，纂修江寶釵，分修張屏生、蕭藤村，《嘉義縣志·文學志》，前引書，頁111。

分之八左右。另外，新修《嘉義縣志·藝術志》有「八十四年一月一日至九十三年十二月十三日，嘉義縣表演大事紀」、「九十四年四月十三日至九十八年四月二十五日，嘉義縣表演大事紀」，大事紀按時間先後次序，逐一載明主要活動的內容。而大事紀，均採編年體，以時為經，以事為緯，語無重出，次第井然。如《春秋》「屬辭比事[42]而不亂」[43]，其按時間編年體記事，即杜預所言：「記事者，以事繫日，以日繫月，以月繫時，以時繫年，所以紀遠近，別同異也。」[44]，構成編年體史書的基本特徵。由於紀體按時序紀事，提綱挈要，事要文簡，脈絡清晰，同為新修《嘉義縣志》纂修藝文志所運用。

二、圖　體

圖體，在中國傳統方志出現很早，圖的內容豐富多樣，宋元方志定型後，圖為志的一部分。不過，從嘉義四部藝文志之中，並未見傳統方志的都城地圖，取而代之的，則是大量的照片。從嘉義縣志首纂《嘉義縣志·學藝志》已開始有照片入志，而此期入志的照片數量並不多，且入志照片均為黑白印刷。

及至《續修嘉義縣志·學藝志》，入志照片，已進步為彩色

---

42 屬辭比事，「屬事，指在表達方法上運用一定的體例，說明狀況、結果；比事，指按時間順序排比史事」。見姜義華，《史學概論》（臺北：水年圖書公司，1991年），頁 263。

43 王夢鷗註釋、王雲五主編，《禮記今註今譯》第二十六〈經解〉（臺北：臺灣商務印書館，1970 年），頁 645。

44 （晉）杜預，《春秋經傳集解》（四部叢刊初編經部，上海商務印書館縮印，玉田蔣氏藏宋本），頁 1。

印刷；而新修《嘉義縣志‧文學志》入志照片數量創新高，收錄作者、著作的書影、書院等五十一張照片，新修藝文志採用的照片數量，不但更多且印刷的品質更進步。新修藝文志，收錄照片的新趨勢，已完全取代傳統圖體。

三、表　體

在表體的運用上，以新修《嘉義縣志‧學藝志》的「嘉義縣舞蹈團體一覽表」和「嘉義縣民族舞蹈比成果」為例，其分別運用表體呈現；《續修嘉義縣志‧學藝志》的運用表體有五個，比前志多三個。新修《嘉義縣志‧文學志》分別將鄒族傳說、清領時期三十位古典文學家作品，以二個表體列表述其梗概；新修《嘉義縣志‧藝術志》有傳承表、一覽表、名冊等十三個表。以表格取代文字，表述方式簡潔清楚，新修《嘉義縣志》藝文志皆能廣泛運用。

就人物傳記方面，藝文方志採「生人立傳」，以人繫文的人物傳記方式，提供大量藝文資料。再次，就紀圖表方面：新藝文志收錄大量圖片與日俱增，圖片成為代表時代的媒介，取代傳統圖體，藝文志纂修結構出現變化，而表達形式和創作方法更具多樣性，藝文志從舊志到新志，有多種史體並存，樣式豐富，其纂修手法不斷進步。

新修《嘉義縣志》體例，其「序」統一、「凡例」自由、「綱目」至第五層「目」次、「概說」以圖文表述、「圖」體則進步到以電腦繪圖、「表」體的表格文字簡潔、「紀」體以時為序、「志」

體以順敘結構舖排開展；「傳」體〈人物志〉採紀傳體，秉持傳統史書不為生人立傳之原則，各傳獨立論述。此外，「徵引資料」註釋方式多元、註釋數量龐大。當代方志出現序、圖片、概說、徵引資料等體例，並非傳統方志及《史記》體例所見，此乃因新方志而生成的新體例。當代方志纂修以圖、表、紀、志、傳等組合而成，兼採「紀傳體」、「編年體」，與「章節體」三者兼容並蓄，已為「史志體」的結合。

　　儘管現代方志的體例，在纂修過程出現章節名稱重複，例如新修《嘉義縣志》〈沿革志〉第六篇第一章第二節「民國三十六年二二八事件」、〈社會志〉第三篇第三章第一節「嘉義縣境的二二八事件」、〈文學志〉第三篇第二章第二節「二二八事件暨其書寫」頗為相似；又〈住民志〉第二篇第三章第二節「鄒族的文化」、〈藝術志〉第三篇第一章第二節「鄒族的社會與文化」相似。此外，新修《桃園縣志》〈志首〉下篇第二章「纂修經過」及「編纂規劃」、「歷次編纂工作會議」等三章，與〈謄錄志〉第一章「桃園縣志之編纂」及「桃園縣志編纂沿革」、「本次縣志新修經過」；〈社會志〉第二篇第四節「教師會與教師會」，與〈教育志〉第二章第六節「桃園縣教師會」實則相似，但這些小缺失都可以調整。

　　綜合以上研究，方志體例發展與《史記》五體關係十分密切，《史記》的五體仍被當代方志修志者在纂修方志時繼續運用，惟因修志者的旨趣不同，隨著方志內容日益增多，除了《史記》的人物紀傳、表體等，迄今仍被學者及修志專家繼續援用

外，現代方志中的「序」、「概說」、「圖」、「徵引資料」等結構
因運而生。方志體例除了能夠繼承正史，隨著方志的內容變化，
尚能突破創新，展現方志體例之發展，隨著時代推進與社會的
進步，逐漸趨向多樣性。

第四章 臺灣方志之文學書寫

─ 以乾隆時期府志文學記述為例

第一節 乾隆年間《臺灣府志》
纂修背景與內容

方志纂修，是中國優良的傳統文化，清康熙二十二年（1683），臺灣進入清領時代，方志纂修的傳統也傳到臺灣，臺灣方志的纂修，乃始於康熙年間。有關臺灣第一部方志，究竟是何本？學界取材各有所本。惟據研究，蔣毓英在康熙二十四年來台，始集耆老、儒生，積極著手纂修府志。直到民國以後，方志學家朱士嘉才看到蔣毓英纂修的《臺灣府志》的刻本，此外，方豪亦言：「其所見所聞，以及其採訪和開始纂修的年代，必在高志之先，可以說是真正第一部臺灣府志」[1]，據此，充分說明蔣毓英纂修的《臺灣府志》，雖未在臺灣刊行，但纂修的時間，應該是早於高拱乾纂修的《臺灣府志》。[2]

---

[1] 方豪，《方豪六十自訂稿》（臺北：方豪發行，1969 年 6 月），頁 1033。

[2] 徐惠玲，〈清康熙年間《臺灣府志》之文學記述及其特色〉，《臺灣文獻》（南投：國史館臺灣文獻館，2016 年 12 月），67 卷第 4 期，頁 7-9。

　　清領初期，統計康熙、乾隆年間，纂修的府志計有七部，其中康熙年間，有蔣毓英、高拱乾、周元文所分別纂修的《臺灣府志》；除此之外，另有宋永清纂修的《增修臺灣府志》，但是並未刊行。至於乾隆期間，則有劉良璧主修的《重修福建臺灣府志》（以下簡稱《劉志》）、范咸、六十七合纂的《重修臺灣府志》（以下簡稱《范志》）、余文儀主修的《續修臺灣府志》（以下簡稱《余志》）。

　　臺灣第一部方志《臺灣府志》出現後，臺灣方志纂修蓬勃發展，方志的數量持續不斷增加。其中，就府志而言，自康熙時期，蔣毓英主修臺灣第一本《臺灣府志》，迄乾隆時期余文儀主修的《續修臺灣府志》，全臺纂修的《臺灣方志》則多達七部，甚具研究價值。

　　部分研究者以為《臺灣府志》有五部之說：一者是他們將宋永清纂修的《增修臺灣府志》，及劉良璧主修的《重修福建臺灣府志》二部排除在外，乃因他們認為前者因未刊行，後者則多了福建二字。二者，則有研究者排除宋永清的《增修臺灣府志》，及蔣毓英的《臺灣府志》，他們所持理由，除了是宋永清的府志未刊行外，蔣毓英纂修的《臺灣府志》[3]並未在臺灣刊行。五部府志之說，學界取材各有所本。

　　為探究早期臺灣方志的文學記述情形，本文係乃沿續〈清康熙年間《臺灣府志》之文學記述及其特色〉[4]一文，持續梳理

3　蔣毓英纂修的《臺灣府志》並未在臺灣刊行，而是直到民國以後，方志學家朱士嘉才看到蔣毓英纂修的《臺灣府志》的刻本。

4　徐惠玲，〈清康熙年間《臺灣府志》之文學記述及其特色〉，《臺灣文獻》，前引書，頁 5-34。

清初在乾隆時期的三部《臺灣府志》，從遺留的珍貴文獻資料中，梳理其所記述的文學特色，為清初纂修的府志，進行全面觀察與探究。而有關乾隆年間，臺灣纂修府志的背景，茲分述如下：

一、《劉志》纂修背景與內容

乾隆五年（1740 年），福建分巡臺灣道按察使副使劉良璧（字省齋，湖南衡陽人）用力考察臺灣，來臺不久，即著有《臺灣風土記》一書。同年十月，劉氏開始纂修《重修福建臺灣府志》（以下簡稱《劉志》）。據劉良璧自序指出：

> 考郡志修於康熙三十四年，維時天造草昧三邑，各自為志，略具規模而已。今者縣析而四，戶口日增、田疇日闢、人文日盛，皆已百倍於前；舟車輻輳、物產豐饒，屹然為一大郡。衣冠、禮樂、服物、采章，郁郁彬彬，漸成海濱鄒魯。而郡志尚缺焉未修，其何以上供輶軒之采、下備外史之傳乎？因同郡守錢恪齋，以修志請於列憲，既蒙允行，蠲日開館，延郡之紳士者碩，分彙纂輯《重修福建臺灣府志》。[5]

從康熙時期，周元文補輯重修的《重修臺灣府志》後，到了劉良璧擔任福建分巡臺灣道按察使司副使，時隔三十年。期間，臺灣在雍正元年（1723 年）劃定諸羅虎尾溪以北增設彰化

---

5 （清）劉良璧，《重修福建臺灣府志》（臺北：成文出版社，1983 年 3 月），頁59-60。

縣、淡水廳；雍正五年（1727年），再增設澎湖廳。此時臺灣府
轄區有臺灣縣、鳳山縣、諸羅、彰化縣，臺灣府行政區域重新
劃分成四縣及兩廳（淡水廳、澎湖廳），臺灣府行政區變更；又
來自大陸的漢人，大量移民到臺灣，臺灣的行政建置、戶口賦
役、人文風俗等與過去有別。於是劉良璧乃以修志之事，請於
上憲獲准。

　　劉良璧並未明言纂修之志，考察《重修福建臺灣府志》體
例，係模仿郝玉麟主修的《福建通志》，再略加改變。[6] 至於該
志的資料，據劉良璧所言：「訪記載事例，詳而毋支，簡而無略，
務為實錄以信今而傳後」[7]。

　　《劉志》（內文二十卷、卷首一卷）自乾隆五年開始纂重修，
一直到乾隆六年五月完成纂修，歷時只有八個月就纂修完成。
乾隆七年（1742）刊行。《劉志》計有二十卷、首卷一，全志總
計近二十五萬字。

　　《劉志》各卷分別為：卷首「聖謨」、卷一「星野」、卷二
「建置沿革」、卷三「山川」、卷四「疆域（形勝附）」、卷五「城
池（坊里、街市、水利、橋樑附）」、卷六「風俗（歲時、氣候、
土番風俗、物產附）」、卷七「田賦」、卷八「戶役（鹽課、陸餉、
水餉、雜稅、存留經費、官莊、卹政附）」、卷九「典禮（祠祀
附）」、卷十「兵制」、卷十一「學校（書院、社學附）」、卷十二
「公署（公館、倉廒、郵傳、較場附）」、卷十三「職官一（文
職）」、卷十四「職官二（武職）」、卷十五「名宦（宦蹟附）」、

---

6 高志彬，〈重修福建臺灣府志編印說明〉，收入於《重修福建臺灣府志》（臺北：
　成文出版社，1983年3月），頁2。
7 （清）劉良璧，《重修福建臺灣府志》，前引書，頁60。

卷十六「選舉」、卷十七「人物（流寓、隱逸、孝義、列女附）」、卷十八「古蹟（井泉、宮室、寺觀、宅墓附）」、卷十九「雜記（詳異、叢談、外島附）」、卷二十「藝文（奏疏、公移、文、序、記、賦、詩）」。

二、《范志》纂修背景與内容

　　乾隆九年（1744 年），六十七在來臺之前，對於重修府志乙事，即有「雅意增捐之說」[8]，直到六十七擔任巡視臺灣戶科給事中後，即積極關心臺灣的人事異物，並將臺灣的風土，分別以《臺灣采風圖考》、《番社采風圖考》、《海東選蒐圖》、《使署閒情》等書籍，一一加以紀述。乾隆十年，范咸奉命巡視臺灣御史，其與六十七詳閱劉良璧剛刊行的《重修臺灣福建臺灣府志》，二人因覺得《劉志》內容未能盡善，乃有意重修府志。

　　六十七、范咸二人，有鑑於《高志》過於簡略，而《劉志》則內容未能盡善，他們認為府志尚有很多文獻尚付之闕如，乃於乾隆十年，二人共同纂輯《重修臺灣府志》（以下簡稱《范志》），而分巡臺灣道按察副使莊年、臺灣知府褚祿協輯外；諸羅學訓導陳繩擔任參閱；臺灣府淡水同知曾曰瑛、澎湖通判汪天來、臺灣縣知李閶琇等人為校輯。

　　范咸、六十七，兩人在修纂凡例指出：

　　　郡志初作于康熙三十三年，觀察高君拱乾成之，其後副

8　（清）范咸、六十七，《重修臺灣府志》（臺北：成文出版社，1983 年 3 月），頁 21。

　　使劉君良璧重修於乾隆六年，高志早創多失之略。……
今合新舊二志，增損之為綱十二，為目九十有二，庶幾
有條而不紊爾。[9]

　　由此可見，范、六兩人新修府志的綱目，乃是根據《高志》
與《劉志》二志，採集舊聞，按籍搜索，增補刪汰，重整而成。
《范志》總計分為十二綱、九十二目，各門中，尤以「封域」、
「風俗」、「物產」、「雜記」，正文簡潔，附考詳細，為其特色。
《范志》於乾隆十一年（1746）完稿，乾隆十二年（1747）刊
行。全志分為卷首、「封域」、「規制」、「職官」、「賦役」（三卷）、
「典禮」、「學校」、「武備」（三卷）、人物、「風俗」（四志）、「物
產」（二志）、「雜記」、「藝文」（六卷），總計卷首一卷、十二志
二十五卷。

　　《范志》鉅離《劉志》完稿時間只有短短四年，而范咸、
六十七重修府志，乃因「以《劉志》門目繁瑣不當、對《劉志》
內容不盡滿意」[10]，而梳理《范志》綱目乃據《高志》十綱，另
增「學校」、「物產」二志，新增「海防」一目。

三、《余志》纂修背景與內容

　　乾隆庚辰（乾隆二十五年，1760 年），擔任漳州府知府轉任
臺灣府知府的余文儀，乾隆二十九年（1764）陞福建分巡臺灣
道、同年陞福建按察使。按余文儀在《續修臺灣府志序》中提

9　（清）范咸、六十七，《重修臺灣府志》，前引書，頁81。
10　高志彬，〈重修臺灣府志編印說明〉，收於《重修臺灣府志》，前引書，頁1。

到：

> 予以乾隆庚宸來守茲郡，詢省舊聞，得康熙間觀察高公
> 所為志及其後副使劉君補葺之書，而患其未備；乃參覈
> 新、舊諸志，於簿書餘晷，捋搆郡籍，博訪故老，暨身
> 所經履山川夷隘之處、傳聞同異之由，心維手識，薈萃
> 成編。始『封域』，訖『藝文』，為題十二，為卷二十有
> 六。[11]

　　由於余文儀看到《高志》、《劉志》仍有所不備之處，因此，
早在乾隆二十五年來臺灣就已興起續修府志的念頭，到了乾隆
二十七年（1762）正式開局纂修《續修臺灣府志》（以下簡稱《余
志》）[12]，在纂修過程，余文儀不斷參閱新、舊各志，訪問耆老，
此外，他自己甚至還親臨鯤身、鹿耳等處實地採訪，致力於纂
修《余志》。再據其序：

> 今復奉聖天子赫聲濯靈，建牙於榕陰荔圃之中，回首渤澥
> 舊遊，宛然如昨；而驚飆不扇，番社群嬉鱗集之儔，喁喁
> 酌醴泉而溯永風，予亦遂得藉是退食從容，手此一編，以
> 溯洄於竹城、赤嵌間也。爰是復加校閱，授剞劂氏，而誌
> 其顛末如左。覽者得毋謂予於斯地固有夙因者歟！[13]

　　《余志》纂修完成，但並未馬上付梓，余氏反而「復加校
閱」，才「授剞劂氏」；且於乾隆三十九年（1774）發現的《余

---

11 （清）余文儀，《續修臺灣府志》（臺北：行政院文化建設委員會，2007年6
　　月），頁13-15。
12 黃美娥，〈點校說明〉，收於《續修臺灣府志》（臺北：行政院文化建設委員會，
　　2007年6月），頁13。
13 （清）余文儀，《續修臺灣府志》，前引書，頁26。

志》刊印本，有二十處挖空缺字情形。此舉，是否與乾隆中後期為清代文字獄的最高峰，使得余氏有所顧忌，因此在刻印完成後，做了處理。[14]《余志》因此遲遲於乾隆三十九年（1774）以後，才正式刊行。

《余志》計有「卷首」，及卷一「封域」（星野、建置、山川、形勝）。卷二「規制」（城池、公署、倉庫、坊里、番社、街市、橋樑、水利、海防、郵傳、卹政、義塚）。卷三「職官」（官制、官秩、列傳）。卷四「賦役一」（土田，租賦）。卷五「賦役二」（戶口、鹽課、水餉、陸餉）。卷六「賦役三」（存留經費、養廉、官莊）。卷七「典禮」（慶賀、接詔、迎春、耕耤、祭社稷、救護、鄉飲酒、鄉約、祠祀）。卷八「學校」（學宮、書院、社學、土番社學、學田）。卷九「武備一」（營制、營署、恤賞）。卷十「武備二」（官秩）。卷十一「武備三」（列傳、義民、船政）。卷十二「人物」（進士、舉人、鄉貢、例貢、武進士、武舉、列傳、列女、流寓）。卷十三「風俗」（習尚、歲時、氣候、潮信、風信、占驗）。卷十四「風俗二」（番社風俗一）。卷十五「風俗三」（番社風俗二）。卷十六「風俗四」（番語、番曲、番俗通考）。卷十七「物產一」（五穀、蔬菜、貨幣、金石）。卷十八「物產二」（草木、鳥獸、蟲魚）。卷十九「雜記」（樓堞、園亭、寺廟、墳墓、災祥、雜著、叢談、外島。卷二十「藝文一」（奏疏）。卷二十一「藝文二」（露布、文移、書）。卷二十二「藝文三」（序、記、祭文）。卷二十三「藝文四」（賦、駢體、詩一）。卷二

---

14 黃美娥，〈點校說明〉，收入於《續修臺灣府志》，前引書，頁16。

十四「藝文五」（詩二）。卷二十五「藝文六」（詩三）。卷二十六「藝文七」（詩四）。

總計《余志》計有卷首及「封域」等二十六卷。

第二節　乾隆年間《臺灣府志》文學記述異同

茲將《劉志》、《范志》、《余志》三部府志，記述文學分述如下：

一、《劉志》文學記述

梳理《劉志》〈藝文志〉，其編目有別於舊志，說明如下：

（一）刪去「宸翰」。

（二）將舊志「奏議」名稱改為「奏疏」，新增「鄭氏歸降第一表」、「鄭氏歸降第二表」。

（三）「公移」僅剩臺廈道周昌〈詳請開科考試文〉一則。包括前主修府志的高拱乾、周元文所作的文章，則全部刪除。

（四）「序」則僅繼續保留《高志》主修高拱乾的〈捐修諸羅縣學宮序〉一文，另新增臺灣道吳昌祚〈題郡守高公詩序〉、巡臺御史夏之芳〈海天玉尺編初集序〉及〈海天玉尺編二集序〉、巡臺御史張湄〈珊枝集序〉，新增之序文，乃係巡臺御夏之芳、張湄等人，兼理提督學政，主持歲、科兩考，輯優良試文而成。

（五）「傳」則僅保留舊志收錄的〈總督姚公平臺傳〉一文，舊
　　　志〈蔣郡守傳〉（《蔣志》主修蔣毓英）等、〈周郡守傳〉
　　　（《周志》主修周元文）等傳都被收錄。

（六）「記」除了採用舊志〈靖海將軍侯靖海候施公記〉等五篇，
　　　其餘未收，但另行收錄〈師泉井記〉〈靖海紀〉等十四篇。

（七）「文」則除了〈臺灣紀略碑文〉不同於舊志（置於「記」
　　　類），獨立置於祭文類外，另增加五篇。

（八）「賦」除了取原有舊志的二首〈臺灣賦〉外，另一首周澎
　　　的〈平南賦〉。

（九）「詩」則只保留舊志的高拱乾、王兆陞、季麒光、黃學明、
　　　齊體物、陳兆蕃、王璋、林慶旺、婁廣的詩作十一首，
　　　另增陳元圖〈輓寧靖王詩〉等三十二首。

　　《劉志》〈藝文志〉有上述文學記述外，卷首《聖謨》則專收稱誦帝王謀略之詞，例如〈御製臥碑文〉一文，是順治九年，奉禮部頒行直省各府、州、縣刊刻學宮，俾知遵守；〈御書聖廟匾額〉（康熙二十四年）只有「萬世師表」四個字；另外還有〈御製至聖先師孔子序贊〉、〈御製顏子贊〉、〈曾子贊〉、〈子思子贊〉、〈孟子贊〉、〈賜靖海將軍施琅碑文〉、〈御製訓飭士子文〉、〈諭表章朱子〉、〈諭報增人丁永不加賦〉、〈御製周易折中序〉、〈御製性理精義序〉、〈御製春秋傳說彙纂序〉、〈諭恤老〉、〈諭旌表〉、〈諭立忠孝節義祠〉、〈諭封孔子五代王爵〉、〈諭議敘克復臺灣有功身故人員〉、〈諭從優議敘平臺官員〉、〈御製聖謨廣訓序〉、〈諭給戌臺兵丁眷米〉、〈諭避先師孔子諱〉、〈御書聖廟匾額〉、〈諭正士習〉、〈御製詩經傳說彙纂序〉、〈諭尊崇孔子〉、〈諭耕

耤〉、〈諭巡臺御史兼管學政〉、〈諭戍臺兵丁挑選派往〉等共五十五則。

統計《劉志》《藝文志》收錄的文體，計有「奏疏」、「公移」、「文」、「序」、「傳」、「記」、「賦」、「詩」等八種。

二、《范志》文學記述

梳理《范志》〈藝文志〉，相較於《劉志》，「奏疏」新增十篇，其中，光是施琅一人，就新增〈飛報澎湖大捷疏〉等八篇。有關施琅的奏疏內容，幾乎都是強調臺灣對清廷的重要性。至於「文移」、「書」、「序」、「記」、「賦」、「駢體」、「詩」等篇幅，數量也都大幅增加。

就文體而言，《范志》新增「露布」、「駢體」。其中，「露布」有三篇，都是諸生藍鼎元所作〈攻克鹿耳門收復安平露布〉、〈鯤身西港連戰大捷遂克府治露布〉、〈擒賊首朱一貴等遂平南北二路露布〉，分別收錄當時清廷收復鹿耳門、鯤身西連戰的捷報，及清廷逮捕朱一貴而平定南北二路之役的公文。

此外，《范志》還新增「駢體」、「書」，又將「文」體改為「祭文」。其中，「駢體」收錄了沈光文〈平臺灣序〉、季麒光〈客問〉及萬經〈孫司馬元衡赤嵌集序〉三篇，數量雖不多，但都是過去舊志所無。至於「祭文」部分，則僅保留《劉志》中的施琅〈祭鹿耳門水神文〉（靖海紀）、覺羅滿保〈祭水師協鎮許雲文〉二則而已。

統計《劉志》《藝文志》收錄的文體，計有「奏疏」、「露布」、「文移」、「書」、「序」、「記」、「祭文」、「賦」、「詩」、「駢體」

等十種。其中，新增「露布」、「駢體」、「書」，又將「文」體改為「祭文」等，有別於過去幾部府志。

三、《余志》文學記述

《余志》〈藝文志〉刪去鄭氏〈歸降表〉等舊志所述，對於藝文選材的標準，據《余志》的凡例所述：

> 其藍總戎之功不讓於施。今二家紀載之書，一則有〈靖海紀〉，一則有《東征記》，雖不必皆成於己手，然其功足傳，則其文亦多可錄。志中只邇其半，已各得一卷。他如沈文開不忘羈旅之思、孫湘南獨擅叢笑之什，是以採擇尤多；蓋是志於「藝文」之去取尤嚴也。[15]

儘管《余志》〈藝文志〉刪去舊志中許多記述，然而其分別以卷二十藝文一（奏疏）、卷二十一藝文二（露布、文移、書）、卷二十二藝文三（序、記、祭文）、卷二十三藝文四（賦、駢體、詩一）、卷二十四藝文五（詩二）、卷二十五藝文六（詩三）、卷二十六藝文七（詩四）等七卷進行收錄工作，卷數之多，內容之豐，成為歷次纂修府志之最。

統計《余志》〈藝文志〉收錄的文體，計有「奏疏」、「露布」、「文移」、「書」、「序」、「記」、「祭文」、「賦」、「詩」、「駢體」等十種。至於《劉志》原有的「傳」體，《余志》同《范志》一樣，也不再設「傳」，至於其他文體，則全都以《范志》為基礎，

---

15 （清）余文儀，《續修臺灣府志》，前引書，頁54。

內容再行增益。

第三節　乾隆年間《臺灣府志》文學記述特色

　　乾隆時期刊行的《劉志》、《范志》、《余志》三部府志，其文學記述特色分述如下：

一、收錄首批臺灣文學

　　乾隆時期纂修的府志，諸如《范志》收錄沈光文等人的文學作品。其中，沈光文（1612－1688），字文開，號斯庵，生於浙江鄞縣，南明時期的文人、官吏；後因搭船遇到颱風，而漂流到台灣，與中國內地失去聯絡，遂留在台灣。他以教育和文化，融合當地的漢人與原住民，留下紀錄當時台灣風土民情的第一手資料，而被譽為「海東文獻初祖」、「臺灣漢語古典文學之祖」。

　　沈光文的〈東吟社序〉等作品，被《范志》收錄在「序」體中；此外，《范志》的「駢體」，也收錄沈光文的〈平臺灣序〉，及沈光文三十五篇詩作。例如：

> 望月家千里，懷人水一灣。自當安蹇劣，常有好容顏。
> 旅況不如意，衡門亦早關。每逢北來客，借問幾時還？[16]

16　（清）沈光文，〈望月〉，收入於（清）范咸、六十七，《重修臺灣府志》（臺北：臺灣銀行，1959年），頁351。

> 歸望頻年阻，徒歡夢舞斑。在原嗟鳥散，杖策效鱗攀。
> 鏡裡頭多白，風前淚積殷。用堅任饑餒志，壯士久無顏。[17]

> 十五年來一故吾，衰顏無奈白髭鬚；只應遍處題詩句，
> 莫問量江事有無。[18]

以上引文，是沈光文因年久無法歸鄉，抒發他個人思鄉的心情，沈光文以及隨鄭軍入台的儒士王忠孝、辜朝薦、郭貞一、李茂春、許吉景等人，以詩文寫下了台灣第一批書面的文學作品，在文學史上具有特殊的意義。尤其沈光文本人獨自在台流寓多年，留下一些感時懷身和記述當地風土民情的詩文，在文學史上具有特殊的意義，而《范志》收錄大量沈光文的作品，乃極為珍貴的第一手文字資料。

二、提供大量民情風土

《范志》、《余志》收錄大量孫元衡的作品，例如孫氏〈裸人叢笑篇〉一詩：

> ……短布無長縫，尚元戒施縞；桶裙本陋製，不異蠻狉狂。狫蠻鑿齒媾其姻，雜俗殊風仁不仁？……但知生女為門楣……，舉屍烋炙哛以燠。蠅蚋不敢侵，螻蟻漫相逐。埋骨無期兩頹屋，安置鬼牛與鬼鹿，鬼殘日夜傷幽

---

17 （清）沈光文，〈望歸〉，收入於（清）范咸、六十七，《重修臺灣府志》，前引書，頁351。
18 （清）沈光文，〈戲題〉，收入於（清）范咸、六十七，《重修臺灣府志》，前引書，頁351。

獨。……[19]

貢生出身的孫元衡，康熙四十四年（1705 年）擔任台灣府海防補盜同知，在其詩中，呈現清領初期臺灣原住民的生活樣貌外，其詩中透露早期原住民族重女不重男，以及原住民若人死則鳴鼓而哭，死者則以火炙骨乾，然後曝露在屋子裡等風土民俗。此外，《范志》、《余志》收錄孫元衡〈暮春郊行率爾春作〉一詩：

> 三春萬事都如夢，今日行春客思賒。好雨偏能蘇病骨，
> 涼風似解逐輕車。山中漸長魚苗水，溪上新開龍爪花。
> 拂地榕鬚遮戶竹，黃鸝應戀野人家。[20]

孫氏此一詩作，則描繪臺灣早年好山好水的好環境。而無獨有偶，沈光文也有類似作品，例如：

> 春盤綠玉薦西瓜，未臘先看柳長芽。地盡日南天氣早，
> 梅花纔放見荷花。釀蜜波羅摘露香，傾來椰酒白於漿。
> 相逢歧路無他贈，手捧檳榔勸客嘗。[21]

此首詩乃描繪沈光文他在臺灣，日常所見的生活，及農村豐收的景況，徐徐如生。孫元衡、沈光文等人，將臺灣自然環境以及人文的特質，形諸詠歌。讀古詩可知古鑑今，臺灣環境

---

19 （清）孫元衡，〈裸人叢笑篇〉，收入於（清）范咸、六十七，《重修臺灣府志》，前引書，頁363。
20 （清）孫元衡，〈暮春郊行率爾春作〉，收入於（清）范咸、六十七，《重修臺灣府志》，前引書，頁361。
21 （清）沈光文，〈臺灣雜咏〉，收入於（清）范咸、六十七，《重修臺灣府志》，前引書，頁351。

嚴重變遷，藉由方志藝文取材，引人深刻關懷與反省。

三、首度載入民變事件

　　《范志》、《余志》均分別收錄藍鼎元的〈擒賊首朱一貴等遂平南北二路露布〉、〈檄諸將弁大搜羅漢門諸山〉、〈檄北路將弁分搜小石門諸山〉、〈檄下加冬李守戎〉、〈檄查大湖崇爻山後餘孽〉、〈檄淡水謝守戎〉、〈覆臺變殉難十六員看語〉、〈覆臺變在事武職四十一員讞語〉等文，均是有關清代發生的民變事件。

　　其中，在〈擒賊首朱一貴等遂平南北二路露布〉一文中的主角朱一貴（1690－1722），是清治三大民變朱一貴事件的發起人，人稱「鴨母王」，俗稱「鴨母皇帝」，福建漳州長泰人。康熙五十九年（1720年），因臺灣鳳山縣縣令出缺未補，由臺灣知府王珍自攝縣政，但王珍並未親自處理鳳山縣政事，而是令其次子處理。由於王珍次子巧立名目，橫徵暴歛，若農民不從便被拘捕囚禁，造成鳳山縣農民十分痛苦。朱一貴遂以王珍之子藉徵糧為名歛財等理由，發動民變。朱一貴事件成為臺灣清治時期首位大型武裝舉事者。

　　除了〈擒賊首朱一貴等遂平南北二路露布〉，係描寫在溝尾莊逮捕朱一貴及朱的黨羽之捷報，向朝廷報告。又〈檄諸將弁大搜羅漢門諸山〉、〈檄北路將弁分搜小石門諸山〉，則是描寫清廷殲滅朱一貴事件中的杜君英等人後，仍兵分多路四處堵截勤捕，對違者按軍法嚴懲，露布文中提到「兵貴神速……使賊聞

風而先遁」[22]。

再有〈檄查大湖崇爻山後餘孽〉一文，則提到追捕參與民變事件的鄭固、王忠等人；而〈檄下加冬李守戎〉、〈檄淡水謝守戎〉二文，也都是聲討與清廷作對的文書；此外，〈覆臺變殉難十六員看語〉、〈覆臺變在事武職四十一員讞語〉等文，都可一探朱一貴事件，參與事件的官兵及事件後續發展。《范志》、《余志》的「露布」文體，首錄有關民變事件，將乾隆時期發生的社會事件，把當時發生的地方情事，即時載入方志之中。

四、鼓勵臺灣文人創作

清雍正六年（1728）二月，臺灣巡史夏之芳巡臺時，與他人唱和，寫下《台陽紀遊百韻》[23]，夏之芳好文學，在《台陽紀遊百韻》「飛行麻達好男兒」[24]詞中的「麻達」，是傳統原住民對尚未娶妻的年輕族人之稱呼，麻達專遞公文工作；又「番童怪妝飾，銅鈴響處，羽為冠」[25]一詞，是原住民髻上插雉毛，用銅鈴裝飾，而每過一村，必用竹竿結綵以鳴金以迎。夏氏所見者都是臺灣原住民，該書提供不少可供研究臺灣原住民的史料。

夏氏個人飽讀詩書，他觀察臺灣，並認為：「夫臺灣，山海秀結之區也。萬派汪洋、一島孤峙，磅礴鬱積之氣亙絕千里，

---

22 （清）藍鼎元，〈檄北路將弁分搜小石門諸山〉，收入於清・范咸、六十七，《重修臺灣府志》，前引書，頁303。
23 （清）夏之芳，《台陽紀遊百韻》收入於《台灣文獻匯刊》第四輯第18冊（中國廈門：廈門大學出版社，2005年），頁504頁。
24 （清）夏之芳，《台陽紀遊百韻》，前引書，頁504。
25 （清）夏之芳，《台陽紀遊百韻》，前引書，頁503。

靈異所萃，人士必有鍾其秀者。……沐國家休養教育之澤，涵濡日深，久道化成；……。臺郡人文蔚起，寧患無才？」因此，於歲試告竣「擇其文尤雅馴者付之梓」，其將歲科二考試文，擇優錄取八十篇，編成《海天玉尺編》二集。《海天玉尺編》實為一本科舉歲試優選文集，供士子科考撰文的範本。夏氏用心於蒐輯臺灣當地讀書人的文章，肯定當時台人為文的成果，慧眼獨具。

　　《劉志》、《范志》、《余志》三志，都收錄巡臺御史夏之芳〈《海天玉尺編》初集序〉、〈《海天玉尺編》二集序〉，藉由方志收錄的文學作品，可以發現文學之路並非都是達官貴人能作，此舉，對在臺文人創作之路，具有正面鼓勵的意義。

五、保存文獻豐功懋烈

　　康熙時期《高志》、《周志》均設有「宸翰」，乾隆時期三部府志雖不再設置「宸翰」，但《劉志》卷首《聖謨》專收帝王謀略之詞多達五十五則，遠比過去舊府志收錄的則數還要多很多。《劉志》等三部府志，與康熙時期的府志相較，《范志》、《余志》皆新增「布露」，《范志》於各條下，俱附「附考」，體例獨創，正文簡潔，附考詳細。

　　統計各卷的數量，〈藝文志〉到了《范志》增為六卷，佔該志四分之一；《余志》〈藝文志〉甚至多達七卷。各部〈藝文志〉保存文獻特多，可補正史之不足，方志藝文志可謂舉足輕重。

　　劉良璧、余文儀等人作〈藝文志〉，乃因有感於：

司馬子長游歷天下名山大作而作《史記》，奇逸之氣流溢
行間，其所觀者大也。山水，至臺觀止矣！當其一葦南
來，煙波萬狀；三十六島隱躍舟前、九十九峰參差目下，
殆邈焉不知身之在於何境也。及其盪我心胸，發言為論，
雲興霞蔚、波湧濤翻，固其宜矣。若夫對景以抒懷、因
物以寓志，雖技類雕蟲，而言關治體，烏可盡闕以令島
洋減色哉？[26]

繼康熙時期纂修的府志之外，乾隆時期續修、重修的三部
府志，內容不斷有所增益。惟檢視內容，其中，以〈雞籠積雪〉
一文為例：

監察御史為文：雪壓重關險，江天儼一新。乍疑冰世界，
頓改玉精神。[27]

余文儀在以上詩作所指「雞籠」（乃指今基隆）「雪壓重關
險」，據諸多學者研究，係與現況不符。清領時期，以〈雞籠積
雪〉為題作詩者，且被收錄在方志者，為數不少，像是早在康
熙時期，高拱乾就率先以此為題，而後在《范志》、《余志》中，
分別還有臺灣道莊年、監察御使王璋等人，所作之詩，均曾以
〈雞籠積雪〉為題。探究其因，此乃應與詩人為瑰麗文采，往
往把個人富有豐富的幻想力，用美麗的詞澡寫入作品，以致於
文采雖美，卻發生與事實不符的窘狀。

儘管如此，據本文檢視《劉志》、《范志》、《余志》〈藝文志〉，

26　《劉志》，頁 539；《余志》，頁 897。
27　《余志》，頁 1139。

總結三志的記述特色，仍具有「收錄首批臺灣文學」、「提供大量民情風土」、「首度載入抗爭民變之事」、「鼓勵臺灣文人創作」、「保存文獻豐功懋烈」五大特色。其中，將抗爭民變的史事，首度載入方志之中，此在過去所纂修的臺灣方志，前所未見，由此具體說明，方志係根據各地社會發展而成。

第五章　臺灣方志之水利書寫

以桃園大圳石門水庫為例

　　臺灣早期幾視為蠻荒之地，直至明朝天啟四年（1624），荷蘭人入侵臺灣，始採王田制度，提供土地及修築陂塘等資本。[1]目前臺灣在嘉義市鹿寮里，尚有一座三百多年前，荷蘭人所鑿的「紅毛埤」（今稱「蘭潭」[2]），又臺南市的「紅毛井」、「荷蘭井」、「馬兵營井」、「王有埤」、「荷蘭埤」、「十嫂埤」，及臺北縣瑞芳鎮的「龍目井」、澎湖縣瓦硐村的「紅毛井」等[3]，可證臺灣農田灌溉事業開發時間，大致始於荷據時期。

　　明鄭時期（1662－1683），鄭氏實行「屯田與水利開發」[4]；康熙 22 年（1683）臺灣歸屬清廷，漢人又陸續移民抵臺，從事農地拓墾，築埤開圳，引水灌溉，經統計；「荷蘭及明鄭時期臺灣的水利設施有三十五處、清代共有九百六十六處」[5]，因此臺

1 陳鴻圖，《水利開發與清代嘉南平原的發展》（臺北：國史館，1996 年），頁 71。

2 總纂修雷家驥、纂修張峻嘉，《嘉義縣志・農業志》（嘉義：嘉義縣政府，2009 年），頁 283。

3 陳鴻圖，《臺灣水利史》（臺北：五南圖書公司，2009 年），頁 62。

4 陳鴻圖，《臺灣水利史》，前引書，頁 62-63。

5 蔡志展，《清代臺灣水利開發研究》（臺中：昇朝出版社，1980 年）；及《明清臺灣水利開發研究》（南投：臺灣省文獻委員會，1999 年）。

灣的灌溉埤圳水利開鑿工程，可說大多是奠基於清領時期。其中，又以彰化八堡圳（清康熙 40 年，1709 年創設）、臺北瑠公圳（清乾隆 5 年，1740 年創設）、高雄曹公圳（清道光 17 年，1837 年創設）等三圳，是清代大埤圳最具代表性，三大埤圳竣工後，即分別解決彰化平原、臺北盆地和鳳山平原的灌溉問題。

　　臺灣的水利設施，從早期利用雨水、泉水開發出小型的「井」、「陴」等，進而利用截流溪流、河水築堰，發展成大型的「陂」、「圳」的水利工程。日治初期，臺灣總督府為增加臺灣島內的稻米產量，積極尋找可栽培水稻的水田用地，而建設灌溉工程，曾對全臺舊埤圳進行調查，其中，桃園廳（包括今臺北縣部分鄉鎮市）的埤圳數合計六千六百八十五處，埤圳數量及密度，高居全臺之冠。桃園臺地因地面緩斜，挖土築池方法簡便，造成陂塘遍布，其水利環境符合官設埤補助條件，而被列為官設埤圳計畫區，1916（大正五年）始開鑿桃園大圳，至 1928（昭和三年）竣工。而桃園大圳通水後，對臺地最明顯的變化，是水田面積激增，旱田面積銳減，旱田水田化，水稻栽培面積不斷擴增。而桃園大圳的開鑿，更刺激嘉南大圳的出現。

　　光復後，中央政府開始積極發展農業，而為提昇供水的穩定性，乃致力於水庫之興建，「至民國 95 年底，臺灣地區已經完成之水庫堰壩計有 109 座，合計蓄水總容量有 271,425 萬立方公尺，有效容量 219,905 萬立方公尺，以曾文水庫最大，其他在離島部分，澎湖縣有 8 座，金門縣 13 座，以及連江縣 7 座。」

[6]水利和臺灣的歷史發展息息相關，除可從追溯早期官方諭告、碑文、私人水契等社會史料，且除可見單一水利設施的面貌外，也可另從《諸羅縣志》[7]、《淡水廳志》等方志記載，以瞭解其概況：

> 凡築堤瀦水灌田，謂之陂。或決山泉，或導溪流，遠者數十里，近亦數里，不用築堤，疏鑿溪泉，引以灌田，謂之圳。遠者七八里，亦近三四里。地形深奧，原泉四出……謂之湖，或謂之潭……諸邑以陂名者七十，有水源者三十有五，以圳名者五，以湖名者二，以潭名者二。[8]

> 諸羅山大坡（即柴頭港陂源，由八掌溪出，長二十里許；灌本莊水窟頭、巷口厝、竹仔腳、無影厝等莊。）康熙五十四年，知縣周鍾瑄捐穀一百石，另發倉粟，借莊民合築。[9]

> 淡北外港有旱田、水田之別，旱田仍賴雨暘為豐歉……蓋自內山水源錯出，因勢利導，通流引灌，以時宣洩，故少旱澇。此陂圳之設，為利最溥。推之塹南，亦各地

---

6 維基百科 http://zh.wikipedia.org/wiki/%E8%87%BA%E7%81%A3%E6%B0%B4%E5%BA%AB 登錄時間中華民國 105 年 8 月 5 日。

7 《諸羅縣志》是臺灣第一本縣（市）志，該志計有〈封域志〉、〈規制志〉、〈秩官志〉、〈祀典志〉、〈學校志〉、〈賦役志〉、〈兵防志〉、〈風俗志〉、〈人物志〉、〈物產志〉、〈藝文志〉、〈雜記志〉共十二志，有關水利部分，則載於〈規制志〉中。

8 （清）周鍾瑄，《諸羅縣志》（臺北：臺灣銀行經濟研究室，1958 年 5 月），頁 43。

9 （清）周鍾瑄，《諸羅縣志》，前引書，頁 43。

因地制宜。凡曰陂（一作埤），在高處鑿窪，潴蓄雨水，寬狹無定，留以備旱。此旱田之利也。凡曰圳，在水源所出處，屈曲引導，或十里，或二三十里，灌溉田旱。此水田之利也。[10]

《諸羅縣志》是臺灣第一本縣志，而在《諸羅縣志》即已指出「陂」、「圳」二者在水利建設之異同性，且統計清領時期，諸羅地區陂、圳、湖、潭的總量，及諸羅山大坡早年開鑿的源起，以探早年水利的設施、數量、分佈、地理位置與興建模式等。而陂、圳的定義，據《諸羅縣志》及《淡水廳志》所載，堵水灌溉謂之「陂」，引水灌溉謂之「圳」，方志對於臺灣的水利相關建設和變遷，均有諸多記載。水利對臺灣社會經濟影響甚鉅，因此以 2013 年 4 月刊載於《長庚人文社會學報》第六卷第一期，頁 123－159 的〈戰後臺灣縣（市）志〈水利篇〉纂修研究 —— 以桃園縣三部官修縣志為例〉初稿重新加以修訂，另再考察以臺灣方志材料做為碩博士論文，統計截至 2016 年底止，國內計有洪金進《章實齋之方志學說》[11]等 23 篇，惟其內容多為考訂方志纂修、或以文學、文化等為研究範疇，而對於戰後臺灣縣（市）志之關注則較少。因此，筆者遂以時間為軸，以地方縣（市）志為輔，一探臺灣各地方志中，有關水利志的纂修情形。

---

10 （清）陳培桂，《淡水廳志》（臺北：臺灣銀行經濟研究室，1956 年），頁 57。
11 洪金進，《章實齋之方志學說》，國立高雄師範大學國文學系碩士論文，1978年。

第一節 臺灣水利志纂修概況

　　我國現存方志，卷帙浩繁，方志研究不僅要填補地方史的空白，也可充實國史，此外，方志仍具有資治功能[12]，除可供主政、施政者等人問政參考書、公務人員的行政教科書外，方志還具有教育、文化、公關、贈人、存史、文獻、檔案、統計、口碑、影像、展望、反省、學術、吸引投資、觀光、收藏等功能，價值甚高。

　　臺灣縣（市）志的纂修，首先，就清領時期而言，蔣毓英的《臺灣府志》為臺灣第一部方志，直至周鍾瑄與陳夢林合修《諸羅縣志》成為臺灣地方縣志的濫觴，臺灣各地主政者紛紛效法，掀起製作縣志的熱潮，繼之而起的縣（廳）志有《鳳山縣志》、《臺灣縣志》、《澎湖志略》、《重修澎湖志略》、《重修臺灣縣志》、《重修鳳山縣志》、《澎湖紀略》、《續修臺灣縣志》、《澎湖續編》、《彰化縣志》、《噶瑪蘭廳志》、《噶瑪蘭志略》、《噶瑪蘭廳志續補》、《淡水志初稿》、《淡水廳志》、《澎湖廳志稿》、《澎湖廳志》、《苗栗縣志》、《恆春縣志》等二十部。其次，就日治時期，纂修的縣（廳）志則多集中於 1895-1919 年間編印，計有《臺南略誌》、《臺南縣志》、《新竹縣志初稿》、《嘉義管內采訪冊》、《南部臺灣誌》、《臺北廳志》、《桃園廳志》、《新竹廳志》八部。

　　二次世界大戰之後（以下簡稱「戰後」），臺灣回歸中華民

---

12 來新夏，〈論新編方誌的人文價值〉，《海峽兩岸地方史志暨地方博物館學術研討會》（南投：台灣省文獻委員會，1999 年），頁 1-8。

國政府統治，一方面沿襲中國的修志傳統，一方面則繼續清領時期（1683－1895）、日治時期（1895－1945）的修志成果，並展開方志的纂修工作，修志事業蓬勃發展，不論全志、省（市）志、縣（市）志、鄉鎮（市、區）志，志書纂修成績斐然。統計至民國 105 年（2016）止，舉凡首纂、重修、續修、新修縣（市）志，官修縣（市）志至少有 300 部以上[13]，觀察各地官修縣（市）所纂修水利相關的方志，茲說明如下：

一、《臺中縣志》與續修《臺中縣志》

首先，以《臺中縣志‧經濟志》[14]的綱目為例，計有〈農業〉、〈水利〉、〈林業〉、〈水產〉、〈畜產〉、〈工業〉、〈交通〉共七篇，其中，〈水利篇〉下設「水利建設與灌溉」、「水利組織與管理」、「防洪」、「大甲溪之開發」等章，全篇含圖、表、文字，計有三十四頁、約二萬六千多字。二十年後，臺中縣政府再次邀請原負責《臺中縣志》的總纂修張勝彥，再度為《臺中縣志》進行續修工作。續修《臺中縣志‧經濟志》[15]於民國 99 年（2010）年出版，計收錄〈農林〉、〈漁牧〉、〈工業〉、〈商業金融與服務業〉、〈交通與公共事業〉五篇，有關水利相關內容，則置於〈農林篇〉「農業概況章」下的「水利設施」一節，總計有十一頁、約一萬二千六百多字。

臺中縣的水利設施，分屬臺中、南投農田水利會管轄，續

---

13 據本書前章，統計時間至 2016 年截止，有關戰後臺灣纂修方志之數量。
14 總纂修張勝彥，《臺中縣志‧經濟志》（臺中：臺中縣政府，1989 年）。
15 總纂修張勝彥，《臺中縣志‧經濟志》（臺中：臺中縣政府，2010 年）。

修〈經濟志〉以「水利設施」一節，收錄民國八十八年以後有
關臺中縣境內的水利會灌溉排水面積、各圳引用水源及引水地
點、臺中水利會九二一地震調查資料等。而增補資料雖然有限，
但該志並未要增加版面而一昧抄襲舊志，乃是以補充舊志未收
的新資料為主。

二、《南投縣志》與重修《南投縣志》

南投是臺灣縣市唯一不靠海的地方，也是臺灣中心點的縣
市，臺灣地理中心碑位就設在南投縣埔里鎮。民國 91 年（2002）
南投縣政府出版的《南投縣志·經濟志》[16]，計有〈水利〉、〈農
業〉、〈畜牧〉、〈水產〉、〈金融〉五篇，其中，〈水利篇〉有「水
利組織與管理」、「灌溉與設施」、「防洪」三節，〈水利篇〉計有
一百九十一頁、約十八萬八千七百多字；不久，南投縣政府再
邀請總纂黃耀能重修，重修《南投縣志·經濟志》[17]於民國 99
年（2010）出版，計有〈農業〉、〈水利〉二篇，其中，〈水利篇〉
有「概說」、「水利組織與管理」、「水利灌溉與設施」、「防洪」
四節，計有一百二十八頁、約十九萬字。

《南投縣志·經濟志》與重修《南投縣志·經濟志》的內
容，除收錄清代、日治、臺灣光復後，不同時期的水利組織，
尚包括公共埤圳組合、官設埤圳組合、水利組合、水利統制時
期、農田水利會等，此外，還有不同時期的水利組合，並一一
介紹工作站。簡言之，南投二部新、舊〈經濟志〉的〈水利篇〉，

16 總纂黃耀能，《南投縣志·經濟志》（南投：南投縣政府，2002 年）。
17 總纂黃耀能、陳吉三，《南投縣志·經濟志》（南投：南投縣政府，2010 年）。

有以下二個異同之處：

第一，就書寫格式而言：舊志是直式書寫，新志為橫式書寫。

第二，就章節名稱而言：二志計有三個節名不同，例如舊志的第三章第三節為「臺灣光復後」，新志改為「二次大戰後」；舊志第四章第一節為「臺灣光復前」，新志改為「二次大戰前」；舊志第四章第二節是「臺灣光復後」，新志改為「臺灣戰後」。

除以上二個異同之處外，餘者，完全一模一樣，新志並未多做增改。

三、《臺灣省苗栗縣志》與《重修苗栗縣志》

苗栗縣俗稱「山城」，境內高山峻嶺居多，在地形上河流陡峻，雖有豐沛雨量，但可直接利用者有限，於是先後建設七座水庫。《臺灣省苗栗縣志‧經濟志》[18]與《重修苗栗縣志‧水利志》[19]二部新舊志都有水利的收錄。前者，見於〈經濟志〉「經濟發展篇」的「第七章水利與防洪」一章，再以「臺灣之地理環境」、「農田水利會」、「水庫」、「河川管理」、「防汛與搶救」、「防洪工程」等十一節，分別說明苗栗縣的水利與防洪，總計有七十九頁、七萬八千多字；後者，則是以〈水利志〉單一專志，說明苗栗縣的地理位置、自然環境、氣象、水文、河川、水資源，及水利行政、水利管理、水利建設、水資源開發利用、水利先賢等六篇，全志計有五百五十一頁、約有五十八萬一千

---

18 編校彭賢權、劉統坤，《臺灣省苗栗縣志》（苗栗：苗栗縣政府，1982 年）。
19 苗栗縣重修縣志，計有三十五卷一千三百萬言，皇皇巨構，為全臺縣（市）志之冠。見編纂陳運棟、編纂洪東嶽，《重修苗栗縣志‧水利志》（苗栗：苗栗縣政府，2006 年）。

八百多字。

　　《重修苗栗縣志・水利志》與《臺灣省苗栗縣志・經濟志》有很多不同之處，例如《重修苗栗縣志・水利志》增收水利工程與技術演進、臺灣省水庫集水區治理辦法等相關法規、蓄水安全評估要點、海堤管理及自來水建設和水利先賢（拓殖先哲、建設先賢、水庫建設功臣）等。

四、《嘉義縣志稿》與新修《嘉義縣志》

　　戰後臺灣地區縣（市）志有關水利的纂修，且將〈水利〉正式設為篇名者，以《嘉義縣志稿・經濟志》[20]為最早。《嘉義縣志稿・經濟志・水利篇》計有「水利建設」、「灌溉」、「防洪」等三章，章下分設水利大事年報、水文觀測、農田水利、嘉南大圳、地下水開發利用、水利建設、灌溉排水等節，〈水利篇〉計有 93 頁之多。

　　而嘉義縣政府在 2010 年出版的新修《嘉義縣志・經濟志》，設有〈工商金融〉、〈交通與公開事業〉、〈觀光旅遊休閒產業〉等與經濟有關的篇幅，但並無〈水利篇〉；不過，新修《嘉義縣志・地理志》〈自然地理篇〉的「其他地表水」一節，則以「第一目埤圳系統」介紹嘉義縣的重要埤圳，統計「埤圳系統」一目計有七頁，約有六千四百多個文字。此外，在《嘉義縣志・農業志》[21]又以〈水利設施〉一章，收錄新增的嘉義縣水利大事年表、新興的曾文水庫等資料，共計 47 頁、約四萬二千六百多字。

20 賴子清，《嘉義縣志稿・經濟志》（嘉義：嘉義縣文獻會，1968 年）。

21 總纂修雷家驥、纂修張峻嘉，《嘉義縣志・農業志》（嘉義：嘉義縣政府，2009 年），頁 283-319。

五、《金門縣志》

金門縣在戰後共纂修四部縣志，〈水利篇〉則分別被收錄於《新金門志》〈經濟志〉[22]、《金門縣志》〈經濟志〉[23]、增修《金門縣志》〈農業志〉[24]、《金門縣志九十六年續修》〈農業志〉[25]之中，其中，第一部《新金門志》的〈水利篇〉約有六千五百字，以一篇收錄金門縣的埭、湖、溪、井、塘、壩；第二部縣志的〈水利篇〉，以一篇三章約一萬五千字，分別收錄埭塘、防洪、灌溉；第三部縣志的〈水利篇〉增為六萬多字，以四章十一節分別收錄金門的埭塘、水害防治、水資源開發與利用、自來水等；第四部縣志的〈水利篇〉，也是以四章十一節收錄金門縣的築埭田、攔港塘、建水庫等情形，約六萬個字左右。仔細檢視金門縣四部縣志的〈水利篇〉，分別以〈農業志〉、〈經濟志〉收錄，其中，第三、第四部縣志的〈水利篇〉內容幾乎一模一樣，資料並未進行增減，惟前志以直式書寫，後者以橫式書寫，僅書寫格式差異。

六、《桃園縣志》、重修《桃園縣志》及《新修桃園縣志》

桃園臺地由於地面緩斜，且挖築陂塘方法簡便，且環境、地形、氣候條件又適合種植稻作，因此桃園臺地陂塘遍布。故桃園縣政府的首纂《桃園縣志》、重修《桃園縣志》及《新修桃

---

22 許如中，《新金門志·經濟志》（金門：金門縣政府，1959 年）。
23 總編修陳漢光，《金門縣志·經濟志》（金門：金門縣文獻委員會，1968 年）。
24 黃聰山，《金門縣志·農業志》（金門：金門縣政府，1992 年）。
25 總編纂李仕德，《金門縣志 —— 96 年續修·農業志》（金門：金門縣政府，2009 年）。

園縣志》皆有〈經濟志〉，且三部〈經濟志〉均有〈水利篇〉。
觀察以上各部縣志有關水利的收錄情形：

第一、《臺中縣志》，至續修《臺中縣志》，〈水利〉的大綱
層級逐次遞降、篇幅遞減的現象。

第二、《南投縣志·經濟志》與重修《南投縣志·經濟志》
的內容，有除書寫格式從舊志的直式，新志改為橫式書寫，及
新、舊志有三個節名不同之外，餘者，二志幾乎一模一樣，因
此二志的篇幅差不多。

第三、從《臺灣省苗栗縣志·經濟志》到《重修苗栗縣志·
水利志》，〈水利〉的篇幅加大，舊志的頁數和字數，均至少增
八倍以上。

第四、《嘉義縣志·經濟志》原收錄的〈水利〉，至新修《嘉
義縣志》時，則分別改收錄於〈地理志〉、〈農業志〉。

第五、《金門縣志》共纂修四部縣志，〈水利篇〉分別收錄
於第一、二部縣志的〈經濟志〉，第三、四部的〈農業志〉，有
關水利的內容從首纂到新修，內容依次遞增，但第三、四部縣
志〈水利篇〉的內容，幾乎一樣。

第六、桃園縣則從首纂《桃園縣志》、重修《桃園縣志》及
《新修桃園縣志》三部官修縣志，皆以〈經濟志〉收錄〈水利
篇〉。

綜上所述，首先，就收錄志書而言：上述縣志，除了桃園
縣志自始至終，均以〈經濟志·水利篇〉纂修外，其他縣志則
收錄於不同志書，例如，嘉義縣的〈水利篇〉原收錄於〈經濟
志〉，但新修縣志則改置於〈地理志〉、〈農業志〉二志；又苗栗
縣的〈水利篇〉原收於〈經濟志〉，重修後則改以〈水利志〉專

志收錄；而金門縣則前二部舊志收於〈經濟志〉，後二部縣志則
改收於〈農業志〉，收錄的志書已不同。其次，就纂修篇幅而言：
有由多遞減者（例如《臺中縣志》與續修《臺中縣志》、《嘉義
縣志稿》與新修《嘉義縣志》的〈水利篇〉）、有由少增多者（例
如《臺灣省苗栗縣志》與《重修苗栗縣志》的〈水利篇〉），及
新、舊志差不多者（例如《南投縣志》與重修《南投縣志》、增
修《金門縣志》與《金門縣志九十六年續修》的〈水利篇〉）。
再次，就纂修架構而言：桃園、嘉義二縣，從清領時期始設陴
路塘；日治時期桃園縣興建桃園大圳、嘉義縣興建嘉南大圳；
戰後桃園縣興建石門水庫、嘉義縣興建龍池水庫、曾文水庫、
草嶺天然水庫，二者的水利興建工程頗為相似。但三部《桃園
縣志》〈經濟志〉的第一層架構為「志」、第二層架構為「篇」，
篇下再設章、節，〈水利篇〉均設在〈經濟志〉第二層；新修《嘉
義縣志》相關「水利」則置於〈農業志〉第一篇〈農業〉的第
五章「水利設施」，《嘉義縣志》和其他的縣志一樣，將「水利」
置於第三層大綱。

　　簡言之，桃園縣三部縣志的〈水利篇〉，是唯一從首纂、重
修、新修，自始至終一直同樣被收錄於〈經濟志〉，且大綱〈水
利篇〉從未改變。水利是「研究臺灣開發史的歷史源頭」[26]、「研
究水資源的開發利用也就一併研究了臺灣的開發史」，[27]水資源
如此重要，但綜觀臺灣縣志中的〈水利〉，並非被所有縣志所逐
一收錄，此乃因與〈水利〉纂修的資料多寡、纂修團隊編制、

26　蔡志展，〈明清臺灣的水源開發〉，《臺灣文獻》，49 卷第 3 期（1998 年 9 月），
　　頁 22。
27　任茹、王柏山，〈明清臺灣中北部地區水利之開發 —— 從北港溪到大漢溪〉，《臺
　　灣文獻》，49 卷第 3 期（1998 年 9 月），頁 137。

或纂修經費等有密切關係。

第二節　連綿不斷纂修水利的方志

戰後，臺灣各地修志持續不斷，但卻僅有桃園縣先後三次纂修縣志，每部縣志的〈經濟志〉均有〈水利篇〉。考察《桃園縣志》、重修《桃園縣志》[28]及《新修桃園縣志》〈經濟志〉〈水利篇〉之纂修情形，分述如下：

一、首纂《桃園縣志》水利篇

桃園[29]在民國 39 年（1950）9 月設縣以後即著手修志，並於翌年 9 月 1 日奉內政部層令設置「桃園縣文獻委員會」，由縣長徐崇德召開首次修志座談會，籌議修志工作[30]，民國 41 年 5 月草擬「桃園縣志稿凡例綱目」，民國 42 年 2 月聘請郭薰風主修，分篇纂稿，民國 44 年 4 月全部志稿完成初校，民國 45 年 1 月完成校正，繕印為油印本 10 冊，暫稱《桃園縣志稿》。在《桃園縣志稿》未對外發行之前，桃園縣文獻委員會已於民國 45 年

---

28 桃園縣政府 1952－1956 年、1979－1988 年各出版一次縣志，均名為《桃園縣志》，前者為首纂，後者則為重修，但重修縣志僅出版〈經濟志〉、〈文教志〉。
29 桃園原名「桃仔園」，為凱達格蘭族南崁四社所居住之地，稱「芝芭里」，明鄭隸天興縣（鄭經改天興州）。清領臺灣，初隸諸羅縣，雍正元年（1723）改隸淡水廳淡水堡，光緒 5 年（1879）析淡水廳為淡水、新竹二縣，桃園乃分隸兩縣；日據之初，隸臺北縣；明治 30 年（1897）設桃仔園、中壢兩辦務署；明治 34 年（1901）設桃仔園廳；明治 36 年（1903）改名桃園廳。民國 34 年 10 月臺灣光復，初隸新竹州。39 年 9 月臺灣省調整行政區域，始由新竹縣分設桃園縣，此為桃園設縣之始。見國立中央圖書館臺灣分館特藏資料編纂委員會編纂，《臺灣文獻書目解題》第一種方志類（二）（臺北：國立中央圖書館臺灣分館，1988 年），頁 125-126。
30 郭薰風，《桃園縣志總目錄》（桃園：桃園縣文獻委員會，1956 年），頁 46。

5 月先行出版《桃園縣志總目錄》一冊，將《桃園縣志稿》各志目錄加以統整外，並詳述縣志的纂修經過、縣志修輯職名、各志纂修人員一覽表等。民國 46 年（1957）桃園縣政府將《桃園縣志稿》送請內政部志書審查委員會通過審查，民國 51 年（1962）9 月起，就志稿的內容排印出版，改稱《桃園縣志》，成為戰後桃園縣首部縣志。

　　《桃園縣志》從民國 51 年（1962）-58 年（1969）陸續出版[31]〈卷首〉（1962 年）、〈卷二人民志〉（1964 年）、〈卷三政事志〉（1964 年，分上、下冊）、〈卷四經濟志〉（1966 年，分上、下冊）、〈卷五文教志〉（1967 年）、〈卷六人物志〉（1968 年）、〈卷末志餘〉（1969 年）。其中，〈卷二人民志〉原列氏族篇，因氏族譜牒搜集不全而緩修，民國 63 年（1974）陳啟英編纂〈氏族篇〉補成全璧，64 年（1975）9 月出版《桃園縣志‧氏族篇》。[32]《桃園縣志》斷代肇自明永曆 15 年、清順治 18 年（民國前 250 年，西元 1661 年）鄭成功在臺灣北部設置天興縣起，迄民國 41 年（1952）12 月底止為範疇。

　　其中，《桃園縣志》〈經濟志〉纂修是諶化文。諶氏曾任大華國中國文老師[33]，其以個人之力進行纂修。〈經濟志〉計有 9 篇，分上、下二冊，上冊有農業、林業、水利、水產 4 篇，230頁，下冊有交通、工業、礦業、商業、金融 5 篇，287 頁。其中，

---

31 郭薰風主修，石璋如纂修，《桃園縣志‧卷首》（桃園：桃園縣文獻委員會，1962 年），頁 1-2；另見郭薰風，《桃園縣志總目錄》，頁 6。

32 國立中央圖書館臺灣分館特藏資料編纂委員會編纂，《臺灣文獻書目解題》第一種方志類（二）（臺北：國立中央圖書館臺灣分館，1988 年），頁 127-142。

33 筆者 2012 年 5 月 4 日訪問《桃園縣志》〈經濟志〉纂修諶化文之子諶其驌，諶子證實諶化文在大陸專攻政治學，經友人推薦，獨力完成《桃園縣志》〈經濟志〉纂修工作後，分別在大華中學、復興高中等地教書，民國 81 年（1992）病逝，享年 89 歲。

〈經濟志‧水利篇〉共有 6 章節 14 節 28 目 57 頁，第一章「水利事業之沿革」下設「人民自由經營時期」、「政府機關統制時期」、「官督民辦時期」3 節。第二章「桃園大圳」，章下設「組織與經費」、「工程概況」、「大嵙崁溪分水管理委員會」3 節；第三章至第五章分為介紹「中壢水利委員會」、「大溪水利委員會」、「湖口水利整理委員會」之「組織與經費」、「工程概況」。最後為嚴防流經桃園境內淡水河、老街溪、社子溪、南崁溪之河防安危，以「防洪工程」一章說明桃園縣政府擬定大園鄉街溪高峰堤防工程等五個防洪工程。

《桃園縣志》〈水利篇〉除以文字敘述外，另有一張「桃園大圳灌溉區域平面圖」和埤圳概況表等三十七個表格，分別說明日治時期「臺灣農業」政策下，臺灣總督府將水利觀念從日本引進臺灣，並興建桃園大圳，及桃園境內各水利會的組織概況。

二、重修《桃園縣志》水利篇

依據內政部的規定，地方志每隔 10 年應補修一次[34]，民國 65 年初，桃園縣政府民政局局長廖本洋與專家學者，以「桃園縣境內之農地重劃、社區建設、工業區之設立、國際機場之闢建、高速公路之完工通車、先總統蔣中正之奉安慈湖等建設，都促使桃園縣建設突飛猛進，社會結構與地方建設變化殊大，為使縣志所錄能與現實狀況脗合，俾資徵信，以利查考起見」，遂有重修《桃園縣志》之計。民國 65 年（1976）6 月，廖本洋

---

34 桃園縣政府，《桃園縣志重修總綱目》（桃園：桃園縣政府，1976 年），頁 3。

與學者專家提出《桃園縣志重修總綱目》[35]，做為重修縣志計畫。
重修《桃園縣志》斷代與前志相同，仍肇自明永曆 15 年，清順
治 18 年（民國前 250 年，西元 1661 年）起，但迄於民國 60 年
（1971）止，大事記則因先總統蔣中正之奉安慈湖，而延至民
國 64 年（1975）。重修《桃園縣志》，實際上僅完成〈經濟志〉
和〈文教志〉。而原先計畫重修〈土地志〉、〈人民志〉、〈政事志〉、
〈人物志〉、〈志餘〉五部分志，則均未如期完成。縣志重修未
能順利竣工，分析原因，乃與修志工程不易有關係密切。

其中，重修〈經濟志〉計有 3 冊，上冊有農業、水利 2 篇，
共有 214 頁；中冊有林業、水產、交通 3 篇，共有 200 頁；下
冊有工業、礦業、商業、金融等 4 篇，共有 187 頁。其中，〈經
濟志・水利篇〉計有 9 章 24 節 83 頁，編纂連文安為公職人員。
重修《桃園縣志》〈水利篇〉以首纂《桃園縣志》〈水利篇〉為
基礎，其大綱的章節包括「水利事業之沿革」、「桃園大圳」、「中
壢水利委員會」、「大溪水利委員會」、「湖口水利整理委員會」
和「防洪工程」六章的章、節名稱，和首纂《桃園縣志》〈水利
篇〉的章節名稱相同外，再增加「桃園農田水利會」、「石門農
田水利會」和「石門水庫」三章，最後一章「石門水庫」以「大
崁科溪流域」、「規劃經過」、「工程概況」、「經濟效益」4 節以介
紹石門水庫。

重修《桃園縣志》〈水利篇〉收錄舊志「桃園大圳灌溉區域
平面圖」，再增「桃園農田水利灌區圖」、「石門農田水利會灌區

35　《桃園縣志重修總綱目》除有續修縣志工作因革外，從頁 7-70，分別載明重
　　修的卷首、卷一土地志、卷二人民志、卷三政事志、卷四經濟志、卷五文教
　　志、卷六人物志、卷末志餘之綱目。

圖」、「私有埤圳概況」等十個圖表，說明縣內水利基礎概況。
其中，收入石門水庫的水利工程，結合灌溉、發電和給水等功
能，為戰後臺灣重大水利工程之一。

三、《新修桃園縣志》水利篇

桃園縣政府鑑於首次修志，已時隔四十年，期間雖曾計畫
重修，但成果不大，於是再展開修志，民國 99 年（2010）9 月
完成出版《新修桃園縣志》。新修縣志時間斷限，起自民國 42
年，終至民國 93 年底，並針對民國 41 年前既有縣志之缺漏，
加以增補修訂，使舊志與新修縣志得以結合。新修縣志計有〈志
首〉、〈地理志〉、〈開闢志〉、〈住民志〉、〈社會志〉、〈行政志〉、
〈地方自治志〉、〈經濟志〉、〈交通志〉、〈教育志〉、〈人物志〉、
〈藝文志〉、〈勝蹟志〉、〈宗教禮俗志〉、〈臟錄志〉15 卷，共約
600 萬字之多，志書數量、字數字量為歷次縣志之最。其中，《新
修桃園縣志》〈經濟志〉編纂除有李力庸（國立中央大學歷史研
究所教授）之外，纂修團隊成員尚有莊濠賓、鄭巧君、林煒舒、
陳錦昌及多位歷史系研究生協助整理格式、校對等工作。

《新修桃園縣志》〈經濟志〉共 1 冊，計有農業、林業、漁
牧、水利、工業、商業、金融等 7 篇，共 709 頁。其中，《新修
桃園縣志》〈經濟志・水利篇〉計有 5 章 18 節 74 頁，第一章「水
利事業沿革」，章下設有「桃園水文」、「日治時期的水利建設」
2 節；第二章「陂塘現況」，章下設「陂塘分佈」、「灌概情形」2
節；第三章「農田水利會」，章下設有「桃園農田水利會」、「石
門農田水利會」、「桃園、石門農田水利會經費」、「灌溉情形」4

節；第四章「石門水庫」，章下設有「建造緣起」、「工程與經費」、「農業灌溉」、「發電」、「給水」、「觀光」6 節；第五章「水利污染」，章下設有「陂塘污染」、「水庫污染」、「河川污染」、「水庫整治工程」4 節。

　　除文字記述、石門水庫灌溉區域圖和各式各樣的表格外，《新修桃園縣志》〈水利篇〉並首次將照片入志，收錄陂塘、石門水庫、平鎮給水廠、石門水庫遊艇碼頭，及民國九十三年艾莉颱風過境，桃園居民依賴巨型輸水管取得自來水的畫面照片等，內容有別於前二志的〈水利篇〉。

　　就桃園縣三部縣志〈水利篇〉的章節而言；首先，首部計有六章、十四節、五十七頁，重修計增為九章、二十四節、八十三頁，但新修則減為五章、十八節、七十四頁，各部〈水利篇〉的章節增減不一。惟檢視重修《桃園縣志・水利篇》內容，則不乏從首纂《桃園縣志・水利篇》直接轉錄，例如：

> 埤者，昔亦稱陂，貯水之工程也，或於高原鑿窪，築堤儲水雨水，或導圳流貯水，以備灌溉，故名。圳者，引水之工程也，或引山泉，或導溪流，遠在數十里，近亦數里，疏鑿溪水引以灌田，故名。埤頭入口曰閘門，或稱陡門……。民國五年（日明治四十年，始以鋼骨水泥用於水利工程，由是水利工程逐步入一新時代）。[36]

> 埤者，昔亦稱陂，貯水之工程也。或於高原鑿窪、築堤儲水、以備灌溉，故名。圳者，引水之工程也。或引山

36　郭薰風主修、諶化文纂修，《桃園縣志・經濟志》（桃園：桃園縣文獻委員會，1966 年），頁 124。

泉，或導溪流，遠在數十里，近亦數里，疏鑿溪水引以
灌田、故名。埤頭入口曰閘門，或稱陡門……。民國五
年以後始有鋼骨水泥用於水利工程之構造，由此水利工
程逐步入另一新境界。[37]

比對後段引文（重修《桃園縣志・水利篇》），只是將前一
段（《桃園縣志・水利篇》）「也」後的逗號，改為句號；前段引
文少「日明治四十年」七字、「時代」改「境界」外，其餘內文
幾乎一樣。而類似情形，在其他章節亦常見，在此不再多做贅
述。

此外，《桃園縣志・水利篇》、重修《桃園縣志・水利篇》
前六章節綱目，雖然一模一樣，但是仔細探究後志之內容，係
以舊志為立論基礎，並就新的數據資料，加以更新、修訂、增
補，內容有加深加廣。例如，《桃園縣志・經濟志》「水利篇」
第二章「桃園大圳」，重修《桃園縣志・經濟志》〈水利篇〉第
二章則修訂為「桃園大圳水利委員會」。再如重修《桃園縣志・
經濟志・水利篇》第二章第二節「組織與經費」，行文最後一段，
增加「民國45年依照農田水利會區域調整方案，合併大溪、湖
口兩個水利員會之事業區改組為桃園農田水利會」[38] 敘明最新
時況。而《新修桃園縣志・經濟志》延續前二志的水利沿革、
農田水利會等相關章節，再依經濟變遷重新建構新設「水利污
染」專章，論述陂塘受到工廠等污染源所排放的污水。其次介

37 廖本洋主修、連文安纂修，重修《桃園縣志・經濟志》（桃園：桃園縣政府，
1979年），頁133-134。
38 廖本洋主修、連文安纂修，重修《桃園縣志・經濟志》，前引書，頁153。

紹家庭、工業、垃圾、地下水、畜牧業排放污染議題、水庫水質優養化、颱風造成水質濁度飆高和民生用水短缺等問題，藉以突顯社會變遷與經濟發展的結果外，又以陂塘專章，說明桃園埤塘與水資源的運用關係。桃園縣三部縣志〈水利篇〉章節結構和內容緊緊相扣，後志以前志為立論基礎，結構嚴謹，表現出篇目的系統性和有序性，適於反映事物的內部聯繫，記載桃園縣當地的水利經濟資料，三部桃園縣志〈水利篇〉，具有延續歷史文化之功能。

　　其次，就三部縣志〈水利篇〉的參考文獻而言，其中，《桃園縣志》依據日督府頒佈公共埤圳聯合規則、埤塘登記概況及縣府設計排水水利工程等文字敘述，徵集日治時期相關文獻調查、統計，及省水利局、桃園縣政府、桃園水利委員會等機關檔案資料外，並參考《淡水廳志》等；重修《桃園縣志》則沿襲《桃園縣志》內容再稍做增補，資料數量和種類，與《桃園縣志》相差不多；《新修桃園縣志》則引用官修《淡水廳志》、《重修臺灣省通志》、《桃園縣志》及人民團體纂修的《臺灣省桃園農田水利會會誌》等方志外，還有臺灣總督府的調查統計數據、立法院公報、臺灣省農田水利會聯合會編、臺灣省自來水事業統計年報、桃園農田水利會檔案、經濟部水利署北區水資源局的年報、學術論文等，又將政府、各機關之調查報告書融會統整而成，繪製「桃園農田水利會會史演進表」、「民國 34~98 年桃園農田水利會歷任會長一覽表」、「水利會會員、會務委員、工作站資料表」、「會費補助表」、「收又明細表」、「各水利會灌溉面積」、「桃園縣供水人口概況」、「桃園縣各鄉鎮供水概況」、「桃園縣各業工業面積及所需用水量」、「石門水庫管理中心觀光客人數、車輛、收入統計表」等統計圖表，及拍攝照片。《新

修桃園縣志》〈水利篇〉所堆積資料和種類，較前二部舊志豐富。

　　為便利讀者覆按查考，行文中所參引的資料，均應註明出處。然查《桃園縣志》介紹縣內水利工程歷史、桃園縣內四個水利委員會組織、經費，以「本縣境內私有埤圳概況表」、「臺灣官設埤圳工程計劃表」、「縣境內水利組合沿革表」、「桃園縣水利委員會一覽表」等圖表，或以「淡水廳志記云：『靈潭陂難桃潤堡…』」[39]、「淡水廳志附載中壢擬開水圳說云：『中壢為塹北淡南適中之區…』」[40]，都未註明資料來源；重修《桃園縣志》的「昔時縣境私有埤圳概況」、「日據時期縣境公共埤圳概況」、「日據時期縣境水利組合沿革表」、「日據時期縣境水利組合與私設埤圳灌溉概況」、「桃園各水利員會概況（民國四十一年十二月底）」、「桃園縣各水利委員會主要埤圳概況」、「桃園縣各水利委員會主要水利概況」、「桃園縣境內私設埤圳概況」等表格，雖附註「本表資料錄自原志」字樣，但亦無資料出處的頁碼，徵引方式仍嫌不足。不過，《新修桃園縣志》〈水利篇〉「當頁註」多達 84 個，每個註釋均清楚交待書名、作者、出版社、出版時間等資料來源，徵引手法，比照學術論文的寫作模式。

　　《桃園縣志》〈水利篇〉，介紹縣內水利工程歷史、桃園縣內四個水利委員會組織、經費等；重修《桃園縣志》則除訂正《桃園縣志》錯字舛訛，表格已開始註明資料出處；《新修桃園縣志》〈水利篇〉，指出「桃園臺地的埤塘隨著人口不斷成長、都市擴張、大型交通建設與工業區開發，不斷吞噬這人類的文化遺產。」[41]在經濟發展與環境保育相對下，如何取得建設與文

---

39 郭薰風主修、諶化文纂修，《桃園縣志・經濟志》，前引書，頁 123。

40 郭薰風主修、諶化文纂修，《桃園縣志・經濟志》，前引書，頁 130。

41 賴志彰，〈桃園陂塘的歷史變遷〉，收入於《2003 年桃園臺地陂塘文化學術研討會》（桃園：桃園縣政府文化局，2003 年），頁 186。

化的平衡點，拋出議題；針對功能日漸式微的陂塘，及現代社會面臨的水利污染，特設專章論述，裨利即早通盤檢討與規劃，避免經濟損失，其論述並重，創新發展方志內容，為預防自然災害，提供資政重要材料外，並收入大量圖表及拍攝照片，註明徵引資料出處。

第三節　水利志纂修的特色與價值

臺灣方志發展，與政治、社會、文化脈動的變化息息相關，而〈水利篇〉的纂修，在桃園縣三部縣志均持續被收錄，足可展現以下特色與價值如下：

一、纂修手法日益進步

《桃園縣志》〈經濟志〉纂修諶化文，諶氏曾任大華國中國文老師；重修《桃園縣志》〈經濟志〉纂修連文安為公務人員，二部縣志〈經濟志〉的纂修均為一人戮力所得；而《新修桃園縣志》〈經濟志〉編纂，除有李力庸（國立中央大學歷史研究所教授）之外，纂修團隊成員尚有莊濠賓、鄭巧君、林煒舒、陳錦昌及多位歷史系研究生協助，纂修參與名單，從過去舊志僅侷限於個人，進而發展成講求分工合作的編纂團隊，〈經濟志〉集結林業、商業、農業等專才者參與協纂，而〈水利篇〉尚有專人負責取景攝影、專人校對，以期減少失誤率發生。

此外，桃園縣三部縣志〈水利篇〉，均能利用文字表述，且

使用中國傳統史書的圖、表，而重修《桃園縣志‧經濟志‧水利篇》，所徵引資料雖以舊志《桃園縣志‧經濟志‧水利篇》為主，引用範圍不夠寬廣，但其已開始註明資料出處。至於《新修桃園縣志‧經濟志‧水利篇》，所徵引資料的手法，已符合目前學術論文的寫作方式外，使用的表格亦具有分析功能，並且將拍攝照片編排入志，以照片取代文字，增益編排的視覺效果。內容也不斷增益，體例邏輯嚴密，新修縣志以舊志立論基礎，史料運用豐富，且隨著時代的進步，後部〈水利篇〉較前部〈水利篇〉的纂修手法，愈來愈進步。

二、突顯陂塘文化資產

　　桃園臺地也形緩斜、水雨豐沛、地表為粘重的紅壤或紅棕壤[42]，這些地理特色，促成臺地的住民蓄水灌溉，自行挖掘陂塘，形成陂塘。[43]《新修桃園縣志》以首纂、重修縣志〈水利篇〉之資料基礎，再增補大量資料、數據、圖表，內容不僅是一地水利之記載，並將原本只是臺地農田儲水灌溉而鑿的陂塘，特以「陂塘現況」專章，論述桃園縣陂塘分佈和灌溉情形，引徵林會承、劉興明調查統計桃園縣十三鄉鎮市的陂塘數目，及陂塘灌溉情形[44]，舉凡桃園縣中壢市青埔大埤、大園鄉大埔埤、觀音鄉崎頂埤等，陂塘命名，已呈現周遭社會的意涵，及移墾、族

---

42 陳正祥，《臺灣地誌》（臺北：南天書局，1993 年），頁 1110。
43 在臺灣，「陂」俗稱「埤」。參見陳鴻圖，《臺灣水利史》（臺北：五南圖書公司，2009 年），頁 71。
44 賴澤涵總編纂、李力庸纂修，《新修桃園縣志‧經濟志》（桃園：桃園縣政府，2010 年），頁 241-314。

群租佃等歷史事蹟[45]， 陂塘因桃園大圳、石門水庫興建，原為農作收成所生成的，但也隨著農業式微，功能跟著逐漸弱化。陂塘孕含許多早期歷史文化、社會、自然環境之史蹟[46]，因此，桃園陂塘不僅成為全省獨特的自然景觀，且充滿當地重要的人文特色。

由《新修桃園縣志》，已突顯桃園縣的陂塘眾多，為桃園臺地上特殊的景觀，使桃園臺地在灌溉系統上，有別於其他地區，加上地形、人文景觀的限制，而使得陂塘—人工水池，為桃園縣灌溉的主體形式，陂塘也成為珍貴的文化資產。[47]桃園陂塘以其獨特性、稀少性，充份呈現出先人的智慧與毅力，故 2002 年 3 月，被推薦為世界遺產潛力點。[48]桃園縣政府 2012 年 10 月 13 日，在新屋鄉舉行「陂塘高峰會」，與會的專家學者建議「以陂畔婚禮、文創、休閒遊憩、地景藝術、教育等，展望桃園陂塘未來發展的多元契機」[49]，桃園陂塘獨特性，實非其他地區可以相提並論。

張勝彥認為「地方志的綱目內容需具當代性，不可拘泥於傳統方志的綱目形式和內容，提供當代的當地人，藉由方志去

---

45 林會承、劉興明，《桃園之陂塘調查研究》（桃園：桃園縣立文化中心，1996年），頁 101-102。

46 林會承、劉興明，《桃園之陂塘調查研究》，前引書，頁 1-109。

47 陳其澎，《2003 年桃園臺地陂塘文化學術研討會》（桃園：桃園縣文化中心，2003 年），頁 II。

48 林會承，〈桃園陂塘的獨特性與其遠景〉，收於陳其澎，《2003 年桃園臺地陂塘文化學術研討會》（桃園：桃園縣文化中心，2003 年），頁 1。

49 林麗如，〈換個角落想永續—多元發展登錄世遺 活化陂塘 峰會找契機〉，聯合報，2010 年 10 月 14 日 B1 版。

了解其歷史，認識提供其創造歷史的舞臺之當地自然環境」[50]；又黃秀政對於「綱目的設計與章節擬定，應針對各地的特點，以反映地方特色，不宜千篇一律公式化。以臺灣省各鄉鎮為例，苗栗縣三義鄉以木雕聞名，彰化縣溪湖鎮盛產蔬菜青果，而南投縣鹿谷鄉則為茶葉之鄉，各具特色，均應在其志書綱目反映出來」。[51]桃園縣三部官修縣志〈水利篇〉在市場經濟洶湧澎湃的時代，新生事物層出不窮，瞬息萬變，新修縣志繼承前志纂修基礎，搜集大量資料，認真分析，把握市場經濟發展，注意歷史所產生的各種新生事物的共同特性，以桃園臺地特有的陂塘文化，提供桃園縣獨特的水利特色。「陂塘是臺地住民的智慧及心血結晶」[52]，陂塘成為桃園臺地水利發展最顯眼的水文景觀。

　　桃園縣三部縣志〈水利篇〉內容，因地制宜，而以陂塘構成桃園縣獨特的地理景觀，乃使得桃園縣有千湖之縣的美稱，陂塘已成為桃園的地方特色之一。透過〈水利篇〉編纂，以展現地方獨特的內涵，突顯陂塘為臺灣珍貴的文化資產，充分展現新修方志的創新和發展。

三、反映當代水利樣貌

　　早期桃園一帶，民間私設埤圳，多利用高地傾斜起伏處，

---

50 張勝彥，〈編纂地方志之淺見〉，《方志學與社區鄉土史學術研討會論文集》，收錄於東吳大學主編，《方志學與社區鄉土史學術研討會論文集》（臺北：臺灣學生書局，1998 年），頁 77-78。

51 黃秀政，〈論戰後臺灣鄉鎮志「社會篇」之纂修—以《沙鹿鎮志》與《北斗鎮志》為例〉，《臺灣史志論叢》（臺北：五南圖書出版公司，1999 年），頁 238。

52 陳其澎，《2003 年桃園臺地陂塘文化學術研討會》，前引書，頁 2。

鑿池築堤，水源不大，水量不多，每遇雨水失調，即呈旱歉現象。日治之初，將重要埤圳畫為公共埤圳，大正五年（民國 5年）桃園大圳開工，大正十三年（民國 13 年）完成隧道、明渠、幹線、支線及蓄水池水路等，開始放水，蓄水池之建築等工程，於日昭和 3 年（民國 17 年）始全部完成，前後費時 13 年，建築費用；由日督支出七百七十四萬四千二百三十一日元，水利組合支出四百七十四萬二千一百二十二元，共一千二百四十八萬六千三百四十三日元，桃園大圳完工後，區域內水田開拓日漸增加。[53]而桃園大圳等大規模水利設施的興建，已建構嚴密的水利組織體系，而使臺灣水利系統趨於完善，因此，水利事業的發達堪稱東南亞之冠。[54]日治時期興建的桃園大圳，也因此首次被載入《桃園縣志》〈水利篇〉中。

　　民國 42 年（1953），北部地區發生嚴重旱災，而使水庫興建受到重視，民國 43 年由經濟部等單位組成「石門水庫設計委員會」，民國 45 年又組成「石門水庫建設委員會」，並由副總統陳誠擔任主任委員，負責興建石門水庫。石門水庫之興建工程，為多目標之水利工程，包括水庫、大壩、溢洪道、發電廠、後池及後池堰、石門大圳、桃園大圳新進水口、公共給水廠等工程，具有灌溉、發電、防洪、給水、觀光等效益。民國 55 年（1966），首纂《桃園縣志・經濟志》出版，但因縣志纂修下限時間止於民國 41 年（1952）底，因此，已於民國 53 年（1964）6 月 14日竣工的石門水庫，未能被《桃園縣志・水利篇》收入。但石門水庫水利興建的成功，攸關國計民生，於是重修縣志〈水利

---

53 郭薰風主修、諶化文纂修，《桃園縣志・經濟志》，前引書，頁 143-149。
54 陳鴻圖，《臺灣水利史》，前引書，頁 308。

篇〉，乃首次專章收入石門水庫，以彰顯石門水庫的水利價值。

《新修桃園縣志》所載者，包括桃園大圳、石門水庫，及統計各水利會收入明細、石門水庫給水等最新數據，說明石門水庫觀光收入，自民國 88 年之後開始呈衰退之勢。而陂塘原本只是儲存雨水，但在桃園大圳、光復圳、石門大圳依次完工使用後，溪水透過水利溝圳流入陂塘，這項改變，使得桃園臺地上的水資源，被納入一個整體系統之中，各陂塘也成為調整水源之單位，又以水利污染一章，分述陂塘、水庫、河川污染的面相，以強調現代水資源面臨問題等。

臺灣經濟從農業轉向工商業，乃至今日資訊科技社會。城鄉發展迅速，人口密度增加，在此經濟急速發展的過程中，尤其到了民國七〇年代後，工業區、社區排放大量污水，已使得桃園大圳四號隧道出口、第三支線等處受到污染。[55]而石門水庫則會因颱風造成集水區大量降雨，發生土石崩塌，加上大漢溪沿岸河道沖刷，大量泥沙被挾帶水中，造成為石門水庫原水渾濁，水庫無法正常提供民生用水外，再加現代環境保護意識日益抬頭，已使陂塘、大圳與石門水庫的功能面臨轉型。

為解決水利建設面臨轉型的問題，桃園縣政府為保存舊有埤圳，特擬訂「桃園縣埤塘水圳保存及獎勵新生利用自治條例」[56]，期讓陂圳回歸到原有埤圳的最初功能。而灌溉水質因遭受城鄉社區之污染，因此，桃園大圳左側有污水排水道分離、經社

---

55 李總集，《桃園大圳農田灌溉渠道系統之改善模式研究》（桃園：臺灣省桃園農田水利會，2002 年 8 月），頁 2－3。
56 請參見文末附錄六。

區圳路旁綠美化等[57]，改善灌溉排水路刻不容緩。

　　《桃園縣志》〈水利篇〉曾記載水利事業沿革及桃園大圳的興建、而重修《桃園縣志》〈水利篇〉又加載石門水庫，至於《新修桃園縣志》〈水利篇〉則繼續以桃園大圳、石門水庫等近況深入研究，以充分展現陴塘、桃園大圳和石門水庫，在臺灣水利史上之特殊地位。就纂修內容而言，三部桃園縣志的〈水利篇〉，均分述不同時期的水利開發的歷史樣貌，留下水利的歷史紀錄。

四、探究農田水利組織

　　臺灣的農業社會以稻作為主，而各地農田水利會的灌溉事業，皆直接影響稻作的成長，農田水利事業的發展對臺灣農村社會經濟發展，具決定性的影響。因此，有關台灣農田水利會的發展與歷程，已成為研究台灣水利開發的重要課題之一。戰後臺灣，政經環境急速變化，各地水利組織為適應環境變遷而調整結構，發展不一。

　　臺灣光復後，民國三十五年，水利組合全部改組為農田水利協會與防汛協會等，以三部桃園縣志的〈水利篇〉為例：《桃園縣志》〈水利篇〉，收錄桃園大圳、中壢、大溪水利委員會及湖口水利整理委員會的組織、沿革、經費和工程況等；重修《桃園縣志》〈水利篇〉，則增收桃園農田水利會、石門農田水利會，說明「桃園大圳建築完成後，於日據時期列為官設之公共陴圳，光復後改為桃園大圳水利委員會，民國四十五年，併大溪水利

57　李總集，《桃園大圳農田灌溉渠道系統之改善模式研究》，前引書，頁139。

委員會、湖口水利管理處，改組為臺灣省桃園農田水利會」[58]、及「民國五十三年，將中壢農田水利會事業區併入，改組成立石門農田水利會，事業區包括桃園縣境之南部、新竹縣境之北部及臺北縣境之南部地帶」[59]；《新修桃園縣志》〈水利篇〉則徵引研究資料，深入介紹桃園農田水利會、石門農田水利會的組織沿革和組織結構，並統計分析桃園農田水利會時期合併大溪、湖口灌溉區，因農田變更使用，民國七十六年灌溉區為二萬八千二百四十一公頃，民國八十四年減為二萬五千九百八十三公頃，顯示農業灌溉面積逐漸減少，又因政府徵收公共設施用地，民國八十三年獲得補償費累計資金多達五十多億元，且隨社會進步和工商發展等外在環境影響，掌管的業務型態，也需隨機調整應變。

　　改制後的農田水利會，成為地方水利自治團體，具有公法人的身份，可以行使公權力，對於水利政策的執行及用水管理運作，更具效率。[60]在臺灣政治、經濟與社會持續改變下，臺灣農田水利會的組織的變遷，成為關心的焦點，桃園、石門農田水利會在戰後迄今六十多年，歷經多次的改組，其間無論是組織體制或是組織功能的改變，均充分反映出臺灣政治經濟的發展，如此變遷的歷程，每一個階段的特徵，均代表了臺灣農田水利會所處的歷史意義。

58　廖本洋主修、連文安纂修，重修《桃園縣志・經濟志》，前引書，頁174。
59　廖本洋主修、連文安纂修，重修《桃園縣志・經濟志》，前引書，頁186。
60　陳鴻圖，《臺灣水利史》，前引書，頁325。

五、提供經濟轉型史料

　　十七世紀，荷蘭人初到臺灣，急需飲用水、灌溉陂而開井取水；清領時期大量漢人來臺移墾，水利乃被視為投資事業；日治時期，臺灣總督府曾整理舊有埤圳，於民國 13 年又完成桃園大圳興建工程；戰後，中華民國政府完成石門水庫興建工程，水利開發，包括灌溉、排水、發電、給水等多項功能。桃園縣原本為北部的農業生產區，以稻作為生產為主，陂塘、大圳與石門水庫乃豐富桃園縣的農作收成。戰後，臺灣人口增加快速，「以一九五〇年的人口估算，如只為養活新增的人口，每年就必須增加五萬噸用水：而為增加糧食生產，提高單位面積生產，須大量興修水利以擴大灌溉面積」[61]，興修水利，乃成為戰後農業發展的重要政策。

　　重修《桃園縣志》〈水利篇〉載：「石門水庫灌溉區域包括桃園高台地灌溉區及下游灌溉區，總面積約為五萬四千六百公頃，桃園高台地灌溉區包括有：桃園大圳灌區、光復圳灌區及石門大圳灌區，下游灌溉區為治大嵙崁溪引水灌溉地區，包括：新莊灌區全部及大溪、海山灌區」[62]，據此，石門水庫原先設計供應農業所需的灌溉用水，水質渾濁對農業並無影響，但隨著臺灣社會經濟變遷與經濟發展，農業經濟萎縮，農業用水的比重漸漸式微。使得石門水庫在提供農業用水外，尚須兼顧提供民生用水。

---

61 陳鴻圖，《臺灣水利史》，前引書，頁 14。
62 廖本洋主修、連文安纂修，重修《桃園縣志‧經濟志》，前引書，頁 211。

　　民國六〇年代後，臺灣產業社會結構，由農業逐漸轉向工商業，部分農地已開發成社區或工廠用地，而今，桃園縣成為重要的工業大縣與物流中心，農業生產則轉向精緻與休閒農業的經營。隨著農業式微，且受到工業化及都市化的衝擊，傳統的水利灌溉觀念已被逐漸改變。因此，水利觀念應從原始的灌溉觀念，轉變為永續經營的態度，以維持自然生態的「三生」（生產、生活、生態）重大責任。

　　桃園縣經濟發展，可視為戰後臺灣產業變遷的典型之一，而三部縣志〈水利篇〉，從首纂到新修，分別收入清領、日治到戰後經濟復甦的水利建設，以呈現桃園縣經濟的古今遞嬗，在在說明水利對改變生活環境，經濟轉型的影響，以及〈經濟志〉的纂修重點，由志書內容，可見已發展出截然不同的社會與經濟面貌。而桃園縣志〈水利篇〉，則詮釋桃園早期的經濟型態、先民水利開發的歷程和陂塘形成桃園縣特殊的人文景觀，以突顯水利和地方經濟發展關係密切，更詳載全臺獨一無二的桃園臺地水利史，是桃園經濟發展的重要推手，為臺灣經濟轉型提供豐富的參考史料，實具有參考價值與學術貢獻。

第六章　臺灣方志之漁業書寫

—— 以新屋沿海客家聚落的漁業傳承為例

　　有關客家研究與論述起源於十九世紀中葉，廿世紀開始研究者逐漸採取實證的分析，成為受人重視的學術課題。檢視國家圖書館臺灣博碩士論文系統[1]，以論文名稱「客家」進行檢索，多達八百六十一篇；以「臺灣客家」進行檢索，計有一百二十四篇；以「漁業」進行檢索，則有「臺灣客家」四百九十五篇。近二十年來，客家研究已成為一門顯學，研究的議題包括客家源流、客家移墾、飲食、語言、文學、建築、宗教禮俗及社會運動等，臺灣客家相關研究，已累積許多參考專書和文獻研究資料，成果豐碩。

　　近年來，以「桃園客家」有關的論文題目：有黃琪崴的〈文化公民權之賦權與實踐以桃園客家文化節回應性評估〉[2]、沈玉燕的〈乙未年桃園客家地區抗日事件之研究〉[3]、覃培清的〈臺泰跨

---

[1] 國家圖書館臺灣博碩士論文系統
http://ndltd.ncl.edu.tw/cgi-bin/gs32/gsweb.cgi/ccd=BpYPhL/search，引用日期 2013年5月9日。

[2] 黃琪崴，〈文化公民權之賦權與實踐—以桃園客家文化節回應性評估〉，國立中央大學客家研究碩士在職專班碩士論文，2009年。

[3] 沈玉燕，〈乙未年桃園客家地區抗日事件之研究〉，國立中央大學客家研究碩士在職專班碩士論文，2012年。

國婚姻文化適應現象：以南桃園客家庄泰籍妻子為例〉[4]；盧淑
美的〈客家鄉鎮發展文化觀光之研究以桃園縣新屋鄉為例〉[5]、
鄧秀美的〈客家文化休閒產業發展之研究以桃園縣新屋鄉為例〉
[6]、謝宜君〈桃園縣新屋鄉客家文化創意產業行銷策略之研究〉[7]，
及連梓鈞的〈從語言接觸之觀點探討客家聚落的族群互動關係
以新屋鄉笨港村為例〉，研究成果十分豐碩。[8]

　　從內政部統計至2017年6月底止，我國全國人口數計有
2,355,470人[9]，其中，為符合《客家基本法》[10]定義的客家人口，
在2011年有419.7萬人（18.1%）。從不同縣市客家人口分布情

4　覃培清，《臺泰跨國婚姻文化適應現象：以南桃園客家庄泰籍妻子為例》，國
　　立中央大學客家社會文化研究所碩士論文，2012年。

5　盧淑美，《客家鄉鎮發展文化觀光之研究 —— 以桃園縣新屋鄉為例》，國立中
　　央大學客家研究碩士在職專班碩士論文，2010年。

6　鄧秀美，《客家文化休閒產業發展之研究 —— 以桃園縣新屋鄉為例》，元智大
　　學資訊社會學研究所碩士論文，2008年。

7　謝宜君，《桃園縣新屋鄉客家文化創意產業行銷策略之研究》，國立中央大學
　　客家政治經濟與政策研究所在職專班，2008年。

8　連梓鈞，《從語言接觸之觀點探討客家聚落的族群互動關係 —— 以新屋鄉笨港
　　村為例》，國立中央大學客家政治經濟研究所碩士論文，2011年。

9　根據內政部戶政司2017年6月人口資料，見
　　http://www.ris.gov.tw/latestmessage/-/asset_publisher/i42D/content/%E6%B0%91
　　%E5%9C%8B106%E5%B9%B46%E6%9C%88%E6%88%B6%E5%8F%A3%E
　　7%B5%B1%E8%A8%88%E8%B3%87%E6%96%99%E5%88%86%E6%9E%90
　　;jsessionid=6487A97C98C3FA49298FD286710FBF1F?redirect=http%3A%2F%2
　　Fwww.ris.gov.tw%2Flatestmessage%3Bjsessionid%3D6487A97C98C3FA49298F
　　D286710FBF1F%3Fp_id%3D101_INSTANCE_i42D%26p_p_lifecycle%3D0%
　　26p_p_state%3Dnormal%26p_p_mode%3Dview%26p_p_col_id%3Dcolumn-2%2
　　6p_p_col_count%3D1，引用日期2017年7月28日。

10　為落實憲法保障多元文化精神，傳承與發揚客家語言、文化，繁榮客庄文化
　　產業，推動客家事務，保障客家族群集體權益，建立共存共榮之族群關係，
　　特制定《客家基本法》於2010年1月公布實施，見
　　http://www.hakka.gov.tw/content.asp?mp=1&CuItem=60464，引用日期2017年7
　　月27日。

況來看，符合定義的客家人口比例最高的前五個縣市，依序為新竹縣（71.6%）、苗栗縣（64.6%）、桃園縣（39.2%）、花蓮縣（31.7%）及新竹市（30.1%）。[11]再以各鄉鎮市區客家人口比例繪製成地理資訊分佈圖（GIS），客家人口群聚最集中的地區，係在桃竹苗三個縣市。[12]

另再據《103年度臺閩地區客家人口推估及客家認同委託研究成果》，調查全國客家人口比例為18.0%，推估客家人口總數為420.2萬人。從不同縣市客家人口分布情況來看，符合定義的客家人口比例最高的前五個縣市，依序為新竹縣（69.5%）、苗栗縣（62.2%）、桃園縣（39.1%）、花蓮縣（31.9%）及新竹市（30.5%）。[13] 從客委會連續二次委外研究，結果數字雖略有不同，但顯示前五名的縣市次序依舊未變。

根據《客家基本法》第六條規定：「鄉鎮市區有超過三分之一以上為客家人口時，則列為客家文化重點發展區，加強客家語言、文化與文化產業之傳承及發揚」，行政院客家委員會根據2010年4月26日《99年至100年全國客家人口基礎資料調查》，公布「客家文化重點發展區（鄉鎮市區）」，包含桃園縣、新竹縣、新竹市、苗栗縣、臺中縣、南投縣、高雄縣、屏東縣、花蓮縣、臺東縣等十個縣市六十個鄉鎮市。其中，桃園縣計有

---

11 行政院客家委員會編，《99 年至 100 年全國客家人口基礎資料調查》（臺北：編者，2011 年），頁 31。

12 行政院客家委員會編，《99 年至 100 年全國客家人口基礎資料調查》（臺北：編者，2011 年），前引書，頁 33。

13 行政院客家委員 http://web3.hakka.gov.tw/ct.asp?xItem=43944&ctNode=1894&mp=1869&ps=，引用日期 2017 年 7 月 28 日。

中壢、觀音、平鎮、龍潭、楊梅、新屋和大園[14]，都是桃園縣客家人口較為集中的鄉鎮市區，而新屋鄉比例76.56%，成為客家人口密度高居全縣之冠的鄉鎮。[15]另考察臺灣客家的流布，臺灣地區客家人口主要分布在北部，桃園縣的客家人數名列全國第三，其中，新屋鄉的客家人，客家意識高過桃園縣其他客家鄉鎮[16]，然而有關研究桃園新屋客家的學位論文如上所述，顯然尚有很大的研究空間。

　　「方志」是「地方志」的簡稱，其以一定體例反映一定地區的地理、政治、社會、經濟、文化、教育、軍事、文化、人物、自然現象、自然資源等現狀與歷史，為一綜合性與資料性的著述。[17]本文主要依據桃園市政府、新屋鄉公所為詳實記載地方之政治、經濟、社會、文化等，近年來分別出版《新修桃園縣志》[18]、《新屋鄉志》[19]，另再輔以其他文獻與資料，進而探

---

14 桃園縣大園鄉於 2004、2008 年的「全國客家人口基礎資料調查研究」之客家文化重點發展區兩次調查，皆未被列為客家鄉鎮，2010 年經由區間估計，以估計誤差值為 4.54 個百分點，首度被列入為客家鄉鎮，由此計算桃園縣的客家鄉鎮市已高達七個鄉鎮市。見行政院客家委員會編，《99 年至 100 年全國客家人口基礎資料調查》（臺北：編者，2011 年），頁 38-40。

15 內政部戶政司 99 年 12 月人口資料，見 http://www.ris.gov.tw，引用日期 2013 年 5 月 9 日

16 2004 年行政院客家委員會針對全國客家籍人口進行調查，該項調查中，新屋鄉有 76.1%的人「自我認同為客家人」；其次，以「自我族群認定」、「血緣認定」、「語言認定」任選其一，有 88.1%的新屋鄉人廣義認定自己是客家人。再以「血緣、語言」定義客家人，新屋鄉有 60.1%的人，其父母皆為客家人者；78.7%的人，其父母一方為客家人；82.9%的人，其祖先有客家人；76.7%的人會說、聽客家話。以上各項調查比例，新屋鄉所得數據，都是全縣之冠。見行政院客家委員會編，《全國客家人口基礎資料調查研究》（臺北：行政院客家委員會，2004 年），頁 1-21。

17 徐惠玲，《《新修嘉義縣志》、《新修桃園縣志》之比較研究 —— 以藝文方志為例》（臺北：花木蘭出版社，2014 年 3 月）。

18 總編纂賴澤涵，《新修桃園縣志》（桃園：桃園縣政府，2010 年）。

19 總編纂尹章義，《新屋鄉志》（新屋：新屋鄉公所，2008 年）。新屋鄉於 1946

究新屋沿海客家聚落及漁業，並說明區域發展，如何影響當地
聚落及漁業，可做為資政參考。

第一節　方志中有關新屋客家之書寫

　　目前有關新屋客家族群的書寫，除有《新屋鄉志》全志書
寫外，尚有《新修桃園縣志》的〈人物志〉[20]、〈住民志〉[21]、〈宗
教禮俗志〉[22]、〈地方自治志〉[23]、〈經濟志〉[24]、〈開闢志〉[25]、
〈地理志〉[26]、〈勝蹟志〉[27]等分志，亦有相關論述，茲先以表格
分述如下：

方志名稱	有關新屋書寫頁數及內容	全志頁數	書寫新屋比例
《新修桃園縣志・開闢志》	計有 27 頁。主要介紹新屋鄉開闢過程、村里地名，指出新屋鄉耕地全為水田，稻產佔全縣第一位，並有永安漁港，池塘養魚亦趨專業化。	374	7.2%

　　　年 10 月建制，2008 年 9 月印刷出版《新屋鄉志》，是全鄉首部方志，全志共
　　　計上、下兩冊、八十餘萬字，由中國文化大學教授尹章義率領編纂團隊纂修
　　　而成，全志時間斷限上起史前時代，下迄 2005 年底。
20　總編纂賴澤涵、編纂謝艾潔，《新修桃園縣志・人物志》，前引書。
21　總編纂賴澤涵、編纂尚世昌，《新修桃園縣志・住民志》，前引書。
22　總編纂賴澤涵、編纂黃運喜，《新修桃園縣志・宗教禮俗志》，前引書。
23　總編纂賴澤涵、編纂劉阿榮，《新修桃園縣志・地方自治志》，前引書。
24　總編纂賴澤涵、編纂李力庸，《新修桃園縣志・經濟志》，前引書。
25　總編纂賴澤涵、編纂陳立文，《新修桃園縣志・開闢志》，前引書。
26　總編纂賴澤涵、編纂潘朝陽，《新修桃園縣志・地理志》，前引書。
27　總編纂賴澤涵、編纂吳學明，《新修桃園縣志・勝蹟志》，前引書。

《新修桃園縣志‧住民志》	計有 53 頁。主要收錄客家人口、客家族群、客家特有風俗習慣與傳統祭典、客家諺語、歇後語、謎語、歌謠等。	420	12.6%
《新修桃園縣志‧宗教禮俗志》	計有 60 頁。新屋鄉計有六通寺、心善寺、善永寺（以上均為佛教寺廟）、天后宮、福興宮、深圳玄天宮、長祥宮、保生宮、蚵殼港昭靈宮（以上均為道教廟宇）、耶穌聖心堂（天主教）、新屋基督長老教會及光耀佛堂（一貫道）。其中，福興宮供奉的王爺、長祥宮供奉的五穀神農大帝、保生宮供奉的保生大帝，均分別為渡海來臺的信徒，從大陸廣東、福建泉州等地供請來臺，深圳玄天宮則是從大福建泉州南武當真武廟分靈而來。	555	10.8%
《新修桃園縣志‧地方自治志》	計有 5 頁。第四章「本縣各鄉鎮市區域及自治之概況」、第七章「鄉鎮市選舉」，書寫有關新屋鄉。	416	1.2%
《新修桃園縣志‧經濟志》	計有 79 頁。主要說明新屋鄉農業人口數為全縣數一數二，又漁民分佈亦為全縣十三鄉鎮市之冠，以 2004 年例，新屋鄉 676 戶、2,345 人高居全縣之冠，但因乏完善漁港而無法停泊大型漁港，只有近海漁業和沿岸漁業，但近海漁業自 1989 年後不斷衰退，呈現以沿岸漁業為主的趨勢，漁民都屬於兼業性質，漁民普遍採取流刺網。	682	11.5%
《新修桃園縣志‧人物志》	計有 8 頁。分別收錄曾昌茂（1723-1795）、曾大舉（1719-？）、郭振掬（字振岳，1687-？）、范姜騰	336	2.3%

	（1852-1920）、范姜萍（1892-1946）、范姜德（1907-1990）、范姜文賢（1895-？）、沈月枝（1903-1975）及羅俊興（1932-1950）都是新屋人。		
《新修桃園縣志·地理志》	計有 23 頁。主要介紹桃園縣極西位為新屋鄉蠔殼港，全縣海岸線長 43 公里，其中，有 12 公里位於新屋鄉。新屋鄉物產豐饒，鄉民主要講海陸客家話。	379	6%
《新修桃園縣志·勝蹟志》	計有 27 頁。收錄縣定古蹟范姜祖堂及永安漁港、永安海濱公園。	426	6.3%
《新修桃園縣志·藝文志》	計有 54 頁。收錄客家採茶戲曲、音樂篇客家族群歌謠、客家兒歌及文學等，油畫家吳松妹（1901-1931）、西畫家曾現澄、謝孝德、石雕藝術家姜憲明、陳麗杏，兒童文學作家羅枝土、范姜春枝，都是新屋人。	704	7.6%
《新屋鄉志》	總共有 799 頁。全志計有地理、拓墾、住民、政事、自治、建設、經濟、教育、宗教信仰、藝文、人物、大事等十二篇，介紹新屋鄉的沖積平原孕育豐富農產，向為全國重要的米倉，海岸地區有興盛的漁產與水產養殖，是一魚米之鄉等。	799	100%

　　桃園臺地從清代漢人拓墾以來，因同族群聚居，除以復興鄉為原住民為主體外，北桃園以閩南人為主、南桃園則以客家人居多。爬梳《新修桃園縣志》、《新屋鄉志》，扣除各志的文獻參考的頁數，檢視各志書寫有關新屋客家族群等內容，除《新

屋鄉志》係以書寫新屋鄉為主體，書寫新屋鄉的比例高達百分百，惟書寫相關漁業[28]之內容，分別收錄於〈經濟篇〉、〈建設篇〉，共計有 23 頁，佔全志近 3%。

此外，《新修桃園縣志》有關新屋鄉的收錄亦不少，例如〈住民志〉、〈宗教禮俗志〉書寫有關新屋鄉的比例都有一成以上；〈地方自治志〉、〈人物志〉收錄的比例約有 1.2%不等，而〈經濟志〉甚至多達 11.5%。《新修桃園縣志》收錄有關新屋鄉之政治、選舉、人物和經濟等內容，均與地方發展關係息息相關。

第二節　新屋沿海客家聚落及漁業發展

聚落，是人和自然環境交互作用下，展現出最有意義的地理景觀。[29]客家聚落在發展歷程中，因各種因素導致各聚落發展走向並不相同，因此，以下將據上述《新修桃園縣志》、《新屋鄉志》之內容，分別從先民入墾、自然環境、漁場海域、宗教信仰、地方產業、文化景點六個面向，一探新屋沿海客家聚落及漁業發展。

一、先民入墾

新屋地區原為一廣闊的荒蕪草原，相傳明鄭時期，新屋鄉蚵殼港（今蚵間、深圳兩村）即有屯田，泉州同安人許笨、李

---

28 漁業一詞，按教育部《重編國語辭典修訂本》，係指採捕或養殖水中動、植物的生產事業。
　　http://dict.revised.moe.edu.tw/cgi-bin/newDict/dict.sh?cond=%BA%AE%B7%7E
　　&pieceLen=50&fld=1&cat=&ukey=-1222688577&serial=1&recNo=5&op=f&im
　　gFont=1
29 總編纂賴澤涵、編纂潘朝陽，《新修桃園縣志‧地理志》，前引書，頁82。

建等人入墾[30]；臺灣在清領時期，清廷頒布〈渡臺三禁〉，並以「粵地屢為海盜淵藪，以積習未脫，禁其民渡臺」，但臺灣地廣人稀、具開發潛力，仍吸引閩、粵兩地冒死偷渡。查雍正年間，已知拓墾者的原鄉，計有惠州陸豐縣的黃特成；同屬姜世良派下的姜世賢、姜登文、姜仕傑、姜文能、姜文迎、姜文欽、姜公成、姜公喜等人入墾。[31]廣東惠州府陸豐、海豐縣以及泉州府等地住民陸續移居此地，從事農業拓墾、定居，形成族群村落，新屋鄉是一個以廣東客家人為主所墾的地方。

二、自然環境

新屋鄉沿海地區，在笨港村、永安漁港[32]北岸有沙灘，永安漁港南岸停車場到觀音像有礫石灘，且是社子溪、新屋溪、三七圳的出海口，有利於港滬、沿岸漁撈發展條件。在陸路交通尚未發達之前，新屋鄉沿海的民生用品，靠永安漁港（舊稱「崁頭厝」）為唯一貿易港口，當時移民們除致力於農業開墾，並在永安漁港兼營漁業、通商。此外，位於新屋溪出海口則是一、二千年前的藻礁層，藻礁可做為天然消波塊，還扮演海洋生態的重要角色。

---

30 洪敏麟，《臺灣舊地名之沿革》第二冊上（南投：臺灣省文獻委員會，1999 年），頁 79。

31 總纂修尹章義，《新屋鄉志》，前引書，頁 104。

32 永安漁港屬於縣市使用的第三級漁港，為全臺唯一客家庄為主體的漁港，1953年由漁業局及縣政府撥款興建碼頭、浚挖泊地，之後政府陸續整治，1960 年完成。漁港有二道防波堤出海中，長逾三百公尺，港內建有漁貨拍賣場、倉庫、製冰場、照明燈、漁網加染場等附屬設備。永安漁港因港水不深，為一候潮港，退潮時，漁船即不能出入，又海岸飛砂強烈，港口航道容易淤積。見黃厚源，《我家鄉我桃園》（桃園：桃園縣人與地鄉土文化學會，2005 年），頁 258。

三、漁場海域

　　新屋鄉保有客家農庄的特殊人文與風情，而當地又因地形環境，形塑漁場海域，致使沿海客家族群，除能從事農務外，尚可以事漁撈為業。按從事漁業的族群進行分析，臺灣沿海聚落從事漁業，主要係以閩南人為主[33]，惟新屋沿海客家族群從事漁業，顛覆沿海為閩南人聚集的場域的印象。

四、宗教信仰

　　〈宗教禮俗志〉收錄天后宮、保生宮等，是新屋沿海村民的重要信仰，而高密度的伯公（土地公）和祠堂[34]，則說明當地村民在宗教信仰，豐富又多元化，並不侷限於單一宗教信仰。此外，相傳新屋鄉笨子港（今笨港村）居民曾昌茂，清代乾隆年間隻來臺，見當地農田無水灌溉，乃以開鑿水圳為終生職志，擔負水圳維護、管理之職務，直到過世，仍未離開水圳，並召集圳戶立下遺囑：「余生以水圳為命。余死後，望諸君協力護圳，無使荒廢。並望將余的香爐與三界爺（三官大帝）一齊奉祀，余生平好食龜粿，若逢祭典，做紅龜粿一物上供，余願足矣。」經多年開鑿，終於完成今日所謂三七水圳，總計有農田 284 甲受益。新屋人為感念其專以水利建設蔭澤地方，乃於每年八月十五日舉行感謝祭典，。當地在每年八月十五日舉辦感謝祭典[35]，家家備紅龜粿奉祀，備極誠敬。

---

33 日創社文化事業有限公司，《桃園客家海脣人：新屋漁村展風貌》（臺北：行政院客家委員會，2011 年），頁 26。

34 日創社文化事業有限公司，《桃園客家海脣人：新屋漁村展風貌》，前引書，頁 117-141。

35 郭薰風主修，《桃園縣志》〈人物志‧立功篇〉（桃園：桃園縣文獻委員會，1968年），頁 33-34。

五、地方產業

新屋鄉從早期開發以來，即以客籍居多，居民以務農為主，農產品以稻米為主，成為桃園縣最大的米倉。新屋鄉目前以有機米，做為當地主要推廣的農特產品。此外，永興、永安、笨港三村的養殖漁業亦十分興盛，養鵝業亦非常發達，「新屋鵝肉」以肉質肥美而遠近馳名，目前已成為客家美食文化重要一環，成功建構地方特色產業，衍然成為新興的客家族群產業。

六、文化景點

新屋鄉范姜古厝於 1985 年經內政指定為三級古蹟，為極具歷史及文化價值[36]，此外，長祥宮供奉全臺規模最大的神農大帝像，及永安漁港觀海拱橋，則為當地寺廟、名勝美景代表之一。

新屋鄉沿海地區係以廣東客家人為主墾之地，人口以客家人為主體，人文薈萃，當地有極具歷史及文化的景點，宗教信仰豐富多元。入墾的先民原以務農為主，惟自然環境形塑漁場海域，境內濱臨臺灣海峽的永興、永安、笨港、深圳、蚵間五個村落，漁業興盛，客家聚落的居民，為適應生活環境，維持生計，與在地過程相互連結，長期以來，沿海地區發展出以「農業為主，漁業為輔」的聚落生活模式。新屋沿海客家聚落，其發展出來特殊的漁業文化，是經過時間的堆疊而成，聚落在地文化特色，全國獨一無二。

---

36 相傳范姜懷寬於 1854 年（咸豐四年）將原茅草屋改建現今形式的祠堂優美富麗，附近居民稱此祠堂為「新起屋」，此一名成為新屋鄉地名之由來。見總纂修尹章義，《新屋鄉志》，前引書，頁 523。

第三節　區域發展對新屋沿海客家聚落及漁業之影響

新屋沿海客家聚落，其所發展而成的漁業文化，乃為人類活動的文化產物，惟區域發展，已對當地聚落及漁業造成影響，茲分述如下：

一、產業結構改變

新屋沿海客家聚落的漁業發展，早期因受限於漁具、船隻，因此傳統漁業時期以就近從事漁業活動；1950 年到 1980 年，永安漁港興建，造成漁業活動移轉，活絡近海漁業；1980 年到 2000 年，因永安工業區興建而改變沿海漁業的產業結構，老年人增多、年輕人進入工業區工作，出海捕魚人口遞減；2000 年以後，受到貿易自由化的影響，臺灣漁業面臨漁場減少、成本上升、市場競爭壓力等，休閒漁業興起。[37]永安工業區的興建後，新屋沿海的產業結構開始發生改變，當地年輕人普遍認為捕魚工作風險高、經濟效益大不如前，紛紛外移至工業區上班，不再從事農、漁業工作，原有的漁業文化，漸漸轉向工業化發展。當地人口結構、價值觀念改變等，正衝擊新屋沿海客家聚落的漁業文化的傳承與發展。

二、聚落景觀改變

為因應漁船大型化的需求，1952 年起興建現代化永安漁

---

37 日創社文化事業有限公司，《桃園客家海脣人：新屋漁村展風貌》，前引書，頁 113-114。

港，闢新碼頭、延長防波堤、漁民活動中心、漁具漁塭倉庫、漁會辦公室等設施，1988 年政府開放各級漁港供娛樂漁業的漁船使用，漁港由單純的漁船補給，轉向休閒娛樂功能。隨著休閒活動發展，看船、看海的人口湧入港區，1997 年起，桃園縣政府在永安漁港堤外的海埔新生地，南岸建立漁貨中心直銷大樓，北岸供攤販開設美食廣場，推出新屋濱海遊憩區、永安漁港北岸觀光娛樂區。[38] 為兼具觀光事業發展，永安漁港於 2001 年開始興築長 115 公尺、高 17 公尺的觀海拱橋與觀海涼亭等設施[39]，成為聚落的特殊人文景觀。

三、海岸線變遷

桃園縣海岸為沙質海岸，略成弧形，總長 43 公里，濱海觀音、大園、蘆竹、新屋四鄉鎮，沿海平原多為平直沙岸，無天然港口。〈地理志〉利用地理資訊系統（GIS）數值資料進行比對，自 1957 年以後，全縣海岸開始呈現出侵蝕後退狀態[40]，其中，大堀溪到福興溪之間的新屋沿岸，情況亦然。桃園縣海岸線迅速受到侵蝕，與海水面上昇、河川上游興建石門水庫、攔沙壩、抽採砂石等不無關係。目前全縣已核定或規畫中的大型開案甚多，日後若全部開發，勢必將對海岸生態造成嚴重威脅。

四、藻礁受到危擊

新屋溪口附近有珊瑚礁層分佈，珊瑚礁是五千年前地球冰河時期結束後，氣候溫暖，海水較高時形成的，礁層是環境變

---

38 黃厚源，《我家鄉我桃園》，前引書，頁 258。
39 《聯合報》，2001 年 11 月 1 日，第 18 版。
40 總編纂賴澤涵、編纂潘朝陽，《新修桃園縣志‧地理志》，前引書，頁 7。

遷遺留下來的「紀念品」，深具意義，從新屋溪口到小飯粒溪的海岸，有目前國內發現面積最大、生長最完整的藻礁地形。為有效保護藻礁，桃園縣政府在 2012 年自籌一千萬元委託專業團隊研究藻礁研究，研究方向分為藻礁本身及所蘊含生態系、週遭海岸變遷情形與各項衝擊因子探討等。[41]而桃園在地聯盟等單位則透過活動[42]，喚醒各界重視外，該聯盟總幹事潘忠政更主張，藻礁區應規畫自然保留區[43]，才能有效解決問題。

新屋沿海客家聚落的漁業文化發展已久，村民持有節儉、持家、刻苦、耐勞等客家人的精神。惟受到工業化發展、環境污染等因素，不僅海岸線、藻礁等自然地理環境生變，亦間接影響漁村的人口結構和價值觀改變，區域發展直接影響居民的移動方式與人文環境，傳統的客家農庄面臨走入歷史之虞。

---

41 桃園縣政府網站
  http://www.tycg.gov.tw/ch/home.jsp?id=7&parentpath=0,1&mcustomize=multime
  ssage_view.jsp&dataserno=201303180015&aplistdn=ou=hotnews,ou=chinese,ou=
  ap_root,o=tycg,c=tw&toolsflag=Y 引用日期 2013 年 4 月 1 日。
42 劉愛生，〈搶救藻礁　爭規畫自然保留區〉，《聯合報》2013 年 4 月 21 日，第
  B1 版
43 筆者於 2013 年 4 月 21 日，以電話訪問桃園在地聯盟總幹事潘忠政。

第七章　臺灣方志與歌謠書寫

—— 以原住民族〈澹水各社祭祀歌〉為例

　　連雅堂在《臺灣通史》有云：「臺灣固無史也。荷人取之，鄭氏作之，清代營之，開物成務，以立我丕基，至於今三百有餘年矣」[1]，此雖說明臺灣史係由歷代各族群遷臺人士，不分族群共同努力經營而成的珍貴果實，但連氏並未將原住民在臺灣的過往事蹟列入臺灣史，不盡完備。惟在政府大力推動下，近年來，有關臺灣原住民之研究豐碩，其中，有關泰雅族等原住民族的語言和文化，經政府、學界與民間人士努力採集，計有曾秋心《織布文化與口傳文學以泛泰雅族群為主》（2012）、蘇宇薇《泛泰雅族群口傳文學中的 Gaga 思想》（2011）、許家真《口傳文學的翻譯、改寫與應用：以布農族為觀察對象》(2005)、陳莉環《邵族口傳文學研究》（2003）、《台灣烏來泰雅族口傳文學研究》（2002）等碩士論文，及林道生《台灣原住民族口傳文學選集》（1996）、巴蘇亞・博伊哲努（淵忠成）《台灣原住民的口傳文學》等研究論文與專書等，學界有關高山族的口傳文學[2]，

1　連雅堂，〈臺灣通史序〉，《臺灣通史》（台北：臺灣省文獻委員會，1976 年）。
2　統計有關口傳文學的相關學位論文研究，目前計有〈織布文化與口傳文學–以泛泰雅族群為主〉、〈《宜蘭縣口傳文學》中的鄉土文化〉、〈泛泰雅族群口傳文學中的 Gaga 思想〉、〈口傳文學的翻譯、改寫與應用：以布農族為觀察對象〉、〈邵族口傳文學研究〉、〈台灣烏來泰雅族口傳文學研究〉六篇碩士論文

早已開始展開研究的觸角；而平埔族的相關文學，則因平埔原住民漢化，頻臨消失，可供參考的文獻嚴重不足，對於平埔族的口傳文學研究，突顯困難卻又富有高度挑戰性的工作，本文初稿係依據〈桃園平埔原住民族〈澹水各社祭祀歌〉研究〉一文，重新修訂而成，初稿則曾發表於《銘傳大學中國文學之學理與應用學術研討會論文集》。以下則茲以「臺灣平埔原住民分佈與現況」、「臺灣平埔原住民流傳的歌謠」、「〈澹水各社祭祀歌〉反映的思想」三節，分別進行論述。

第一節　臺灣平埔原住民分佈與現況

　　從語言的種種跡象來看，臺灣島上的各種土著民族在本島上定居至少有數千年之久，他們的祖先就叫做古南島民族，活動的年代大約在五千年以前。[3]從台南縣左鎮文化、台東縣長濱文化與卑南文化、台北縣十三行文化等，自日治時期迄今，在台灣各地發現的文化遺址，及玉器、陶器、石器、骨角器和鐵製用品等各式各樣出土的器物，證明臺灣先民已有相當的文化內涵，及綿長而豐富的文化傳統。

　　平埔原住民族是臺灣原住民族的一支，有關平埔原住民族名稱、族群與分佈情形，茲分述如下：

---

3 總纂劉寧顏，《重修臺灣省通志》卷三〈住民志同冑篇〉（南投：臺灣省文獻委員會，1995 年 5 月），頁 151。

一、平埔族名稱

「平埔族」一詞，就字面的意思而言，「平埔」二字係指「平地」；「族」則是指稱某一特定的人群，「平埔族」則是「居住在平地的人群」，居住在臺灣平野地區的「原住民族」。明萬曆 30 年（1602）沈有容率兵襲擊以「東番」（臺灣）為根據地的日本人，隨軍而來的陳第，對臺灣西南部的原住民有詳細的觀察，並將見聞撰成〈東番記〉（1603），對「平埔族」已有完整的描述，陳第並以「東番」或「東夷」用來稱呼台灣的原住民；「西番」和「西夷」則用來稱呼前來中國通商的西方人，如荷蘭人與西班牙人。〈東番記〉成為第一篇現地描繪臺灣原住民的中文文獻。

漢人到臺灣落腳之前，大約早在三千五百年前，原住民族群已到達臺灣居住[4]，至於原住民各族群是何時何地如何移來臺灣，迄今並無定論。而這些比漢人更早居住在台灣平原地帶的不同人群，由於和漢人的語言、文化都不相同，因此在早期的臺灣歷史文獻中常被稱為「番」。「番」的稱呼，是以漢文化為中心，以不同的「文化」做為區分的標準，區分「漢」與「非漢」的民族，有文化的是「民」（漢），沒文化的是「番」（非漢）。

清領時期臺灣始修方志，康熙二十三年（1684）臺灣首部方志《臺灣府志》（蔣志）中〈土番風俗〉有載：「土番之俗，與吾人異者，重生女而不重生男。男則出贅於人，女則娶婿於

---

4 浦忠成，《原住民的神話與文學》（臺北：臺原出版社，1999 年 6 月），頁 28。

家也。」[5]另以「番人」、「番婦」、「番民」稱呼原住民。康熙五十五年（1716）以後，多部方志開始以不同名詞稱呼原住民，例如：

> 內附輸餉者曰熟番；未服化者曰生番，或曰野番。[6]（《諸羅縣志》）

> 臺灣西面一帶沃野，東面俯臨大海，附近輸賦應徭者，名曰「平埔」土番。（《海國聞見錄》〈東南洋記〉）[7]

> 服飾富者鳥布為衣，嗶吱為抄陰、為方ネ曼，如平埔熟番之制……。（《重修鳳山縣志》）

> 蘭番居，在內山者，好居高峻，以瞭望防守。在近港者，原聚平地，以耕種漁獵。故蘭之化番，或謂之平埔番，以其皆處於平地也。[8]（《噶瑪蘭廳志》）

　　由上可知，臺灣在清領時期，首部縣志《諸羅縣志》已有「熟番」、「生番」的記載；到了雍正六年（1728 年），陳倫炯在《海國聞見錄》所載「平埔土番」，則成為「平埔」一詞最早出現的文獻。一直到《重修鳳山縣志》（1764）、《噶瑪蘭廳志》（1851）問世，始有「平埔熟番」之記載。

5　（清）蔣敏英纂，《臺灣府志》（南投：臺灣省文獻委員會，1993 年 6 月），頁59-60。

6　（清）周鍾瑄等人著，《諸羅縣志》（臺北：臺灣銀行經濟研究所，1985 年 5 月），頁 92。

7　（清）陳倫炯，《海國聞見錄》，四庫全書珍本，頁 13。

8　（清）陳淑均等人著，《噶瑪蘭廳志》（臺北：臺灣銀行經濟研究所，1985 年 5月），頁 115。

　　此外，清領時期，郁永河在《裨海紀遊》（又名《採磺日記》）中，針對平埔人，則有以下描述：

> 若夫平地近番，冬夏一布，粗糲一飽，不識不知，無求
> 無欲。自遊於葛天，無懷之世；有擊壤、鼓腹之遺風；
> 亦恆往來市中，狀貌無甚異，惟兩目拗深瞪視，似稍別；
> 其語多作都盧嘓轆聲。[9]

　　「平埔番」、「平埔熟番」一詞，雖然很早就出現在清朝的文獻中，此乃主要是為了對「生番」與「高山番」有所區別。而郁永河則認為，平埔族的外觀並沒有特別的地方，可能是他們已經與臺灣的漢人一樣。

　　1895 年臺灣割日後，日本殖民帝國統治臺灣期間，日本殖民政府為了有效治理臺灣，花費許多人力、物力，對臺灣的人群與土地進行全盤的調查與研究，也展開了臺灣族群的分類工作。早期，日本學者認為居住在平原地區的原住民大多已經漢化，將人群分類的重點放在「高山族」。後來，日本學者對文化漸行消失的平地原住民有了較多的瞭解之後，也開始將發現到所謂的「平埔族」，伊能嘉矩發現平埔族的語言，多用開喉音[10]，相當於郁永河所說的「都、盧、嘓、轆」音。

　　所謂「平埔族」隱含了兩個意涵：「平埔」與「熟埔」。「平埔」一詞較流行於民間；而「熟番」是較官方的用語。十年前民間所謂的「平埔」、「平埔仔」、「平埔番」主要是分布在宜蘭、花東、恆春、屏東一帶，近年由於媒體的傳播，「平埔」或「平

9　（清）郁永河，許俊雅校釋，《裨海紀遊校釋》（臺北：國立編譯館，2009 年6 月），頁 182-183。
10　伊能嘉矩著、楊南郡譯，《平埔族調查旅行》（臺北：遠流出版公司，1996 年9 月），頁 60。

埔仔」已經是通稱了，「平埔族」一詞甚至成為「族稱」。[11]

二、平埔族族群

　　日本學者伊能嘉矩、粟野傳之丞在《臺灣番人事情》一書中，對平埔族加以有系統的分類，其後伊能嘉矩又著《臺灣番政志》，將平埔族的分類加以修正為：凱達格蘭族（Ketagalan）、噶瑪蘭族（Kavarawan）、道卡斯族（Taokas）、拍宰海族（Pazzehe)、拍暴拉族（Vupuran）、巴布薩族（Poavosa）、阿立昆族（Arikun）、羅亞族（Lloa）、西拉雅族（Siraya 或 Siraiya）、以及馬卡道族（Makattao）等十族。

　　近年學者又有新的分類看法，日本語言學者土田茲在一九八五年的分類中，將平埔族分為十二族：噶瑪蘭(Kavalan)、馬賽（Basay）、凱達格蘭（Ketagalan）、龜崙(Kulon)、道卡斯（Taokas)、拍宰海(Pazeh)、拍瀑拉(Papora)、巴布薩(Babuza)、洪雅（Hoanya）、西拉雅（Siraya）、馬卡道族（Makattao）以及大武壠(Taivoan)。

　　臺灣語言學者李壬癸則有不同的看法，李氏在一九九二年〈台灣平埔族的種類及其相互關係分類〉一文中，提出平埔族計有七族十四支：卡瓦蘭(Kavalan)、凱達格蘭（Ketagalan，下分：馬賽（Basay）、雷朗（Luilang）、多囉美（Trobian）等三支）、巴布蘭（Baburan，下分：道卡斯（Taokas）、拍瀑拉（Papora）、貓霧（Babuza）、費佛朗(Favoran)等四支）、拍宰海（Pazeh）、洪

---

11 中央研究院民族學研究所數位典藏 http://www.ianthro.tw/p/39，引用日期 2017 年 6 月 1 日。

雅（Hoanya）、西拉雅（Siraya，下分西拉雅（Siraya）、馬卡道族（Makattao）以及大武壠(Taivoan)等三支）。[12]

　　平埔族群的分類，以上各家學者甚有出入。而行政院原住民族委員會官方網站則計有：噶瑪蘭（Kavalan）、凱達格蘭（Ketagalan）、道卡斯（Taokas）、巴宰（Pazeh）、拍瀑拉（Papora）、巴布薩（Babuza）、洪雅（Hoanya）、西拉雅（Siraya）、馬卡道（Makatau）。[13]

三、平埔族分佈

　　有關臺灣的平埔族分佈概況，本文主要依據行政院原住民族委員會的統計調查如下：

（一）噶瑪蘭族

　　十九世紀前主要分佈於蘭陽平原，有四十個左右部落，以蘭陽溪為界，分散於溪北、溪南海拔大約 5-10 公尺的低濕平地上。荷蘭時代的人口，約有一萬人左右；漢人入宜蘭時（1810年），則約有五千人。道光、同治、光緒年間，由於生存競爭壓力大，族人除在宜蘭境內小幅移動或遷往今三星鄉外，餘者遷往花蓮等地，開創新天地。

---

12 中央研究院民族學研究所數位典藏 http://www.ianthro.tw/p/41，引用日期 2017年 6 月 1 日。

13 原住民族委員會官方網 http://www.apc.gov.tw/portal/docList.html?CID=6726E5B80C8822F9 引用日期 2017 年 7 月 28 日。

（二）凱達格蘭族

是馬賽人、雷朗人、龜崙人三群人的總稱。馬賽人，主要指北濱地區的金包里、大雞籠、三貂三個社群；雷朗人的分佈，以大漢溪、新店溪流經的臺北平原為主；龜崙人，大致散居在林口台地的南崁溪流域、大漢溪中上游到桃園一帶。

（三）道卡斯族

指鳳山溪到大甲溪之間新竹、苗栗、臺中縣地區的原住民；即清代以後，所謂的竹塹社、後壠五社與蓬山八社等三大社群。

（四）巴宰族

為清代中部地區歷史舞臺上最活躍的民族；以岸裡、朴仔離、阿里史、烏牛欄四大社群為主，分佈在環繞豐原，北起大甲、南到潭子、東至東勢、西迄大肚山，大安溪與大肚溪之間的地域。

（五）拍瀑拉族

主要有大肚、水裡、沙轆、牛罵四社；地理分佈上，係在大肚溪以北、清水鎮以南、大肚臺地以西的海岸平原。

（六）巴布薩族

有東螺、二林、眉裡、半線、紫仔坑、阿束、馬芝遴、巴布薩等社，大致分佈在大肚溪以南，到濁水溪以北的地域。

（七）洪雅族

分佈在北起臺中縣霧峰、南迄臺南新營以北的地帶，可以分成 Lloa、Arikun 兩支，約有十三社。

（八）西拉雅族

一般又區分為兩群：西拉雅四大社 —— 即原住於臺南平原的新港、大目降、蕭壠、麻豆四社，及大武壠四社 —— 原住於臺南縣烏山山脈以西，曾文溪流域平原地帶的頭社、霄里、芒仔芒、茄拔四社。

（九）卡道族

原住於鳳山地方高屏溪到大武山腳的廣大平原上，即清代文獻中非常著名的「鳳山八社」。

台灣居住著各種族群，其中原住民族約有五十三萬人，佔總人口數的百分之二，目前經政府認定的原住民族計有：阿美族、泰雅族、排灣族、布農族、卑南族、魯凱族、鄒族、賽夏族、雅美族、邵族、噶瑪蘭族、太魯閣族、撒奇萊雅族、賽德克族、拉阿魯哇族、卡那卡那富族等十六族，各族群擁有自己的文化、語言、風俗習慣和社會結構。[14] 惟經仔細檢視，以上僅有噶瑪蘭族[15]是所有平埔族群之中，唯一被官方認定的平埔原住民族。

---

14 原住民族委員會官方網 http://www.apc.gov.tw/portal/docList.html?CID=6726E5B80C8822F9 引用日期 2017 年 7 月 28 日

15 2002 年 12 月 25 日早上十點三十分，「噶瑪蘭族」被行政院正式宣佈成為原住民族第十一族。

　　「噶瑪蘭」一詞，在噶瑪蘭語是「平原的人」之意；自 17 世紀起此一名詞就經常以 Cabalan 或 Kavalan 等發音出現在西班牙或荷蘭文獻，並以「蛤仔難」、「甲子蘭」、「哈仔瀾」等不同中譯出現在漢人紀錄中。最初是蘭陽平原的居民，用以區別當時山區原住民的名詞。19 世紀末伊能嘉矩採用這個名詞作為宜蘭附近平埔族的族名。1796 年（清嘉慶元年）吳沙率領漢人移民進入宜蘭開墾之前，蘭陽平原都是原住民的生活場域，並且建立有不少聚落；清代方志一般通稱之為「哈仔難三十六社」。[16]

　　1810 年（嘉慶 15 年）噶瑪蘭被清政府納入版圖之後，由於漢人大量的移居開墾，很快造成噶瑪蘭人的土地流失，因而不得不在十九世紀中葉清末時期離開原居地，大批往南遷徙至花蓮和台東一帶定居。居住在宜蘭地區的噶瑪蘭人，因為國家體制、混居互動和外來強勢文化等影響，造成社會快速變遷；相較之下，花東地區的噶瑪蘭人雖然也混居在不同族群之間，但是過去由於交通往來較為不便，因此還有不少語言和文化傳統還能保存至今。2002 年「噶瑪蘭族」正名成功，正式成為臺灣原住民的第十一族，這也是平埔各族當中第一個被官方認定的族群，目前有 800 多人登記族籍。

　　從語言、社會、文化、體質上的特徵來看，平埔族和高山原住民一樣，都是屬於「南島語民族」（Austronesian Linguistic Family）的一支。由於地緣上濱海的因素，平埔族與亞洲其他地

---

16 http://www.pinpu.digital.ntu.edu.tw/overview_b.php 國科會國家型科技計畫 —— 臺灣大學數位典藏創新應用前鋒計畫(EPEE)1930 年代臺灣平埔族群影音資料整合應用與推廣放映計畫。

區的南島語族，一直以舟船互有來往；卻也同樣因地緣關係，當臺灣浮現於世界歷史的舞臺後，不得不首當大量來臺之外來人群政治、經濟、語言、文化等力量的衝擊，平埔族面臨族群文化認同與抗爭、消失與保存等危機。

日本殖民政府時期的戶籍登記文獻顯示，當時被認定為「熟番」的平埔族人約有五十多萬人，但是國民政府來台後，在 1954年（民國四十三年）以一紙行政命令將居住在平地的平埔族人視為漢人，以致於大部分的平埔族群失去原住民身分，甚至現在還有學者認定平埔族文化已經消失。然而，平埔族群並不是消失，而是隱藏，在過去漢文化主流價值觀，平埔族群為求生存只能隱瞞身分，但是近幾年來，平埔族的正名活動不斷[17]，此外，平埔族還有很多活動[18]和祭典儀式都還是持續地進行。

四、桃園地區平埔原住民分佈與現況

桃園，原名「桃仔園」，明鄭隸天興縣（鄭經改天興州）。清領臺灣，初隸諸羅縣，雍正元年（1723）改隸淡水廳淡水堡，光緒五年（1879）淡水廳分為淡水、新竹二縣，桃園乃分隸兩

---

17 例如 2014 年 12 月 5 日，行政院原住民委員會首次辦理原住民與平埔族群語言文化復振研討會，希望建立原住民委員會、官方原住民族與平埔族群的溝通機制，面對原住民族生存發展問題、平埔族群文化復振與正名問題，研商對策解決問題，雖然這次研討會中平埔族群正名問題，並沒有提出一致解決策略，但不可否認的是平埔族群的正名已經獲得部分官方原住民族群肯定。

18 例如第二屆臺南市西拉雅文化節 Ayalam-a Siraya」系列主題活動，於 2013 年 11 月 3 日至 12 月 22 日登場，活動地點分別在臺南市左鎮國小、拔馬平埔文物館、臺灣文學館等地，安排藝文演出、古今展覽、文學講座、部落交流等活動內容。

縣；日據之初，隸臺北縣；明治三十年（1897）設桃仔園、中壢兩辦務署；明治三十四年（1901）設桃仔園廳；明治三十六年（1903）改名桃園廳。民國三十四年（1945）十月臺灣光復，初隸新竹州。民國三十九年（1950）九月臺灣省調整行政區域，始由新竹縣分設桃園縣。[19]

按上述平埔原住民族的族群分佈情形，桃園地區的平埔原住民族，被歸類為支系凱達格蘭族，凱達格蘭族則是馬賽人、雷朗人、龜崙人三群人的總稱。其中，龜崙人散居在林口台地的南崁溪流域、大漢溪中上游到桃園一帶。據《新修桃園縣志》所記載，桃園地區的原住民主要是以平埔族和泰雅族為主[20]，而平埔族則以「南崁四社」為主。

「南崁四社」乃指「南崁社」、「霄裡社」、「龜崙社」、「坑仔社」。據張素玢[21]考證「南崁四社」的地理位置，茲分述如下：

（一）南崁四社地理位置

1、南崁社

位於林口臺地南側下方，以及南崁溪支流包括大坑溪、羊稠坑溪、營盤坑溪等流域，行政區域有蘆竹鄉南崁村、內厝村、五福村、龜山鄉大坑村、南上村及蘆竹鄉山鼻村之一部分。

---

19 國立中央圖書館臺灣分館特藏資料編纂委員會編纂，《臺灣文獻書目解題》第一種方志類（二）（臺北：國立中央圖書館臺灣分館，1988 年），頁 125-126。
20 陳立文，《新修桃園縣志・開闢志》（桃園：桃園縣政府，2010 年 9 月），頁 40。
21 張素玢，〈南崁地區的平埔族〉，收於劉益昌、潘英海主編，《平埔族群的區域研究論文集》（南投：臺灣省文獻委員會，1998 年），頁 64-65。及張素玢、詹素娟，《臺灣原住民史平埔族史篇（北）》（南投：臺灣省文獻委員會，2002 年 3 月），頁 172-173。

2、坑仔社

位於林口臺也的西側，地處南崁溪支中游的坑仔溪谷地中，行政區域上分屬於蘆竹鄉坑子村、外社村、山鼻村，以及部分的坑口村與山腳村。

3、龜崙社

位於南崁溪上游谷地，在行政區域除大坑及南上村外，整個龜山鄉幾乎屬於龜崙社舊地。

4、霄裡社

包括番仔寮臺地和龍潭臺地，活動範圍從霄裡東南的大溪社角、番仔寮，西南到平鎮市的社仔、楊梅水尾、龍潭九座寮、銅鑼圈，大致從桃園臺地南端到龍潭臺地之間，呈東北西南走向的狹長區域。

「南崁四社」的活動範圍，從現今林口臺地西南部至楊梅社仔溪以北，大漢溪以東，西至海，平埔族在桃園地區的開發，以南崁一帶最早。南崁溪全長約四十多公里，發源於林口台地菜公堂附近之牛角坡，向南流經舊路坑，折向西南流，於新路坑會合楓樹坑溪，轉向西北經大湳溪及小湳溪之間，流經水汴頭，會合茄苳溪、大坑溪、坑子溪，至竹圍的南崁港入海。沿途流經龜山鄉、桃園市、蘆竹鄉、大園鄉，主要支流有楓樹坑溪、大湳溪等。南崁溪全長約四十餘公里，是桃園縣北區的重要河川，石門水庫、桃園大圳未興建之前，沿溪四鄉鎮近萬公

頃農田，大多靠南崁溪供應灌溉和飲用水。[22]「南崁社」、「霄裡社」、「龜崙社」、「坑仔社」，合稱「南崁四社」，但事際上，「霄裡社」的地理環境，則獨立於其他三社。

（二）南崁四社早期生活

臺灣早期與中國大陸遠隔重洋，又是一個新開闢之處，根本無書可錄，文化程度不高，缺乏地方官私書檔，文獻記錄鳳毛鱗角。清康熙二十三年（1683）臺灣納入清領版圖，清領時期臺灣始有方志，臺灣首部縣志《諸羅縣志》（1716~1717）針對臺灣各地番人的形貌、服飾、飲食、廬舍、器物、雜俗、方言等皆有收錄，例如：

> （廬舍）南崁以上諸番，或架木，以板為屋，形如覆舟；（飲食）淡水雞籠各社不藝圃，無蔥韭生菜之屬，雞最蕃，客至殺以代蔬，弗之貴也。寶冬瓜，官長至，抱瓜以獻，佐以粉餈，雞則以犒從者。[23]

康熙六十一年（1722），臺灣首任巡臺御史黃叔璥渡海來臺任職後，將其所見、所聞分類記錄於《台海使槎錄》，這本筆記文集成書於清領初期，收錄於《四庫全書》[24]。黃叔璥在《台海使槎錄》一書中，以「體盡矮矢亞，趨走促數。又多斑癬。狀

---

22 黃浩明，《龜山鄉志》（龜山：龜山鄉公所，1997 年 10 月），頁 56-57。

23 （清）周鍾瑄等人著，《諸羅縣志》（臺北：臺灣銀行經濟研究所，1958 年 5 月），頁 93-98。

24 （清）黃叔璥，《台海使槎錄》，收入於《四庫全書‧史部‧地理類》，（臺北：商務印書館景印文淵閣四庫全書，1983 年）第 592 冊，附有《台海使槎錄》提要。

如生番。」[25]形容南崁、坑仔、龜崙等社的平埔族。對於南崁等社的平埔族人的居處、飲食、衣飾、婚嫁、喪葬、器用等，則有以下詳細的記載：

居處：

澹水地潮濕，番人作室，結草構成，為梯以入，舖木板於地；亦用木板為屋，如覆舟，極狹隘，不似近府縣各社寬廣，前後門戶式相類。

飲食：

番多不事耕作，米粟甚少，日三餐具薯芋；餘則捕魚蝦鹿麂。採紫菜、通草、水藤交易為日用，且輸餉。亦用黍米嚼碎為酒，如他社。志謂：澹水各社不藝圃，無蔥韭生菜之屬，雞最繁，客至殺以代蔬，俗尚冬瓜，官長至，抱瓜以獻，佐以粉餐，雞則以犒從者。鳥獸之肉傅諸火，帶血而食，麋鹿，刺其喉，吮生血至盡，乃剝割，腹草將化者綠如苔，置鹽少許，即食之。

衣飾：

番婦頭無妝飾，鳥布五尺蒙頭曰老鍋。頂上掛瑪瑙珠、螺錢、草珠、曰真仔贊。耳讚八、九孔，帶漢人耳環，每至力田之候，男女更新衣曰換年，會眾飲酒，以示更新。

25　（清）黃叔璥，《台海使槎錄》（臺北：臺原出版社，1957 年 11 月），頁 140。

婚嫁；

既娶曰麻民，未娶曰安轆。自幼倩媒以珠粒為定，及長而娶，間有贅於婦家者。屆期約諸親割牛豕，以黍為粿，狀如嬰兒，取葉兆熊羆之意。夫婦相聚，白首不易。婦與人私，則將姦夫父母房屋拆毀，倍罰珠粒分社番，以示家教不嚴。未嫁娶者不禁。

喪葬：

番亡，用枋為棺，瘞於厝邊，以常時什物懸墓前。三日外，闔家澡身除服；又與別社期年、三月、十日者不同。

器用：

無田器，耕以耡。平日所佩，鏢刀弓箭之屬；厝內所用，木扣螺椀之類。[26]

據黃叔璥在《台海使槎錄》觀察，南崁、坑仔、龜崙諸番而其生活樣貌：「居住的房屋是木造，屋頂屋內的地面都是木板舖蓋，家人蹲踞於木板上。平埔族人不從事耕作，米粟吃得很少，三餐以蕃薯和芋頭做為主食，還會捕魚抓蝦狩獵鹿麂，採集水生植物紫菜，把黍米以口嚼碎釀酒，雞肉是最常吃到的食物，只要有客人到訪以雞肉替代蔬菜，而他們最愛吃冬瓜，只要有清廷官吏一到，即以冬瓜獻貢，撒些佐料即食用，雞肉則給身旁的跟從吃。對於鳥獸的肉則以火煮熟後，帶血而吃。獵到麇鹿，則刺其喉，吸吮生血至盡，然後剝割其皮毛。採回的野草，撒一點鹽巴，就可以吃了。

---

26 （清）黃叔璥，《台海使槎錄》，前引書，頁136。

而婦人頭上沒有任何飾品，但她們會在頭頂上會掛些瑪瑙珠、螺錢、草珠，耳朵鑽八、九個耳洞，佩帶漢人帶的耳環。為迎新年，他們會穿新衣，大眾一起喝酒慶賀。人死，就以枋木做棺，埋在住家旁邊，墓前掛些常用物品，葬禮結束三日後，全家即可除去喪服。農耕使用農具，男人身上佩帶鏢刀弓箭，屋內所用的器物，則則是木、螺製品。」

此外，黃叔璥在《台海使槎錄》又提到：「番多不事耕種，米粟甚少，日三餐俱薯芋；餘則捕魚蝦鹿麂。採紫菜、通草、水藤交易為日用且輸餉，易用屬米嚼碎為酒，如他社。」[27]由以上的描述可知，社民以地瓜、芋頭為主食，並且就溪捕蝦捉魚，採食水生植物；在山林則狩獵打鹿。觀察坑仔社、南崁社、龜崙社和霄裡社分佈的地理環境，部落社民多居住在台地崖下、山麓、溪谷，或河流交會處。坑仔社、南崁社、龜崙社都居住在臨水近山處，在漢人深耕細作的農業技術尚未傳入以前，這種環境取食飲水容易，是相當理想的生活空間。

西班牙人占領臺灣北部十六年，桃園地區的平埔番人是否有直接受到西班牙人的撫化，無法詳究。明代末年，桃園地區域已有漁民、農民、商賈活動，明崇禎元年（1628）西班牙人佔領淡水，招徠平埔族、漢人傳教撫化。荷蘭據臺到清領初期，南崁四社的平埔族與外界的互動，建立在漁業和鹿、牛等獸類商業交易。其中，荷人在台灣的經營以經濟利益為主，自一六四○年開始，對歸順各社的番產交易，採包稅的「贌稅制」，獲得特許的漢人充當「社商」，和平埔族進行貿易。從此平埔族自

---

27 （清）黃叔璥，《台海使槎錄》，前引書，頁136。

給自足的經濟型態開始轉變。熱蘭遮城日誌一六五四年四月三十日條下，載有沿海漁業承包情形，南崁（Lamcam）是台灣八大漁業承包區之一[28]，除了對番社課稅，在臺灣沿海捕魚的漁船則徵收漁業稅。

　　荷治與鄭氏時代，令熟番每社選舉士官一名，代表其社，乾隆十六年（1751），龜崙社選舉武朗，乾隆三十一年霄裡社選舉知母六，南崁社選舉莫比利土目（土目，指首長，光緒十二年以後，則稱頭目）。乾隆五十一年（1786），有林爽文之亂，熟番平亂有功，官府選出健壯番丁當屯兵，設屯防衛，霄童社屬於竹塹大屯（一大屯有四百屯丁）、龜崙與南崁社屬於武勝灣小屯（一小屯有三百名屯丁）。明治三十三年，霄裡社頭目改選，明治三十六年南崁社頭目改選，然街庄長的支配下，頭目與漢人同居於閭里之中，與一般老百姓無異，頭目只做徵收番租之事，明治三十八年大租權歸於政府，頭目之名成為殘存於祖先的遺物而已。[29]至於龜崙社頭目[30]，則早在八十多年前就沒有頭目傳承了。

　　欽定四庫全書《皇清職貢圖》記載「本朝始入版圖番民有生熟二種」[31]，《皇清職貢圖》首先有描繪臺灣的原住民族畫像，其中，熟番有計有臺灣縣大傑嶺等社熟番、番婦等十六幅；生番計有鳳山縣山豬毛等社化生番、番婦十幅。按地緣，較接近

---

28 江樹生譯註，《熱蘭遮城日誌》第三冊（臺南：臺南市文化局，2011 年 5 月），頁 1654。

29 臺灣總督府民政部警察本署／蕃務本署編著，翁佳音、陳治宏譯，《平埔番調查書》（臺南：國立臺灣歷史博物館，2013 年 3 月），頁 157-160。

30 筆者 2015 年 1 月 5 日採訪永媽隆的後裔永文義所述。

31 （清）王燕緒編修，羅善徵繪圖《皇清職貢圖》卷三，四庫全書珍本，頁 24。

桃園地區南崁四社的圖畫，係為淡水廳竹塹等社的熟番圖[32]。而
《皇清職貢圖》記載，男番剪髮齊額或戴竹節帽，素衣繡緣如
半臂，下體圍花布；番婦盤髻約以朱繩，衣亦如男，常攜葫蘆
汲水蒸黍，凡淡水各社熟番俱與通事貿易。

番　婦　　　　　　　　淡水廳竹塹等社熟番

資料來源：《皇清職貢圖》。(徐惠玲翻攝)

南崁一帶的麋、鹿、野牛甚多，可能這些獸類的交易相當
頻繁，再加上南崁是漁業承包區之一，荷據時期南崁一帶的商
業遠超過農業。清領中葉以後，漢人入墾，清廷大量借助熟番

---

32 （清）王燕緒編修，羅善徵繪圖《皇清職貢圖》卷三，頁37-38。

之力，以獎功、發給贍養埔地等，招募熟番充為屯丁，平埔族
與漢人大量接觸後，經濟型態與生活方式發生改變。

第二節　臺灣平埔原住民流傳的歌謠

　　文學為語言的藝術，語言是它的本質，藝術是它的效用。[33]
遠在文字未產生以前，人類就有語言，有了語言就有文學。[34]語
言學家謝國平相信「沒有任何語言比任何其他語言為優異。……
對任何人來說，他們自己的語言就是他們之間溝通思想最有效
的工具。」[35]巴蘇亞・博伊哲努（浦忠成）認為「一種語言，即
使是口頭語言，若它能真實傳達情感思想，有一定數量的人（群）
運用，並且有相當程度的穩定性和嚴整的內在體系，也有其獨
具的歷史文化背景，則其產生的文學，自然就有一定的價值和
地位。」[36]

　　台灣各族原住民能於日常生活中製作許多足以表達簡單含
的標記、符號，但因活動人數少、地域的狹仄、以氏族為運作
單位及生活型態的限制，因此他們未能發展出一套有系統的文
字符號，沒有建立書面語的工具，而無文字以記載及其累積的
文化成果。[37]雖然臺灣原住民沒有文字，但他們僅靠著口耳相傳

33　王夢鷗，《文學概論》（臺北：藝文印書館，1994 年 12 月），頁 2。
34　朱光潛，《談文學》（臺北：五南圖書，2006 年 11 月），7-8。
35　謝國平，《語言學概論》（臺北：三民書局，1985 年 7 月），頁 17。
36　巴蘇亞・博伊哲努（浦忠成），《台灣原住民的口傳文學》（臺北：常民文
　　化，1996 年 5 月），頁 17。
37　巴蘇亞・博伊哲努（浦忠成），《台灣原住民的口傳文學》，前引書，頁 18。

的方式，延續其歷史與文化。而被民眾口口相傳的神話、傳說、
民間故事、歌謠、諺語一類口傳，發源自蓬勃生命力的民間、
流傳於民間的文學，又叫「民間文學、口傳文學」。[38]近年來台
灣本土民間文學（口傳文學）研究備受關注，民眾利用口耳相
傳，上承下遞的方式，創造、保存其獨有的歌謠、神話、傳說，
而這些歌謠、神話、傳說係由一群從事勞動者的口頭創作，經
過長時間世代傳承，即是口傳文學。

　　梳理桃園地區平埔原住民族的歌謠、神話、傳說、故事、
諺語等口傳文學，目前僅首於巡臺御史黃叔璥《台海使槎錄》〈番
俗六考〉的〈澹水各社祭祀歌〉歌謠一首，這首歌謠的歌詞如
下：

> 遲晚日拘留什（虔請祖公），
> 遲晚眉（虔請祖母），
> 街乃密乃濃（爾來請爾酒），
> 街乃密乃司買單悶（爾來請爾飯共菜）。
> 打梢打梢樸迦薩魯塞嘆（庇佑年年好禾稼），
> 樸迦薩嚕朱馬喈嚼喈（自東自西好收成），
> 麻查吱斯麻老麻薩拉（捕鹿亦速擒獲）！[39]

〈澹水各社祭祀歌〉歌謠率真坦白，讚揚祖宗的驃悍英勇，身
為子孫者難望其項背，故以飯菜供奉祖先，期待能夠繼續追尋
祖宗的腳步，希望來年能夠大豐收。無獨有偶，清同治九年

---

38 胡萬川，《民間文學的理論與實際》（臺北：里仁書局，2010 年 10 月），頁 85。
39 （清）黃叔璥，《台海使槎錄》，前引書，頁 137。

（1870）陳培桂《淡水廳志》也收錄一首相同的番歌如下：

> 虔請祖公，
> 虔請祖母，
> 爾來請爾酒，
> 爾來請爾飯共菜，
> 庇佑年年好禾稼，
> 自東自西好收成，
> 捕鹿亦速擒獲。[40]

明鄭時期以前的研究文獻難考，惟從《臺海使槎錄》〈番俗六考〉記載原住民族的起居、飲食、婚嫁、喪葬等風俗之外，該書並以中文記音記錄三十四首番歌，成為平埔族最早的歌謠文獻。而有關桃園地區的平埔族的歌謠，〈番俗六考〉卷五以附番歌〈澹水各社祭祀歌〉一首。無獨有偶，《淡水廳志》亦有載淡北蕃歌，且歌詞內容完全一模一樣，原住民族的歌謠，《淡水廳志》成為收錄桃園地區平埔原住民族歌謠的首部方志。

　　桃園地區平埔原住民族的神話、傳說、故事、諺語，尚無直接的文獻。而單就平埔原住民族的始祖傳說，據陳國鈞統計各族傳說的數量，其中，阿美族有二十三則、泰雅族有二十二則、排灣族二十一則、布農族十七則、曹族十則、卑南族九則、魯凱族八則、雅美族七則、賽夏族七則，共計有一百二十四則[41]。故以平埔族群人口之眾，族別之繁，其始祖傳說，應該不會如

40　（清）陳培桂，《淡水廳志》（臺北：臺灣銀行經濟研究所，1956 年 12 月），頁 138

41　陳國鈞，《臺灣土著社會始祖傳說》（臺北：幼獅書店，1964 年），頁 110。

此匱乏。

惟根據日人伊能嘉矩於《東京人類學會雜誌》發表的〈台灣北部、東北部的平埔族人〉，指出他在日治 30 年（1897）4 月 6 日曾前往位於新店溪上游的西岸挖仔庄，訪問遺老的秀朗社本社 War ā（挖仔）有關平埔族的舊俗，伊能指出：「War ā 是淡北方面各平埔族社中，位於最東南端的一個蕃社，實地調查的結果發現與其他平埔蕃社大同小異。」[42]根據伊氏在淡北各社的田野調查，所呈現各平埔族社人的生活方式並無太大差異，而凱達格蘭族為平埔族分支下的一族，凱達格蘭族分佈地域為淡水、臺北、基隆、桃園和宜蘭一帶。

藉由上述伊能嘉矩調查凱達格蘭族有關各社的傳說文獻，梳理凱達格蘭族祖先起源傳說有十說[43]，達格蘭族創世神話多已

---

42 伊能嘉矩，楊南群譯注，《平埔族調查旅行》（臺北：遠流出版，1996 年），頁 145-147。

43 凱達格蘭祖先起源傳說有十說：1、搭搭攸社傳說：最初，我們的祖先里族社、峰仔峙社、錫口社的祖先 ── 起從唐山（Tonsoan）的山西（Sanasai）移往臺灣，距今 207 年前，當時的頭目根仔老（Kinnarao）在世時，才歸附清廷的。2、里族社傳說：我們不清楚祖先最初從那裡來的，不過，自古以來一直住在臺灣是個事實。大概二百多年前，頭目虎廚（Hotau）在世時歸附清廷的。3、峰仔峙社傳說：我們和里族社、搭搭攸社、錫口社的社蕃是同族，古時候從唐山來臺灣，最初定居於離臺北城北方一日里處的古老勝地劍潭之東側約一町處，地名叫鴨母寮。我們在清朝順治年間歸附朝廷並從事耕作。清朝乾隆年間，清吏在我們蕃社附近設置土牛時（即台北外城），蕃社裡的人全部遷到土牛外面的現在位置。4、八里坌社傳說：我們蕃社的祖先原來是 Tonsoan 某一小國的駙馬，長的非常醜，王妃不喜歡他，想要把他趕走，國王只好送一些錢和糧食要駙馬悄悄成船離開，駙馬只好帶著兄弟七人搭乘小船在海上漂流。經過許久，小船終於靠岸，也就是臺灣島的北岸，七個兄弟在岸邊尋找平地居住。後來想讓每個兄弟分到大一點的土地，約定以芒草抽籤，假如抽到芒草根有流血現象的就要搬去內山居住，抽到芒草根沒有流血的就可以住在平原。七個兄弟中有三個抽到沒有血的芒草根，而另外四個抽到有血的

失傳，只保留若干原創世傳說中之地名或人名，而山西（Sanasai）這個地名已不在，普遍傳誦於凱達格蘭各社的始祖傳說，故事版本又不同，一說係因妖怪作祟、一說是出海捕魚卻遭遇颱風……，輾轉來到臺灣，登陸的地點，各社解釋不一，範圍皆在北海岸一帶。關於達格蘭族祖先起源傳說中的地名，除祖先居地 Sansai（三賽）現已失傳，餘者地名都指悔外某地，達格蘭

芒草根，這 4 個就搬入山中成為原住民，而在平地居住的三個人也就是平埔族人。當時平地都很荒涼，他們努力開墾土地種植五穀，成為八里坌社的祖先。5、北投社傳說：我們的祖先原來住在一個叫做 Sanasai 的地方，但這個地方有一天出了一個叫 Sansiau 的妖怪，經常趁人家睡覺時把蓋在身上的東西拿走，祖先們很擔心日夜都不敢睡覺，但過了很久 Sansiau 都不肯離去，祖先們時在忍不住了，於是大家商量搬離這個地方，另外尋找一個沒有妖怪的地方居住。祖先們合力砍伐木柴，找了一條船讓全族的人登上，但也不知道要去哪裡，只能讓小船隨風漂流，過了很久終於發現了陸地，登錄的地點就是臺灣北部的鞍番港，也就是現在深澳這個地方。6、山貓社傳說：我們的祖先原來住在 Sanasai 的地方，有一次出海捕魚，傳在海上遇到颱風而飄流，其中有傳漂流到澳底灣附近，只好登岸居住。同船約二十多人中以 Wuke 是頭目，帶領大家建立山貓社，子孫繁衍後，部份的搬到宜蘭，另一部分人移居雞籠。7、挖仔社傳說：聽說古時候祖先乘船航海，在海上遇到大颱風，傳在海上漂流很久才發現一個海島，就是臺灣的北海岸，祖先登陸後不知道為什麼從海岸搬到內陸，建立了挖仔社。8、雷里社傳說：很久以前有一次祖先駕船出海，在海上遇到颱風，船就漂流到臺灣了。9、毛少翁社傳說：古時臺灣北部一帶都由東洋人（日本人）佔據，現在的臺北平原都是他們所有。後來漢人從中國大陸移往過來，所以東洋人不得已退入山地，和原住民一起居住，這就是說毛少翁社是東洋人的子孫。10、基瓦諾灣社：基瓦諾灣社的祖先原是住在「三賽」地方，這個地方究竟是哪裡不明，但是事隔著海洋的外島是確定的。有一天他們出海討魚遇到颱風，小船漂流到臺灣北部金包里海岸，因為此地一遍荒蕪不適合生活，於是才轉入現在的基隆，接著又來到另一處海岸深澳，於是才定居於雙溪河口附近。以上參見伊能嘉矩，楊南群譯注：《平埔族調查旅行》（臺北：遠流出版，1996 年），頁 93-146。及臺北市政府原住民族事務委員會官網
http://www.sight-native.taipei.gov.tw/fp.asp?fpage=cp&xItem=659919&CtNode=20731&mp=cb01）

族祖先因遭遇迫害乘船漂泊，或漁撈中遇暴風洶浪無意中漂泊抵臺。

　　為進一步解開桃園地區平埔原住民族的歌謠、傳說、神話，是否其後裔還有流傳著？筆者並深入龜崙社進行口述歷史調查，據其後裔永文義表示：「從曾祖父永媽隆起，就娶漢人為妻，我們很早就已經漢化，五、六十年前就因父叔輩紛紛過逝，龜崙社的平埔族語應該早已滅絕了。如今，我只記得三句話：『gū man（吃飯）』、『mō dū（客人）』、『bi là（錢）』。」[44]從訪問調查中，已無法獲悉桃園地區平埔原住民族的歌謠、傳說、神話、故事、諺語的全貌。

　　綜上所述，古文獻極少採集與記載桃園地區的平埔原住民族，而在有限的文獻資料中探索、分析屬於流傳於南崁四社的歌謠，首見於巡臺御史黃叔璥《台海使槎錄》〈番俗六考〉中，收錄了〈澹水各社祭祀歌〉一首；官修方志則從陳培桂《淡水廳志》起，也開始收錄〈澹水各社祭祀歌〉。至於神話、傳說、故事、諺語等，則因清代末期，桃園地區平埔原住民族已完全漢化，而其語言、風俗習慣、宗教信仰幾近消失，傳承下來的神話、傳說、故事、諺語則是一片空白，殊屬遺憾。

---

44 筆者2015年1月4日採訪龜崙社頭目永媽隆的後裔永文義，永文義指出，從他的祖父起，已不會講平埔族語，有關平埔族的神話、傳說、歌謠等早已失傳。目前他只記得他的父親教他說的三句平埔語：「gū man（吃飯）」、「mōdū（客人）」、「bi là（錢）」，其他平埔語，他則都不會說。

第三節　〈澹水各社祭祀歌〉反映的思想

世界上各個民族的古代歷史，其先期的表述傳遞，皆運用口頭的形式，梁啟超說：

> 最早之史烏乎起？當人類之漸進而形成一族屬或一部落也，其族部之長老，每當游獵鬥戰之隙暇，或值佳辰令節，輒聚其子姓，三三五五，圍爐藉草，縱談己身或其先代所經之恐怖，所演之勇武……等等，聽者則娓娓忘倦，興會飆舉。期間有格外奇特之情節可歌可泣者，則嬌鏤於聽眾之腦中，湔拔不去，展轉作談料，歷數代未已，其事蹟遂取史的性質，所謂「十口相傳為古」也。史蹟之起，罔不由是。[45]

梁啟超認為北歐諸系多取材於傳說，此即初民演史遺影。儘管桃園地區平埔原住民族口傳文學文獻嚴重不足，但從相關文獻的資料中，一探〈澹水各社祭祀歌〉歌謠所反映的思想，茲分論如下：

一、祖靈崇拜

康熙三十六年黃叔璥《台海使槎錄》〈番俗六考〉收錄三十四首番歌，收錄各部族番人歌曲的音譯及語譯，內容包羅萬象，有捕獵豐收歌、飲酒歌、戀愛相思歌等。其中，又以頌祖歌最多，歌詞歌頌祖先的英勇。而記錄澹水（淡水）各社祭祀

---

45 梁啟超，《中國歷史研究法》（臺北：書房出版公司，2008 年 7 月），頁 16。

歌：「遲晚日拘留什（虔請祖公），遲晚眉（虔請祖母），街乃密乃濃（爾來請爾酒），街乃密乃司買單悶（爾來請爾飯共菜）。打梢打梢樸迦薩魯塞嘆（庇佑年年好禾稼），樸迦薩嚕朱馬唶嚼唶（自東自西好收成），麻查吱斯麻老麻薩拉（捕鹿亦速擒獲）」，與記錄桃園地區平埔原住民歌謠的歌詞內容，二者完全相同。

　　從祭祖的儀式中，再參見同為平埔原住民族的花東海岸噶瑪蘭部落，他們在近海撈捕飛魚、海產和貝類，舉行海祭；平日經常採食野菜；過年舉行 Palilin 儀式祭拜祖先，生病或不順遂時由女巫師進行治病或除穢儀式，宗教祭儀活動在噶瑪蘭人的生活中佔有重要的地位。噶瑪蘭的傳統信仰是以祖靈崇拜為中心，他們相信祖靈能保佑或懲罰凡人，部落裡有祭司和巫師負責與祖靈溝通。雖然隨著社會生活的變化，不少噶瑪蘭族人改信漢人民間宗教或基督宗教，但現今族人仍然持續舉行的傳統祭儀 Gataban（豐年祭）、Palilin（歲末祭祖）、Kisaiiz（巫師成巫儀式）和 Pagalavi（治病儀式）、Padohogan（超度亡靈儀式）、Sbaw（祭拜）、Sbaw to lazin（海祭）等等。[46]

　　此外，南部平埔族有著名的「祀壺」[47]信仰，「祀壺」就是拜瓶罐容器的信仰，壺內裝水，插上草葉，祭祀的對象是西拉雅人的祖先「阿立祖」，壺罐供奉於「公廨」等地方，相當於西方的教堂。目前南部的許多村落、鄉間，仍保留有「公廨」，或稱為「公厝」，相傳「阿立祖」是女性。

　　來臺漢人仍多存祖先崇拜的觀念，有關桃園地區平埔原住

46 國科會國家型科技計畫—臺灣大學數位典藏創新應用前鋒計畫
　（EPEE）http://www.pinpu.digital.ntu.edu.tw/overview_b2.php
47 周婉窈，《台灣歷史圖說》（臺北：聯經出版，1997 年 10 月），頁 26。

民族的宗教信仰，文獻上少有記載，康熙二十四年（1685）林謙光纂《臺灣紀略》〈風俗〉有云：「彈丸外區，為逋逃淵藪。近地多漳、泉人，外多係土番，其人頑蠢，無姓氏、無祖先祭祀……。」[48]若據林謙光所見屬實，則原住民族本無祖先祭祀，而藉由〈澹水各社祭祀歌〉始知北部平埔族受到漢化，也開始有祭拜活動。〈澹水各社祭祀歌〉反映平埔原住民族係以祭祖為中心的思想，祖靈崇拜成為平埔族人最常見的信仰。

二、母系社會

康熙二十三年（1684）臺灣首部方志《臺灣府志》（蔣志）〈土番風俗〉載：

> 土番之俗，與吾人異者，重生女而不重生男。男則出贅於人，女則娶婿於家也。[49]

康熙二十四年（1685）由林謙光纂修的首部官修方志《臺灣紀略》中的〈風俗〉提到：

> 俗重生女，不重生男。男則出贅於人，女則納婿於家。婚嫁時，女入廟中，男在外吹口琴，女出與合；當意者，告於父母，置酒席邀飲同社之人，即成配偶。凡耕作，皆婦人；夫反在家待哺。[50]

---

48 （清）林謙光纂，《臺灣紀略》（臺北：臺灣銀行經濟研究所，1961 年 5 月），頁 61。
49 （清）蔣毓英纂，《臺灣府志》（南投：臺灣省文獻委員會，1993 年 6 月）。
50 （清）林謙光纂，《臺灣紀略》，前引書，頁 61。

康熙三十四年（1695）高拱乾纂修《臺灣府志》（高志）在〈土番風俗〉寫道：

> 俗重生女，不重生男。男則出贅於人，女則納婿於家。婚嫁時，女入公廨中，男在外吹口琴，女出與合；當意者，始告於父母，置酒席邀飲同社之人，即成配偶。凡耕作，皆婦人；夫反在家待哺。[51]

明朝陳第則在〈東番記〉有云：

> 娶則視女子可室者，遣人遺瑪瑙珠雙，女子不受則已；受，夜造其家，不呼門，彈口琴挑之。口琴薄鐵所製，齧而鼓之，錚錚有聲。女聞，納宿，未明徑去，不見女父母。自是宵來晨去必以星，累歲月不改。迨產子女，婦始往婿家迎婿，如親迎，婿始見女父母，遂家其家，養女父母終身，其本父母不得子也。故生女喜倍男，為女可繼嗣，男不足著代故也。[52]

有關原住民的婚嫁方面，根據其他諸志的記載，與陳第大致相同，其特點乃皆不從媒妁，男性主動追求，意合則為夫妻，且男性幾乎亦都有餽贈珠飾與使用樂器的行為。雖在結婚的過程方面略有微異，但都可反映出平埔族以女為尊的母系社會。此外，〈番俗六考〉收錄有關原住民族的婦女婚嫁，例如：

---

51 （清）高拱乾，《臺灣府志》（臺北：臺灣銀行經濟研究所，1960 年 2 月），頁 187－188。

52 （清）陳第〈東番記〉，收入於沈月容，《閩海贈言》（臺北：臺灣銀行經濟研究所，1972 年 5 月），頁 25。

婚姻名曰牽手，訂盟時，男家父方遺以布。麻達（番未娶者）成婚，父母送至女家。(北路諸羅)[53]

夫死一年後改適，必自為擇定，告前夫父母及所生父母而後嫁。(北路諸羅)[54]

夫死，婦守喪亦三月。即改適，先告父母，後自擇配；與新港等社期年除服、先後擇配不同。[55]

從〈番俗六考〉的收錄，發現原住民婦女婚嫁規定各族殊異。而《諸羅縣志》則收錄：

番婦耕穫、樵汲，功多於男；唯捕鹿不與焉。能織者少，且不暇及；故貿易重布‧錢穀出入，悉以婦為主。[56]

康熙五十一年（1712）周元文纂修《重修臺灣府志》（周志）等官修方志，都同樣有載：

土番之性，與我人異者……俗重生女，不重生男。男則出贅於人，女則納婿於家。婚嫁時，女入公廨中，男在外吹口琴，女出與合；當意者，始告於父母，置酒席邀飲同社之人，即成配偶。凡耕作，皆婦人；夫反在家待

53　（清）黃叔璥，《台海使槎錄》〈番俗六考〉，前引書，頁96。
54　（清）黃叔璥，《台海使槎錄》〈番俗六考〉，前引書，頁97。
55　（清）黃叔璥，《台海使槎錄》〈番俗六考〉，前引書，頁101。
56　（清）周鍾瑄等人著，《諸羅縣志》（臺北：臺灣銀行經濟研究所，1958年5月），頁96。

哺。[57]

康熙五十八年（1719）林文達在《鳳山縣志》中，進一步提到女性強勢「休夫」的記載，略云：

> 俗重生女，不重生男；以男則出養於人，女則納婿於家。婚嫁之初，男吹嘴琴，女出與合；當意者，告於父母，具酒食邀飲同社之人，即成配偶，名曰「牽手」。一切耕作，番婦同之。偶有不合，不論有無生育，輒出其夫，所有家私則平分焉；番婦復「牽手」於他番。[58]

臺灣方志始於康熙二十三年（1684），而從首部方志《臺灣府志》（蔣志）〈土番風俗〉起，以〈風俗〉等篇收錄「土番之俗，重生女而不重生男」。康熙五十八年（1719）林文達在《鳳山縣志》，則將男女成婚謂之「牽手」，而「牽手」一詞，閩南方言的意思乃為「妻子」，「牽手」（妻子）係源出於早期臺灣平埔原住民族的婚俗。對照以上各部方志番俗，有關重女不重男的記錄，可看出平埔原住民族以母系社會為中心。

〈番俗六考〉收錄桃園地區平埔原住民族歌謠〈澹水各社祭祀歌〉，其歌詞：「遲晚日拘留什（虔請祖公），遲晚眉（虔請祖母）……。」，平埔原住民族對於祖先的形象，重女不重男，此與漢人社會以男性為主，截然不同。

---

57 （清）周元文，《重修臺灣府志》（臺北：臺灣銀行經濟研究所，1960 年 7 月），頁 239-240。

58 （清）林文達，《鳳山縣志》（臺北：臺灣銀行經濟研究所，1961 年 10 月），頁 81。

三、表達願望

〈番俗六考〉記錄澹水（淡水）各社祭祀歌，及〈澹水各社祭祀歌〉的詞曰：「……打梢打梢樸迦薩魯塞嘆（庇佑年年好禾稼），樸迦薩嚕朱馬喈嚼喈（自東自西好收成），麻查吱斯麻老麻薩拉（捕鹿亦速擒獲）」，歌謠也祈請祖先庇佑好禾稼、捕獲獵物。

《番俗六考》記載北路諸羅番的飲食云：「番多不事耕作，米粟甚少，日三餐具薯芋：餘則捕魚蝦鹿麂。採紫菜、通草、水藤交易為日用，且輸餉。亦用黍米嚼碎為酒，如他社。志謂：澹水各社不藝圃，無蔥韭生菜之屬，雞最繁，客至殺以代蔬，俗尚冬瓜，官長至，抱瓜以獻，佐以粉餐，雞則以犒從者。鳥獸之肉傅諸火，帶血而食，麋鹿，刺其喉，吮生血至盡，乃剝割，腹草將化者綠如苔，置鹽少許，即食之。」[59] 顯示桃園地區平埔原住民族的食材有米粟、薯芋、魚蝦鹿麂、紫菜、通草、水藤、黍米、冬瓜、雞、鹿等，因不事耕種鄉，故米粟生產數量並不豐富。惟在生產力不發達和極易敵襲的生存環境裡，平埔原住民族人想要的，不外是豐衣食足和安全保障，兩種基本需求極欲滿足。

桃園地區的平埔原住民族生活在臨水近山處，在漢人深耕細作的農業技術尚未傳入以前，取食飲水容易，其住家、飲食、服飾等生活方式，與其生活環境息息相關。清領時期，平埔族人以其原有的生活樣態，發展出這首歌謠，主要係傳達平埔族人平日生活的飲食習慣，他們期待種植竹稻作及捕鹿，皆能有

---

59 （清）黃叔璥，《台海使槎錄》，前引書，頁136。

很好的收穫，從歌謠內容中，真情流露出平埔族人對於生活充滿著高度的期待。

〈澹水各社祭祀歌〉是目前桃園地區平埔原住民族碩果僅存的歌謠，但因會唱的族人漸漸老成凋謝，年輕一代已無人聽過，平埔歌謠成為絕響。〈澹水各社祭祀歌〉是儀式之歌、禮俗之歌、生活之歌，這是他們對於所處的環境，寄予感情的抒發與寄託，透過平埔族群體性的口耳相傳，原住民口傳文學的可見端倪。

本文綜上所論，有關早期流傳於南崁四社平埔原住民族的神話、傳說、故事、歌謠、諺語等，截至目前為止，僅能找到巡臺御史黃叔璥以漢字記音，並將之通譯，收錄於《台海使槎錄》〈番俗六考〉的〈澹水各社祭祀歌〉一首歌詞，而〈澹水各社祭祀歌〉日後陸續成為陳培桂《淡水廳志》等方志所收錄的主要對象。其次，梳理〈澹水各社祭祀歌〉一詞，觀察早期平埔原住民族反映思想則包括：「祖靈崇拜」、「母系社會」、「表達願望」。

至於流傳於南崁四社的平埔原住民族的神話、傳說、故事、諺語，則是一片空白。對於平埔原住民族的口傳文學，文獻極少採集記載，故極其缺乏，殊屬遺憾。

桃園地區平埔原住民族留下來的口傳文學雖僅有一首〈澹水各社祭祀歌〉，然而，仔細觀察桃園地區卻水處處發現「平埔訊息」，例如：蘆竹區「南崁」是過去南崁四社中的南崁社名，坑子則是坑仔社名，龜山則是龜崙社，地名皆是從平埔族社名而來；又蘆竹頂社、外社、社底、蕃仔厝；龜山番仔窩、頂社、社底、社后等地名，「社」乃是和平埔族相關的番語漢譯地名，

亦是過去平埔族聚落。此外，霄裡社的蕭家是開發龍潭相當有貢獻的家族，其後裔現在住在龍潭十股寮，保有蕭家許多重要的文獻，為學者、地方文史工作者提供十分寶貴的文字與口述資料；五福宮「聖蹟亭」旁邊的石碑，紀錄著當時參與興建的人士，其中業主「李成金」、「夏永傳、夏炳輝」、「欽加都司府藍煥章」都是平埔族人。

此外，福佬話裏面常稱呼自己的妻子叫「牽手」、拜「地基主」，客家人拜「土地龍神」習俗，係源自平埔族對祖靈「阿立祖」的祭拜，還有著名的「月夜愁」、「牛犁歌」、「臺東調」（及其同曲調系列「耕農歌」、「恆春民謠」、「青蚵仔嫂」、「三聲無奈」）「思想起」……，都源自平埔文化、歌謠。[60]

臺灣原住民逐漸脫離傳統的口傳方式，進行歷史與文化的內涵傳承，文字的記述與詮釋成為整個處理過程的核心，儘管原住民的歷史文化包覆在漢系族群與其他曾經進入臺灣的民族文化融合下，但其終究仍是臺灣歷史文化組成的一部分，口傳文學基本上表現古時社會的部分實況，與實際生活緊密連繫，是了解原住民文化的途徑之一。

---

60 李筱峰、劉峰松，《台灣歷史閱覽》（臺北：高皇出版社，1996年5月），頁28。

第八章　臺灣方志纂修的歷史貢獻

── 以《續修臺北市志》為例

　　臺灣方志始於清康熙二十三年（1684）蔣毓英的《臺灣府志》；日人治臺，臺灣總督府廣泛蒐集清領時期所纂修之府廳舊志，並倡修縣廳志，除了傳承清志遺緒，增加新的志書類目與記載內容，非官修的地方志書，多具有專題撰述取向。戰後時期，臺灣內外動亂甫定，有關方志之纂修，係以傳承中國傳統官方修志的傳統，一九五〇年以後，各縣（市）由省文獻會輔導成立文獻委員會，展開縣（市）志的創修、續修、重修等工作，《基隆市志》為臺灣光復後縣（市）志之濫觴，各地方政府無不努力推出首部縣（市）志，甚至持續不斷進行方志纂修工作，而有重修、續修、新修縣（市）志等。

　　臺灣修志工作蓬勃發展，本書付梓前，適值臺北市立文獻館在 2017 年 7 月 15 日，於台北市長官邸藝文沙龍表演廳舉行《續修臺北市志》新書發表會，由擔任監修的現任台北市長柯文哲，以及前次監修人、前市長許水德共同見證。[1]此乃在書末，以《續修臺北市志》之纂修為文，一探其在中國方志發展史之貢獻，並能提供臺灣方志編纂最新概況，冀能有助於臺灣方志編纂之研究。

1　自由時報電子報，2017 年 7 月 14 日 http://news.ltn.com.tw/news/politics/breakingnews/2131743

台北市政府 2017 年 7 月 14 日舉辦《續修臺北市志》全套志書發表會，擔任監修的現任台北市長柯文哲（右三）、前次監修的前市長許水德（左三）、總纂黃秀政（左二）。（攝影徐惠玲 2017 年 7 月 14 日）

第一節 《續修臺北市志》
纂修背景與纂修過程

　　戰後時期，臺灣各地纂修方志蓬勃發展。臺北市文獻委員會自民國 41 年（1952）六月成立後，即著手進行臺北市志的纂修工作，並自民國 46 年至 59 年分期出版《臺北市志稿》；民國 51 年至 69 年分期完成《臺北市志》；臺北市為中華民國的首都，自民國 56 年升格院轄市，文獻會考量臺北市升格後，社會經濟大幅發展，乃全面進行重修，由時任臺北市長許水德監修，終於民國 80 年（1991）完成重修《臺北市志》，由於重修市志的斷限至民國 70 年，篇目不足、斷代未能統一，以致未臻完善，志書已不符合臺北市的變遷，因此，臺北市立文獻館的前身臺北市文獻委員會，乃積極展開續修市志的工作。

　　《續修臺北市志》是臺北市繼《臺北市志稿》、《臺北市志》、重修《臺北市志》之後，最新出爐的志書。有關《續修臺北市志》纂修背景與纂修過程，茲分述如下：

一、《續修臺北市志》纂修背景

　　臺北市自民國 56 年升格院轄市（依據中華民國憲法第一百一十八條規定通過《直轄市自治法》，1994 年院轄市稱為直轄市）以後，已發展成為國際性的大都市，人文薈萃，工商發達。民國 75 年（1986）起，臺北市文獻委員會聘請中國文化大學史學

系教授曾迺碩為總纂，邀請學者專家及市府各局室共同參與，於民國 80 年（1991）完成重修《臺北市志》〈沿革志〉、〈自然志〉、〈政制志〉、〈社會志〉、〈財政志〉、〈經濟志〉、〈教育志〉、〈文化志〉、〈人物志〉、〈卷首〉、〈卷尾〉，共計有十一卷 49 冊，其斷代上起史前，下迄民國 70 年。

　　方志，是一地方之全史，乃特定行政區域的「史」與「地」，是該區域的人、事、地、物的全記錄，是該區域的百科全書，具有保存地方資料、資治致用及教化功能，有助於鄉土教育，並可提供各單位施政的參考。惟自臺北市自升格以來，交通建設、都市更新、衛生醫療、社會服務、文化教育、行政效率等均大幅提昇，衍然已發展成國際性大都市，臺北市的政治、經濟、社會與文化等各方面發展與變遷極為快速，因此當時的臺北市文獻委員會，乃積極規劃編纂《續修臺北市志》，以完整記錄臺北市近三十年發展實況。[2] 一部完整記錄臺北市近三十年發展實況的志書，確有必要，因此，乃有續修市志之議。

　　民國 99 年（2010）6 月，文獻會聘請前中興大學歷史學系教授、文學院院長黃秀政擔任續修市志的總纂，協助臺北市文獻委員會推動續修市志的纂修工作，經長達七年的編纂時間，終於 2017 年 7 月 14 日，《續修臺北市志》全套志書發表會在臺北市長官邸藝文沙龍表演廳舉行。續修志書發表會上，由擔任本次續修市志的監修人現任臺北市長柯文哲，與擔任上一次重修市志的監修人前市長許水德，以這二位監修時間相距 30 年市長，一起揭開全套《續修臺北市志》，共同完成發表儀式，見證

---

2 總纂黃秀政，〈總纂序〉，《續修臺北市志》（臺北：臺北市立文獻館，2017 年 6 月），頁 6。

臺北市長達 30 年的發展演變。

　　《續修臺北市志》歷經將近 7 年的努力編撰完成。整套書包括〈卷首〉、〈卷尾〉及卷一〈大事紀〉、卷二〈土地志〉，卷三〈政事志〉、卷四〈經濟志〉、卷五〈交通志〉、卷六〈社會志〉、卷七〈教育志〉、卷八〈人物志〉。全志以民國 71 年（1982）1 月為上限，下迄民國 100 年（2011）12 月，重新完整記錄臺北市近 30 年的發展實況。

　　全套《續修臺北市志》共計有 8 志 11 卷 33 冊，總字數逾 1,033 萬字。先後於民國 103 年 12 月 8 日發表「土地志」（3 篇）、「教育志」（3 篇）與「人物志」（2 篇）；另民國 104 年 12 月出版〈大事紀〉、〈政事志〉（5 篇）、〈經濟志〉（4 篇）、〈交通志〉（4 篇）、〈社會志〉（4 篇）；106 年〈文化志〉（5 篇）相繼完成付印，連同「卷首」與「卷尾」同時出版，並於 106 年 7 月 14 日在市長官邸藝文沙龍表演廳舉辦全部《續修臺北市志》發表會。

二、《續修臺北市志》纂修過程

　　民國 88 年地方制度法頒佈，明訂文獻事項為地方自治事項，「地方志書纂修辦法」又於民國 92 年經內政部廢止，臺北市政府於是發布「臺北市志書纂修辦法」，明訂市志以十五年一修為原則。99 年 6 月，臺北市文獻委員會邀請黃秀政擔任《續修臺北市志》總纂，協助擬訂凡例、綱目、纂修計畫、纂修預算、纂修期程等工作，以作為執行的依據。

　　臺北市文獻委員會對續修一事態度極為慎重，特別委託中

央研究院人文社會科學研究中心教授湯熙勇從事《續修臺北市志作業計畫》為期六個月的專案研究，就《續修臺北市志》的凡例、綱目、纂修預算及期程等課題，作深入探討。文獻會要求該作業計畫的研究，應詳參英國的倫敦市、法國的巴黎市、日本的東京都，及中國的北京市等國家的纂修辦法做參考，以力求具有國際視野的要求與首都志書的特色。[3]

由於《政府採購法》於民國 88 年 5 月 27 日開始施行，地方志書纂修團隊的招標委託，因屬勞務委託（採購），且各志委託金額均超過新臺幣一百萬元，需依《政府採購法》方能執行。總纂黃秀政分析，臺灣方志計有三種纂修模式[4]，他經考量《臺灣全志》與目前臺灣各縣（市）志纂修的實際運作情況，乃決定採國史館臺灣文獻館纂修《臺灣全志》的模式，把原《續修臺北市志》一標分割成《續修臺北市志‧土地志》等八標，八志均各獨立為一個招標案（〈大事紀〉和〈政事志〉合併為一個招標案），逐一上網公告招標，徵求各志的纂修團隊，由優勝的纂修團隊優先議價，再辦理簽約。

為確保修志主持人及撰稿人的資格，各志主持人的資格，除要求具備學術專業背景、修志實務經驗外，特別著重在學術行政背景足以勝任續修市志計畫主持人之繁重任務者；撰稿人則要求具備續修市志專門篇章之學術專業背景或工作經驗，能配合委託單位及計畫主持人在合約期限執行完成者。[5]

第一標《續修臺北市志‧土地志》採購案，於民國 99 年（2010）

---

3 總纂黃秀政，《續修臺北市志》〈卷尾〉，前引書，頁 201。

4 黃秀政，〈《續修臺北市志》纂修計畫〉，《臺北文獻》，前引書，頁 3-5。

5 黃秀政，〈《續修臺市志》纂修計畫〉，《臺北文獻》，前引書，頁 7。

10 月 14 日首次上網公告招標，招標文件係刊登於政府公採購公報，為讓各公私立大專院校及研究機構週知，公開邀標，臺北市文獻委員會同日又以北市獻編字第 09930130600 號函，行文全國各 168 所大專院校、中央研究院、國史館等，並函知《續修臺北市志》其他各志之勞務採購案亦將陸續上網公告招標，請有意參與投標單位逕行查詢政府採購公報相關訊息，或逕洽該會。

99 年 11 月 22 日第一標《續修臺北市志・土地志》採購案順利開標，緊接著《續修臺北市志・教育志》等其他各志，也陸陸續續完成開標，8 志順利招標委辦。各志得標的纂修團隊主持人，均曾任各大學的系主任，有豐富的行政、協調管理及參與各地修志經驗，各團隊各司所職，積極展開《續修臺北市志》的編纂重大工程。

統計《續修臺北市志》各志主持人分別於民國 100 年（2011）2 月 18 日、100 年 7 月 26 日、101 年 5 月 14 日、101 年 11 月 5 日、103 年 2 月 12 日召開協調會議，會中分別討論續修志書撰稿格式、內容架構、版面統一進行決議。此外，各志篇也陸續召開審查會議，例如：100 年 3 月 11 日召開〈土地志〉期初報告審查會；100 年 3 月 25 日、100 年 5 月 13 日、100 年 5 月 20 日分別召開〈大事紀〉、〈政事志〉期初報告審查會；100 年 6 月 8 日召開〈經濟志〉期初報告審查會；100 年 6 月 21 日召開〈交通志〉期初報告審查會、100 年 4 月 21 日〈社會志〉；100 年 5 月 12 日召開〈教育志〉期初報告審查會；100 年 7 月 18 日、100 年 7 月 25 日召開〈文化志〉期初報告審查會；100 年 9 月 8 日召開〈人物志〉期初報告審查會。緊接著又召開多場各志期中、期末、結案報告審查會議。

　　纂修團隊對於審查委員提出的意見，一一進行討論、修訂，諸如〈社會志〉[6]、〈文化志〉[7]等志，不乏針對修訂之處，再繼續召開結案報告複審審查會議，纂修團隊一方面要蒐集文獻、進行田野調查等纂修工作，一方面則不定期召開協調會、工作會議及向審查會進行期初、期中、期末、結案等會議，纂修工程浩瀚繁瑣。

　　《續修臺北市志》有鑑於市稿、首纂、重修市志等，無法滿足時代需求，遂展開《續修臺北市志》纂修工作。《續修臺北市志》編纂工程巨大且繁瑣，投入的纂修成員人力、纂修數量、章節安排之豐，頁數之多，均為歷次市志編纂之最。新式資訊科技對傳播的影響與日俱增，因此，該志除發行平裝本及精裝本外，還同步發行光碟（含每篇單獨一片與全志33篇共一片），文獻館對於《續修臺北市志》規劃製作光碟，值得重視與肯定。

第二節　《續修臺北市志》 纂修團隊與審查機制

　　有關《續修臺北市志》纂修團隊與審查機制，茲分述如下：

一、《續修臺北市志》纂修團隊

　　《續修臺北市志》編纂團隊，各志主持人及撰稿人名單，分述如下：

6　黃秀政，《續修臺北市志・卷尾》，前引書，頁79。
7　黃秀政，《續修臺北市志・卷尾》，前引書，頁83。

（一）《續修臺北市志》〈卷首〉、〈卷尾〉

　　主持人兼撰稿人：黃秀政（《續修臺北市志》總纂兼）

（二）《續修臺北市志》卷一〈大事紀〉

　　主持人兼撰稿人：薛化元（國立政治大學臺灣史研究所教授/前所長，《續修臺中縣志・政事志》主持人）

（三）《續修臺北市志》〈土地志〉

1、主持人：周國屏（建國科技大學通識教育中心教授/前國立彰化師範大學地學系主任、《彰化市志》總纂）

2、撰稿人：

（1）自然環境篇：劉明揚（建國科技大學通識教育中心主任）、楊貴三（國立彰化師範大學地學系教授/前主任）、黃文樹（國立彰化師範大學地學系兼任助理教授）、李孟芬（國立彰化師範大學地學系兼任助理教授）。

（2）城市發展篇：羅啟宏（建國科技大學通識教育中心副教授/前國立彰化師範大學地學系主任）、林志重（建國科技大學觀光學系助理教授）。

（3）名勝與古蹟篇：周國屏（主持人兼）、連慧珠（建國科技大學通識教育中心助理教授）。

（四）《續修臺北市志》〈政事志〉

1、主持人：薛化元（國立政治大學臺灣史研究所教授授/《續修臺中縣志・政事志》主持人）

2、撰稿人：

（1）自治與選舉篇：陳鴻圖（國立東華大學歷史學系副教授兼

通識中心主任）。

（2）戶政警消與役政篇：何思眯（國立中央大學歷史研究所兼任副教授）。

（3）地政與都市計畫篇：陳進金（國立東華大學歷史學系副教授）。

（4）衛生與環保篇：李明仁（國立嘉義大學史地學系副教授兼臺灣人文研究所中心主任）。

（5）政黨與社團篇：江志宏（國立臺灣海洋大學通識教育中心兼任助理教授）。

（五）《續修臺北市志》〈經濟志〉

1、主持人：吳學明（國立中央大學歷史研究所教授/前客家社會文化研究所所長、《續修新竹市志‧經濟志‧農林漁牧篇》主持人）

2、撰稿人：

（1）農業與工業篇：李力庸（國立中央大學歷史研究所教授）。

（2）商業與金融篇：鄭政誠（國立中央大學歷史研究所教授）。

（3）財政與主計篇：趙黃任（前臺北市稅捐稽徵處松山分處主任）。

（4）科技園區篇：吳學明（主持人兼）

（六）《續修臺北市志》〈交通志〉

1、主持人：徐榮崇（臺北市立教育大學歷史與地理學系教授兼研發長、《臺北市信區志》撰稿人）。

2、撰稿人：

（1）鐵公路與航運篇：王文誠（國立臺灣師範大學地理學系副教授）。

（2）捷運篇：徐榮崇（主持人兼）。

（3）郵政與電信篇：郭大玄（臺北市立教育大學歷史與地理學系主任）。

（4）觀光旅遊篇：張峻嘉（亞洲大學休閒與遊憩管理學系助理教授）。

（七）《續修臺北市志》〈社會志〉

1、主持人：林修澈（國立政治大學民族學系教授兼原住民族研究中心主任、《竹南國小沿革史（戰前篇）》主持人）

2、撰稿人：

（1）人口篇：陳信木（國立政治大學社會學系副教授）。

（2）族群與婦女篇：林修澈（主持人兼）。

（3）社會發展篇：戴寶村（國立政治大學臺灣史研究所教授）

（4）宗教與禮俗篇：黃季平（國立政治大學民族學系副教授）。

（八）《續修臺北市志》〈教育志〉

1、主持人：梁福鎮（國立中興大學教師專業發展研究所教授兼所長、《臺灣全志‧教育志‧教育行政篇》主持人）

2、撰稿人：

（1）教育行政篇：王俊斌（國立中興大學教師專業發展研究所副教授）。

（2）學校教育與社會教育篇：許健將（國立中興大學教師專業發展研究所副教授）。

（3）體育運動篇：張妙英（國立中興大學體育室教授/前主任）。

（九）《續修臺北市志》〈文化志〉

1、主持人：陳登斌（國立臺灣師範大學歷史學系教授兼主任、
　　　　　《臺灣全志·文化志·文化事業篇》主持人）。

2、撰稿人：

（1）文化行政篇：林淑慧（國立臺灣師範大學臺灣文化與語言
　　　文學研究所副教授）。

（2）文化傳播篇：陳登武（主持人兼）。

（3）文學篇：許俊雅（國立臺灣師範大學國文學系教授）。

（4）視覺藝術篇：林磐聳（國立臺灣師範大學視覺設計系教授
　　　兼副校長）。

（5）表演藝術篇：林淑真（國立臺灣師範大學表演藝術研究所
　　　兼所長/學務長）。

（十）《續修臺北市志》〈人物志〉

1、主持人：陳翠蓮（國立政治大學臺灣史研究所教授兼所長、
　　　　　《臺灣全志·政治志·民意機關篇》主持人）

2、撰稿人：

（1）政治與經濟篇：陳翠蓮（主持人兼）。

（2）社會與文化篇：范燕秋（國立臺灣師範大學臺灣史研究所
　　　所長）。

　　綜上所見，《續修臺北市志》纂修團隊的主持人、撰稿團隊
人數半百人，纂修團隊不但具備各志學術專業背景，且多具有
志書纂修經驗，此一專業團隊組合，有助於執行各志纂修工作。

二、《續修臺北市志》審查機制

《續修臺北市志》各志審查委員名單，分述如下：

（一）《續修臺北市志》〈大事紀〉

黃富三（中央研究院臺灣史研究所研究員、臺北市文獻委員會委員）、黃繁光（淡江大學歷史學系教授）。

（二）《續修臺北市志》〈土地志〉

1、自然環境篇：許民陽（臺北市立教育大學環境教育與資源研究所教授兼理學院院長）、林登秋（國立臺灣師範大學生命科學系教授）。

2、城市發展篇：陳國川（國立臺灣師範大學地理學系教授兼文學院院長）、康培德（國立東華大學臺灣文化學系教授兼主任）。

3、名勝與古蹟篇：周宗賢（淡江大學歷史學系教授、臺北市文獻委員會委員）、李乾朗（文化大學建築及都市設計學系教授、臺北市文獻委員會委員）。

（三）《續修臺北市志》〈政事志〉

1、自治與選舉篇：廖忠俊（玄奘大學公共事務管理學系教授）、湯熙勇（中央研究院人文社會科學研究中心副研究員、臺北市文獻委員會委員）。

2、戶政警消與役政篇：許福生（中央警察大學行政警察學系教授兼主任）、洪文玲（中央警察大學行政警察學系教授）。

3、地政與都市計畫篇：顏愛靜（國立政治大學地政學系教授）、

林崇傑（臺北市都市更新處處長）。

4、衛生與環保篇：莊永明（吳三連臺灣史料基金會董事、臺北市文獻委員會副主任委員）、劉士永（中央研究院臺灣史研究所副研究員）。

5、政黨與社團篇：吳文星（國立臺灣師範大學歷史學系教授）、王業立（國立臺灣大學政治學系教授兼主任）。

（五）《續修臺北市志》〈經濟志〉

1、農業與工業篇：黃紹恆（國立交通大學人文社會學系教授）、徐世勳（國立臺灣大學農業經濟學系教授兼系主任）。

2、商業與金融篇：林玉茹（中央研究院臺灣史研究所副研究員、臺北市文獻委員會委員）、蕭景楷（南開科技大學財務金融學系教授兼商學院院長）。

3、財政與主計篇：黃素津（臺北市稅捐稽徵處處長）、何艷宏（逢甲大學財稅學系教授）。

4、科技園區篇：黃富三（中央研究院臺灣史研究所研究員、臺北市文獻委員會委員）、黃繁光（淡江大學歷史學系教授）。

（六）《續修臺北市志》〈交通志〉

1、鐵公路與航運篇：張勝彥（前國立臺北大學歷史學系教授/人文學院院長、臺北市文獻委員會委員）、陳光華（國立交通大學運輸科技與管理學系教授）。

2、捷運篇：廖慶隆（中國文化大學建築與都市設計學系教授、前臺北市捷運工程局局長）。

3、郵政與電信篇：黃繁光（淡江大學歷史學系教授）、吳政憲（國立中興大學歷史學系助理教授）。

4、觀光旅遊篇：劉家榛（臺灣觀光學院旅遊管理學系副教授）、曹勝雄（國立嘉義大學觀光休閒管理研究所教授兼所長）。

（七）《續修臺北市志》〈社會志〉

1、人口篇：薛承泰（行政院政務委員、前臺北市社會局局長）、呂玉瑕（中央研究院社會學研究所研究員）

2、族群與婦女篇：吳天泰（國立東華大學族群關係與文化學系教授兼原住民族學院院長）、游鑑明（中央研究院代史研究所研究員）。

3、社會發展篇：蕭新煌（中央研究院社會學研究所研究員兼所長、國立臺灣大學社會學系教授）、張清富（國立臺北大學社會學系教授）

4、宗教與禮俗篇：王志宇（逢甲大學歷史與文物研究所教授兼所長）、李世偉（國立臺北大學社會學系教授）。

（八）《續修臺北市志》〈教育志〉

1、教育行政篇：林明地（國立中正大學教育學研究所教授兼教育學院院長）、王如哲（國立臺灣師範大學教育系教授、國家教育研究院副院長）。

2、學校教育與社會教育篇：林時民（國立中興大學歷史學系教授）、林建福（國立臺灣師範大學教育系教授）。

3、體育運動篇：邱金松（前國立體育學院校長）、程紹同（國立臺灣師範大學體育系教授兼主任）。

（九）《續修臺北市志》〈文化志〉

1、文化行政篇：孟祥瀚（國立中興大學歷史學系副教授）、翁

聖峰（國立臺北教育大學臺灣文化研究所教授）。

2、文化傳播篇：張譽騰（國立歷史博物館館長、前行政院文化建設委員會副主任委員）、李斌（中國文化大學國際企業管理學系助理教授、前臺北市文化局副局長）。

3、文學篇：黃美娥（國立臺灣大學臺灣文學研究所教授、臺北市文獻委員會委員）、李瑞騰（國立臺灣文學館館長、前國立中央大學文學院院長）。

4、視覺藝術篇：黃翠梅（國立臺南藝術大學藝術史與藝術評論研究所教授兼文博學院院長）、黃才郎（國立臺灣美術館館長、前臺北市立美術館館長）。

5、表演藝術篇：顏綠芬（國立臺北藝術大學音樂系教授）、張中煖（國立臺北藝術舞蹈系教授兼副校長）、林澄枝（前行政院文化建設委員會主任委員）。

（十）《續修臺北市志》〈人物志〉

1、政治與社會篇：黃富三（中央研究院臺灣史研究所研究員、臺北市文獻委員會委員）、許雪姬（中央研究院臺灣史研究所研究員兼所長）。

2、社會與文化篇：莊永明（吳三連臺灣史料基金會董事、臺北市文獻委員會副主任委員）、吳文星（國立臺灣師範大學歷史學系教授）。

綜上名單，《續修臺北市志》審查委員多達六十二人，係由各大學專業領域的學者、專家共同組成。臺北市文獻委員會在志書籌備過程，已先建立一套完整的審查機制，在志書出版前，各志初稿都先需經過《續修臺北市志》各志篇審查委員嚴格把

關，進行審查，提供修正意見，方能出版。《續修臺北市志》審
查委員是幕後非常重要的推手。

第三節　《續修臺北市志》
編纂篇目與內容

　　《續修臺北市志》共計 33 冊，其各卷、志的編纂篇目與內
容如下：

一、《續修臺北市志》〈卷首〉

　　計有「序」、「凡例與綱目」、「臺北市行政區劃分圖」、「臺
北市簡史（1982-2011）」、「各志總論」、「各志目錄」等六大單元，
分別說明《續修臺北市志》纂修的目的、撰稿格式、臺北市近
30 年發展軌跡及各志纂修的重點。

二、《續修臺北市志》〈大事紀〉

　　計有「目次」、「凡例」、「概說」、「參考書目」、「索引」外，
再分以「第一章民國 70 年（1981）前」、「第二章民國 71 年（1982）
－76 年（1987）」、「第三章民國 77 年（1988）－83 年（1994）」、
「第四章民國 84 年（1995）－89 年（2000）」、「第五章民國 90
年（2001）－95 年（2006）」、「第六章民國 96 年（2007）－100
年（2011）」，透過文獻史料的整理與編纂，各章節的斷限，係

依臺北市的制度的變化，及解嚴、動員勘亂也攸關臺灣政治發展的大事，而後回歸憲政體制關係十分密切，各章以此作為依據，再以年、月、日的方式條列，呈現臺北市 30 年來發展的重要大事。

三、《續修臺北市志》〈土地志〉

自然環境是市民生活的舞臺，地質與氣象災害等，影響臺北市民生命財產至鉅，〈土地志〉為八志之首，除計有「目次」、「表次」、「圖次」、「總論」、「概說」、「結語」、「大事紀」「參考書目」、「謝辭」、「索引」外，內容依序為「自然環境篇」、「城市發展篇」、「名勝與古蹟篇」3 篇 22 章 92 節。其中，「自然環境篇」 計以「地質」、「地形」、「氣候」、「水文、「土壤」、「生物」等 6 章 28 節，分別說明臺北市的地質構造、地質災害、大屯火山群、氣象災害、臺北的氣溫、土壤的種類與分佈、及臺北的植物、動物與生態保育等。其次，在「城市發展篇」，則計以「城市發展背景與概述」、「城市發展的人口與經濟分析」、「城市發展特色」、「各行政區的市街發展」4 章 25 節，呈現臺北市近 30 的歷史、城市空間、人口、交通、行政區的變遷。其中，「捷運城市」、「智慧城市」等節，是市志內容首次出現。最後在「名勝與古蹟篇」中，係以「自然景觀」、「人文景觀」、「宅第」、「宗教信仰」、「公共設施」、「產業設施」、「其他古蹟」、「其他歷史建築」等共計 12 章 39 節，分別介紹臺北市的陽明山公園、自然保留區、山岳、水文景觀、名人故居、市集商圈、休憩娛樂、店屋、宿舍、寺廟、教堂、城郭關塞、遺址墓葬、牌

坊碑碣、橋樑等，說明臺北市擁有獨特的地理環境。

四、《續修臺北市志》〈政事志〉

除有「目次」、「表次」、「圖次」、「總論」、「概說」、「結語」、「大事紀」「參考書目」、「索引」外，內容有除延續舊志的〈政制志〉，也有新的開展，內容依序有「自治與選舉篇」〈是舊志的〈行政篇〉、〈自治篇〉、〈選舉篇〉的整併）、「戶政警消與役政篇」（是舊志〈戶政篇〉、〈役政篇〉、〈警政篇〉外，另新增〈消防篇〉）、「地政與都市計畫篇」（是舊志的〈地政篇〉、〈公共建設篇〉的增補）、「衛生與環保篇」（在舊志是〈衛生篇〉，新增〈環保篇〉）、「政黨與社團篇」（舊志無）總共計有 5 篇 47 章 102 節，分別說明臺北市的市議會、市政府區公所、里鄰組織的沿革、變遷與職權；還有各級選舉概況、戶政、警政、消防、役政機關、衛生、醫療院所、地政等的變遷及創新服務，最後就水、空氣 各種污染與防治，而經歷自由化、民主化的政治改革，全國性的政黨、社團總部多設在臺北市，環保運動意識抬頭，社團、政黨團體如雨後春筍蓬勃發展。

五、《續修臺北市志》〈經濟志〉

有「目次」、「表次」、「圖次」、「總論」、「概說」、「結語」、「大事紀」、「參考書目」、「索引」外，內容依序有「農業與工業篇」、「商業與金融篇」、「財稅與主計篇」、「科技園區篇」四篇 36 章 136 節，分別就臺北市的農業、林業、漁牧、工業、商業

機關團體介紹、物流業、金融市場的發展。說明臺北市經過 30 年的歲月，農、工業皆有很的的轉型，休閒有機都市農業與高技工業，已成為臺北市農工業的代名詞。此外，還有地方財稅、預算制度、科技園區等探討，介紹臺北市人口眾多，商業活動力強，商業機構總數、資本額與營業額，都居全國之冠，也是國家財政稅收主要的徵集地區，而近 30 年來臺北市的傳統工業，已被服務業與高科技產業所取代。尤其是南港、內湖地區發展快速，90 年代以後，臺北市的工業形成都都市型、服務型、高技及技術密集的工業特色，工商業蓬勃發展，國內外貿易與日俱增，因此成立「臺北世界國際貿易中心」，經濟發展已有嶄新的變化，就營業方面，民國 70 年各商業組織的營業總額是新台幣 1 .8 兆，至民國 99 年已超過 11 兆，三十年間成長 7 倍。金融方面，朝向自由化、國際化發展。該志說明臺北市 30 年來經濟結構的改變，而工業、商業、金融業等發達，提供大量就業機會，也創造強大的消費能力，也提昇臺北市政府的財稅收入，強化臺北市政府推動公共建設的能力。至於新的科技產業不同於傳統工業如食品、化學製品等，高科技產業進駐臺北市，則形塑不同的工廠樣貌。

六、《續修臺北市志》〈交通志〉

除有「目次」、「表次」、「圖次」、「總論」、「概說」、「結語」、「大事紀」「參考書目」、「索引」外，內容依序為「鐵公路與航運篇」、「捷運篇」、「郵政與電信篇」、「觀光旅遊篇」4 篇 24 章 88 節，分別就臺北市的鐵路、水運、航運、郵政、電信的發展、

組織變革、產業結構，及捷運系統的推動、路網規劃、臺北捷運的管理、觀光旅遊、展館、夜市、時尚購物圈、特色觀光產業等，皆有深入著墨。其中，回顧鐵公路在城市發展與都市發展扮演重要的的角色；在水運方面，以民國93年（2004）在大稻埕舉行「臺北市藍色公路」開航典禮，藉此關渡碼頭、大佳碼頭、錫口碼頭、美堤碼頭，一一把串連起來，積極將水運轉型觀光遊憩。此外，高速鐵路是臺灣首次由政府依「獎勵民間參與交通建設條例」推動民間參與投資興建公共工程，採取由民間興建、營運，特許營運期滿，移轉給政府的公共工程建設計畫，藉此一覽鐵路、郵政、電信和觀光旅遊，與城市發展的脈絡。此外，「捷運篇」始自臺北市捷運推動過程與網路規畫，說明臺北市捷運初期網路推動的過程，包括環狀線第一階段及機場捷運線等其他路線的規劃與推動；其後則敘述臺北捷運相關單位、組織。對於城市而言，都市捷運系統能解決交通、提昇服務品質，往往成為現代化的重要指標；而捷運科技化，又能融入公共藝術等藝術氣息，將人文藝術帶入冰冷的軌道建築，溫暖乘客的內心，「捷運篇」的內容，成為〈交通志〉特別亮眼的篇章之一。

七、《續修臺北市志》〈社會志〉

有「目次」、「表次」、「圖次」、「總論」、「概說」、「結語」、「大事紀」「參考書目」、「索引」外，內容計以「人口篇」、「族群與婦女篇」、「社會發展篇」、「宗教與禮俗篇」共4篇36章136節，則分別就臺北市的人口分佈、人口遷移、婚姻狀況、勞動

職業、姓氏統計、族群、在臺外國人、外籍配偶及其子女、歸化人、及婦女的人口、教育、就業、婚姻、從政、婦女運動，還有都市發展與社區營造、社會救助、社會福利、民間信仰、佛教、道教、基督教等宗教，生活習俗、生命禮俗等，與市民日常生活有關。由於舊志記載，許多資料尚嫌不夠完整，該志因此向很多當事人，實地做了面訪，以求徵信，成為〈社會志〉撰寫資料的重要來源和方法。

其中，〈婦女篇〉是首創，在過去《臺北市志》中未曾見過，因無先例可參考。由於長久以來，女性在社會上普遍受到地位不平等及性別刻板印象影響，需承擔照顧者的角色，容易淪為貧窮及被剝削的對象。編纂團隊乃根據統計數字，逐一檢視婦女教育、就業、婚姻、從政、福利等面向，一探臺北市的婦女在社會、家庭所扮演的重要角色，及整理 30 年來臺灣婦女運動的發展，並關注她們的經濟安全、人身安全、就業權、受教權及參與公共事務等。

八、《續修臺北市志》〈教育志〉

除了「學校教育與社會教育篇」無「圖次」外，本志三篇都均有「目次」、「表次」、「總論」、「概說」、「結語」、「大事紀」「參考書目」、「索引」外，內容計有「教育行政篇」、「學校教育與社會教育篇」、「體育運動篇」3 篇 20 章 70 節。其中，「教育行政篇」記錄民國 71 年以後，臺北市各級學校及社會教育機構的教育發展與變革、教育法令規章等，由此發現「反映時代遷與社會需求的教育局行政組織調整」、「分權化與民主化的教

育行政法修正趨向」、「人事權下放的教育人員任用制度改革」、「幼兒教育需求的增加與幼托整合的發展」、「由量的增加轉變為品質提昇的國民小學教育」、「展現小班化精緻教學之國民中學教發展」、「具體回應廣設高中訴求的中等教育發展與變化」、「高等教育數量的擴張與兩所臺北市立大學的合併」、「社會教育機構型態與服務功能的多元化」；另在「學校教育與社會教育篇」則以學前教育與國民教育、後期中等教育、高等教育、社會教育制度運作、措施、機構等六章；而「體育運動篇」則以體育運動政策與行政組織、學校體育、體育專業人才、全民運動、競技運動、國際體育運動賽事、體育運動設施等 7 章，從申辦國際賽會歷程，到聽障奧運會在臺北等，強調臺北積極推動體育活動的傲人成績，不落人後。

　　過去教育志的編纂，總是把體育納入學校教育中，直到 2009 年出版的《臺灣全志、教育志、體育篇》，首度把體育獨立成篇，而《續修臺北市志、教育志、體育篇》，也是各版臺北市志的首創，將臺北市的體育運動篇獨立纂修，為臺灣體育運動教育史上，留下重要的史實。

九、《續修臺北市志》〈文化志〉

　　有「目次」、「表次」、「圖次」、「總論」、「概說」、「結語」、「大事紀」、「參考書目」、「索引」外，內容則有「文化行政篇」、「文化傳播篇」、「文學篇」、「視覺藝術篇」、「表演藝術篇」5 篇 23 章 87 節。其中，在「文化行政篇」，有文化政策與法案制訂、文化機構與組織、社區總體營造、產業獎助與節慶 4 章 12 節，

說明臺北市政府補助民間文化活動，推動文化發展的具體成果。

在「文化傳播篇」，有臺北市政府文化傳播機關與作為、平面媒體、電視與電影產業、臺北市出版產業與書店文化共計 4 章 15 節，記錄臺北市文化傳播相關事業的發展，其中，少部分媒體濫用新聞自由做為打壓異己的手段，加上部分新聞腥羶色，嚴重影響閱聽人的權利，各種自主性的媒體監督、改革團體出現；而新聞業的跨領域經營趨勢，是受注目的議題；另文化局於民國 94 年（2005）推出電子版《文化快遞》，藝文訊息不再受限於發行紙本，讓民可以便捷、快速地獲知臺北的藝文資訊。

在「文學篇」，有三十年來北市文學概述、文學活動與文藝傳媒、傳統詩、現代文學 4 章 11 節。以十年為一期，逐一論述，總括性地為該時期文學形成的特色與背景，留下記錄。其次，就發生在臺北市的文學活動與相關出版逐次介紹，將公部門舉辦的文學活動、民間文學社團及文藝傳媒的發展，寫入歷史；羅列臺北市古典詩人的詩作及簡介，最後，介紹現代文學作家的成就與貢獻。

在「視覺藝術篇」，敘寫臺北視覺藝術三十年風雲、視覺藝術設施、平面視覺藝術創作、立體造形創作、觀念行為與其他、視覺應用藝術、視覺藝術論述等 7 章 33 節；其中，將藝術論戰納入歷史的書寫，藉由呈現不同立場，各自表述，讓臺灣視覺藝術的發展脈絡更清晰。

在「表演藝術篇」，則有音樂、舞蹈、傳統戲曲、現代戲曲共 4 章 16 節，說明多元表演與藝術發展的樣貌，例如表演展場，民國 76 年（1987）兩廳院落成、社教館（今城市舞臺）的竣工，

是臺北市藝展演扮演重要場域的角色。

十、《續修臺北市志》〈人物志〉

編纂團隊除蒐集傳資料外，並在臺北市舉辦 12 行政區耆老座談會，到方基層聽取耆老的建議，確定立傳的人物名單三要件：一、出生於臺北市，活躍於各行業、各領域者；二、對臺北市具有重要貢獻者；三、居住或任職於臺北市，主要事蹟與臺北市有關者。有「目次」、「凡例」、「總論」、「概說」、「參考書目」、「附錄　人物表」外，總共計有「政治與經濟篇」、「社會與文化篇」2 篇 12 章共收錄傳主 319 人。在「政治與經濟篇」，分別以「政府部門章」收錄 24 人、「民意機關章」收錄 21 人、「政治社會運動章」收錄 26 人、「政治受難章」收錄 24 人、「農工產業章」收錄 39 人、「商業與服務業章」收錄 28 人；「社會與文化篇」以「教育學術章」收錄 55 人、在「文學藝術章」收錄 34 人、「大眾文化章」收錄 23 人、「醫療衛生章」收錄 18 人、「宗教信仰章」收錄 17 人、「社會服務章」收錄 10 人。其中，以收錄在教育界服務有功人員成舍我、成露茜父女檔等高達 55 人，是收錄人數最多的門類。

十一、《續修臺北市志》〈卷尾〉

計有「邀標公文與招標相關文件」、「各志主持人協調會議紀錄」、「各志篇歷次審查會議紀錄」、「執行單位歷次工作小組會議紀錄」、「纂修經過」、「各志索引」、「各志纂修團隊與審查

委員名單」共七大單元。

　　《續修臺北市志》以續修非重修的原則，綱目以延續 80 年出版《臺北市志》的篇目，惟三十年來，臺北市的政治、經濟、社會、文化急遽變遷，續修的編目略作調整，如〈政制志〉改為〈政事志〉，增加「政黨與社團篇」；〈經濟志〉增加「科技園區篇」；新增〈交通志〉，並增加「捷運篇」、「觀光旅遊篇」；〈社會志〉增加「族群與婦女篇」、「社會發展篇」；〈文化志〉增加「文化行政篇」，原「藝術篇」析分為「視覺藝術篇」、「表演藝術篇」兩篇；〈人物志〉的「宦績篇」、「賢德篇」，改為、「政治與經濟篇（附人物表）」與「社會與文化篇（附人物表）等」，以反映臺北市發展的實況。[8]《續修臺北市志》八志之中，除了〈人物志〉以外，其餘七志均統一有目次、表次、圖次、總論、概說、章節、結語、大事紀、附錄，井然有序。而各志的大事紀，分述各志從 1982－2011 臺北市的重要備忘錄，突顯各志的重要事件，足以說明臺灣方志纂修手法日益進步。

第四節　《續修臺北市志》纂修之貢獻

　　本文以《續修臺北市志》纂修為例，探討其在中國方志發展史上的歷史貢獻，茲說明如下：

一、學者修志

　　臺灣方志始於清領時期，纂修方志的工作，一開始，乃係

---

8 總纂黃秀政，《續修臺北市志》〈卷首〉，前引書，頁 10。

由清廷派駐到臺灣的官員負責。截至目前，中國大陸各地對於
方志的編纂修志工作，依然還是秉持中國的修志傳統，一律交
由中國地方志指導小組辦公室，及各地修志辦公室的官員負
責；反觀臺灣方志纂修工作，目前則普遍委由臺灣各大學，從
事學術工作的專業學者擔任。

　　臺北市政府修志並非第一次，但臺北市立文獻館對於修志
態度，依然慎重嚴謹，在修志之前，該館不斷向各界請益，並
從臺灣修志菁英群中，聘請志書編纂豐碩的黃秀政擔任《續修
臺北市志》總纂。黃秀政是續修志書的重要靈魂人物，他曾擔
任《臺灣全志》〈文化志〉、〈教育志〉兩部編纂計畫主持人、《嘉
義縣志》審查委員召集人、《新修桃園縣志》主審、及《續修臺
中縣志》、《南投縣志》審查委員，還有纂修《鹿港鎮志》等方
志，纂修經驗十分豐富。此次他所所率領的編纂團隊，都是在
臺灣各大學的專業領域，從事學術教學的教授群，各志主持人
都曾任各大學系主任，除有豐富的行政管理經驗外，他們還都
曾參與修志工作。

　　隨著教育的發達與學術的進步，學門分工漸趨嚴密，學者
主導修志，可以專業眼光，從學術的觀察角度，在方法上以歷
史編纂等方法，結合民族學、社會學、人口學、宗教學、民俗
學等相關學術的研究方法，透過廣泛蒐集相關文獻，探本溯源；
深入田野調查，彌補文獻的不足，纂修臺北市從民國 71-100 年，
最近 30 年的經濟、政治、社會、環境、交通、教育等發展的脈
絡，做真確而深入的記載，保存地方歷史，為臺北市留下最真
實的面向，最真實的歷程。編纂團隊一步一腳印，詳實紀錄臺
北市的發展與變遷，可為有意從事相關研究者，提供最具珍貴

價值的史實資料。

《續修臺北市志》編纂團隊，全都是在臺灣從事學術研究工作的學者，而由各不同學術領域的學者，擔任編纂工作的組合，由於學者專家投入修志行列，大大增益方志纂修水準，其採取跨領域研究的團隊、分工合力編撰的方式，終於圓滿完成修志使命。近年來在臺灣各地編纂方志，而採此纂修模式已日益普遍。

二、審查機制

《續修臺北市志》雖是官方「委託專業服務」的性質，但為確保志書的品質保證，仍要邀請審查委員進行把關，審查機制乃為一道必備的管道。

《續修臺北市志》有完整的審查機制，審查的規格，因有感各志下的各篇，內容相去甚遠，難以達到專業審查的效果，因此，審查模式乃比照《臺灣全志》的高規格模式，採取以「篇」為單位，非以「篇」為單位。每篇安排二位審查委員進行實質審查，而審查委員並未限制非教授，凡府外的專家、府內各局處首長亦可擔任，讓兩位審查委員的專長可以得到互補，審查人擁有獨立審查權。

續修市志係採分工合作的方式進行，總纂黃秀政所率領的編纂團隊，全力以赴，纂修過程不斷開會、溝通協調，纂修文稿則依審查機制，按時分期分次提交審查，第一次期中審查初稿五萬字，第二次期中審查初稿十萬字，縮短初期審查與期中審查的間隔，督促纂修團隊依時進行編纂作業，纂修團體擁有

纂修自主權。

　　整部《續修臺北市志》，在審查人擁有獨立審查權、纂修團體擁有纂修自主權、臺北市政府（臺北市立文獻館）擁有行政監督權，在三方互相協調、尊重下圓滿完成任務。而完整的「《續修臺北市志》審查機制」，有審查委員會嚴格把關，終得以順利完成，足見審查機制的建立，具有幕後推動的角色，在方志纂修過程，具有舉足輕重的地位。

三、反映時代

　　三百多年前，臺北市由淡水河岸的艋舺（今萬華）、大稻埕（今迪化街一帶）的拓墾小聚落，漸進成商貿街區；日本統治以後，臺北成為臺灣的首善之都，但近 30 年來的變動最大。據〈土地志〉所載：「城市發展篇」描述，臺北市政府鑑於原有的老舊市區（西門町及火車站附近地區）處於擁擠、髒亂及停滯成長的困境，乃提出都市東移政策，陸續推出信義計畫區的建設外，還有市區鐵路地下化與高架道路及臺北捷運的規劃與興建。2000 年代，由於臺北捷運東西板南線與南北淡水線相繼完工通車，捷運網逐漸形成，還有世界第一高樓臺北 101 大開幕啟用、南港軟體工業區等建設相繼完成；產業發展中，形塑書店街、家具街及著名的夜市、地下街等。

　　另據〈經濟志〉觀察：臺北市原本是製造工業的重鎮，在民國 70 年代以後傳統工業式微，資訊電子、光電、生物、材料及自動化機械等高科技產業取而代之，南港、內湖兩大科園區都以智識型密集產業為主，又有高科技產業進駐，成為新興的

經濟核心，帶動臺北市整體的工業轉型，附近人口呈現磁吸現象。這種號人研發為主的新工業型態，加以嚴格的環保法令，在環境保護上有很大的貢獻。金融方面，至民國 100 年，臺北市有千餘家金融機構、股票、債券、期貨等，顯示金融市場非常活躍。臺北市的工業發展已成都市型、服務型、高科技及技術密集型的工業。臺北市在 2010 成功舉辦臺北國際卉博覽會，具備國際大城的聲勢，並獲得國內外城市諸多評比佳績，如：「總體競爭力全臺第一」、「幸福城市全臺第一」「全球七大智慧城市」、「臺北捷運系統營運可靠度世界第一」「亞洲綠色城市第二」等殊譽，使得臺北市展現出不同於其他城市的特色，無論城市外貌、繁華與生活的便利性等，皆已達國際大都市的水準。

從〈交通志〉記錄：在公路運輸方面，因近年因應能減碳、愛護地球而推行 YouBike 微笑單車，在臺北市內廣設賃位點，民眾擁有使用前 30 分鐘免費、不同點位借服務；此外，又推 運輸系統智慧化，廣為運用不同系統，包括公車動態資訊系統、道路交通控、資訊化即時系統、計程車衛星派遣系統、停車管理與違規開單數位化，提供民眾獲得即時訊息，創造友善、方便、迅速的交通環境。此外，在電信業務書寫中，看到從無線電叫人收信器（B.B. Call）業務，到行動電話業務使用的轉變；而在「捷運篇」中，敘述臺北都會區大眾捷運系統，是臺灣第一個營運的大眾捷運系統，為臺北都會區主要交通骨幹。臺北捷運民國 75 年（1986）經行政院核路網，民國 77 年開始動工興建，民國 85 年文山線（原木柵線）首次通車，成為臺灣交通史上新的里程碑。迄今（民國 100 年，2011）臺北捷運已有文山內湖線、淡水線、中和線、新店線、板橋線、南港線、土城

線、蘆洲線、新莊線、小南門線、新北投支線、小碧潭支線等，
其後還有其他路線陸續開通。

再依〈社會志〉整理近 30 年來臺灣婦女運動的發展，發現
婦女運動的場域主要是在臺北市，且經長期的努力，臺灣婦女
的地位明顯提昇，婦女的教育、就業、參政比例，也已逐漸增
進，為此，臺北市政府社會局於民國 77 年（1988）成立「婦女
福利股」，有專人專責辦理婦女福利工作。然而隨著工業化與都
市化，臺北市的家庭結構逐漸質變。以離婚率而言，民國 60 年
（1971）為千分之 0.58，至民國 100 年（2011）增至千分之 2.22，
40 年間成長近 4 倍之多，單親家庭、問題青少年、家庭暴力、
受虐兒童、棄嬰孤兒等社會問題，市政府開始積極與民間社福
單位等，制定福利政策，成立兒少照護組織，建構社會安全網；
而近年來，雙薪家庭增多，幼兒披育增多，因此，普設托育機
構、補助育兒津貼等。

《續修臺北市志》強調不是重編志書，而是延續前志，繼
續敘寫臺北市 30 年來的發展，例如〈土地志〉在城市發展篇有
「捷運城市」、「智慧城市」；又〈經濟志〉「科技園區篇」，說明
臺北科技園區的歷史背景、建置管理，而內湖科技園區、南港
軟體工業園區的設立，實與臺北市產業結構的發展、社會、文
化息息相關，兩科技園區卓越的管理績效，不僅反映臺北市工
業部門的升級，更是臺北市經濟發展的指標與特色；而在〈社
會志〉中，則收錄近代婦女從政、婦女運動等盛況。舉凡過去
臺北市舊志所沒有收錄過的人、事、物等，在此次續修工作中，
都成為一一輯錄進去的對象。志書，是反映一個時代，一個地
區民眾的生活樣貌，《續修臺北市志》反應當代社會，強調與所

有臺北市人的生活相吻合。

四、兼容並蓄

中國方志的纂修傳統文化歷史悠久，故其內容已由簡單到複雜，體例也逐漸定型化。就《續修臺北市志》纂修體例來觀察，該志共計有 8 志 11 卷 33 冊，總字數逾 1,033 萬字，投入的人力、字數之多，均為歷次縣志之最。在體例上，其一：以民國 71 年 1 月為上限，下迄民國 100 年 12 月底，70 年 12 月以前各志的背景敘述，以不超過百分之十為原則，時間斷限統一；其二：人物志援生人不立傳之例；其三：各篇以下為章、節、項、目，目次整齊清楚；其四：除了〈大事紀〉外，八志又統一均有各志的「大事記」，採編年體，記錄各志的重要時間與重要事件；其五：以圖文表述、電腦繪圖技術進步；其六：各志各篇註釋，資料引用，註明出處，分別附註在當頁下方，參考書目及索引彙列各篇之末。

《續修臺北市志》的「表」體表格文字簡潔、運用恰當；「紀」體以時為序、紀文簡潔；「志」體依類記述，以順敘結構舖排開展；「傳」體〈人物志〉，採紀傳體，且秉持不為生人立傳之傳統原則，各傳獨立論述，不同門類的單層次結構，簡單明瞭；「徵引資料」則註釋方式多元、數量龐大。該志體例屬於章節體，樣式豐富，體裁則包括「大事記」、「圖表」、「專題志」和「傳記」四種書志體的分類原則，該志說明不僅能夠繼承傳統，結構則能突破創新，係將傳統與創新，兼容並蓄的作品。

過去的方志，不乏撰述方式陳舊，內容簡略，取材不足，

缺乏註解，使用圖表比例很低，甚至多屬前志之翻版。然而《續修臺北市志》卻靈活創意，例如〈土地志〉等志皆以「概說」為首，提示各篇內容重點與整體架構，繼以章節項目，一一詳細記述，篇末以「結尾」綜合納該篇重點，並附有「大事紀」、「參考書目」，便於查考事實發生之時間，與所載內內徵引資料之出處，提供讀者進一步理解事實，延伸閱讀，十分方便。除內內容新穎豐富外，各志圖表精美，〈土地志〉等志以文字圖表穿插運用，相輔相成的原則，凡能以照片、地圖、表格、圖示敘明者，一律優先使用，避免以冗長的文字敘述。

五、民主運動

從《續修臺北市志‧人物志》收錄〈江鵬堅傳〉，描述傳主常為受難者辯護，民國 73 年（1984）成立臺灣人權促進會，從事政治犯營救工作，推動解除海外黑名單；民國 75 年與張俊雄等人籌組「民主進步黨」。民國 80 年（1991）擔任民進黨秘書長；民國 85 年（1996）獲李登輝總統提名出任監察委員。著有《人權手冊》等書。另在〈周合源傳〉，描寫傳主於大正 15 年（1926）與王詩琅組成「臺灣黑色青年聯盟」被日本警方逮捕並判刑，昭和 6 年（1931）被推選為共產主義化之臺灣文化協會的中央委員；民國 42 年（1953）在臺以「資匪」、「知情不報」罪名判處有期徒刑 12 年；民國 75 年加入民進黨創黨黨員；民國 77 年（1988）參與作家吳映真等人組成「中國統一聯盟」擔任顧問；次年加入勞動黨。

在〈林山田傳〉，則敘述傳主鼓吹法律人不應犧牲法律正

義，民國 80 年（1991）與中研院院士李鎮源等人發起「100 行動聯盟」要求廢除刑法一百條言論叛亂罪，次年，立法院完成型法一百條修訂，刪除言論內亂罪之規定，隨後，解嚴被捕的臺獨人士釋放，民國 85 年（1996）與李鎮源等人組織建國黨，民國 89 年淡出政治運動，被學界喻為「戰鬥的法律人」，著有《刑法通論》等書。另在〈林呈祿傳〉中，指出傳主與蔣渭水等在東京組織臺灣議會期成同盟會，被以治警事件禁錮。日本在臺時期，曾任臺灣總督府評議員等職，民國 34 年日本戰敗，與林獻堂等六人，被國民政府指定參加南京受降典禮臺灣人代表，雖赴南京，但未出席，俟傳主返臺後，參與「觀迎國民政府籌備委員會」工作，因戰後初期，曾受查有無漢奸嫌疑等，乃自行成立東方出版社。在〈鄭南榕傳〉，則回顧傳主在戒嚴時期，為二二八事件舉行遊行，民國 78 年（1989）為堅持「百分之百的言論自由」而引火自焚。

在〈連溫聊傳〉，則描寫傳主在大正 12 年（1923）與蔣渭水組織臺北青年會，被當局以違反治安警察法等，戰後致力於民俗學研究。其曾於民國 43 年（1954）應臺北市文獻委員會邀請，撰寫《臺北市志稿・政治運動篇》，但因內容被認為「不合時宜」而積壓未能出版，晚年生活窮困，精神印鬱。其《臺北市志稿・政治運動篇》遺稿，由張炎憲、翁佳音編校成《臺灣政治運動史》一書刊行；在〈王添灯傳〉，曾在大稻哉乾元藥行工作，並兼任刊物寫作、通譯，昭和 5 年（1930）成立臺灣地方自治聯盟，開設茶行；民國 36 年（1947）2 月 27 日因緝菸發生警民衝突未息，3 月 1 日傳主至警備總部見陳儀，要求釋放被捕市民等，3 月 7 日面呈〈二二八事件處理大綱〉，為陳儀所拒；

11 日清晨 5 時，傅主於自宅遭不明人士帶走，從此下落不明。無獨有偶，在〈阮朝日傳〉一文，則描寫傅主重視文化事業，編訂《華日辭典》等語言學習工具書，民國 35 年參與組織「臺灣海外青年復員企進委員會」，二二八事件發生後，3 月 12 日遭不明人士帶走，從此也下落不明。

　　1945 年日本戰敗，總治政權轉變，但早在民國 76 年（1987）解除戒嚴之前，已有許多人為改革制度等請命；解除戒嚴前後，包括勞工運動、婦女運動、環境保護運動、二二八平反運動、司法改革運動等各種社會運動，都以臺北市為中心。在全民化浪潮下，民國 80 年（1991）終止動員勘亂時期。民國 81 年（1992）修訂刑法一百條，言論自由獲得保障。民國 83 年（1994）舉行戰後首次臺灣省長、臺北市及高雄市長直接選舉，民國 85 年全臺人民首度直接選舉總統，〈人物志〉為許多曾努力為臺灣走向民主政治，於批判時局、挑戰當權權威、發出正義之聲，為臺灣民主而犧牲、貢獻的重要人士立傳，該志並將二二八事件、白色恐怖政治案件受難者納入，讀傳令人為之鼻酸，藉以見證臺灣民主政治的歷程十分艱辛。

　　而《續修臺北市志》出現「白色恐怖」等內容與文字，與過去多部舊志相較，皆乃前所未有。續修志書的纂修內容，相較於過去的舊志，勇於突破過去修志的尺度，內容呈現多元論述，顯得更為開放、自由，且以新的視野來分析或詮釋方志內容，更能忠於歷史事實。

六、凡人入傳

　　過去，官方志書入傳者，多以達官、貴人為主要對象；但

在《續修臺北市志》〈人物志・政治與經濟篇〉入傳的人物，計有里長陳天賜、謝坤仁；在「政治社會運動章」，有無產大眾攝影家李文吉入傳；在「農工產業章」，收錄栽培文山包種茶的魏靜時；在〈社會與文化篇・教育學術章〉，對臺灣總督府圖書館、省立臺北圖書館（今國立臺灣圖書館）奉獻長達七十年的劉金狗，對書整理、徵集、保管和襄助研究資料之功，值得效法；「大眾文化章」，記錄新電影浪潮中崛起的楊德昌，還有民歌時代的象徵李雙澤，因救援落水遊客而不幸溺斃，另有文英阿姨、張福財（矮仔財）等人，他們都是庶民的回憶；在「社會服務章」中的王貫英抱持武訓興學、李再春犧牲救人，健康幼稚園火燒車中，搶救幼童的林靖娟，還有照顧遊民的施照子等人，他們純樸善心，犧牲奉獻的精神，是促進社會進步的精神資產，值得被社會一再懷念。

中國傳記散文始於司馬遷《史記》，其中〈列傳〉七十篇以誌人物，〈列傳〉首創紀傳體，記述的對象，上自帝王將相，下到販夫走卒，遊俠、商人、刺客等社會各階層的人物，列傳體例記載明晰，運用靈活，為後世史家所遵奉；《續修臺北市志》旨在為臺北市或臺灣社會之貢獻者、重要人物立傳，使之傳諸後世，透過傳記呈現臺北市近半世紀以來的發展與變遷，成為社會大眾共同的記憶，凡對於臺灣社會有具體貢獻的基層人士，善盡挖掘與記錄之責。

七、在地特色

臺北市為臺灣首善之都，雖有進步的科技園區、先進的交

通等，但從〈經濟志〉有載：木柵觀光茶園於民國 69 年（1980）開放，為臺北市觀光休閒農業揭開序幕，1981 開辦北投區休閒觀光果園，供遊客採果，帶動臺灣觀光休閒農業的風潮；民國 83 年 7 月，臺北市推動「農業振興方案」，善用善用臺北特殊的地形風貌，以有限的農業資源，發展休閒有機及獨具風格的都市農業；〈交通志〉則有「主題」與「特色」的主題與特色觀光，例如推出紀錄臺北市產業發展的「產業觀光」、旅遊行銷的「影視觀光」、結合醫療的「醫療觀光與健康旅遊」、強身健體的「運動觀光」，是各種甚具「特色」為景點觀光的亮點。臺北市努力從式微的產業中，積極融入在地特色，不但給逐漸式微的產業新的生命，還點亮生命，給予繼續發揚光大，永續經營。除了點亮式微產業的生命，並在臺北捷運融合在地文化特色，在交會、端點站或其他旅客流量大的重點車站，以附加方式設置公共藝術，提供民眾與藝術互重的場域，進而產生共鳴。此外，捷運與旅遊結合，推出淡水線的「淡水站」、淡水線的「新北投站」、淡水線的「圓山站」、文湖線的「動物圓站」等多條捷運旅遊景點，努力推動歷史城區、觀光茶園等觀光發展，讓臺北的每一個角落都能被看見。

　　臺灣光復初期，對臺灣文化重建工作，強調國家意識，激發臺灣民眾的愛鄉愛國的情操，對本土文化的保存，但並未受到重視。1970 年以降，臺灣始推行本土化政策，地方人士乃能對鄉土產生強烈的認同感，修志的內容也重視鄉土資料。加以近年來政府為推動十二年國民基本教育，已於民國 103 年 11 月 28 日公布十二年國民基本教育課程綱要總綱，並預計自 108 學年度起，依照不同教育階段，逐年實施，發展學校特色，充分開展學生的潛能。一個地方的歷史，往往因不同時間而千差萬

別,《續修臺北市志》反映當代臺北市的地方特色、發展與變遷,因地制宜,具有大量鄉土教育資料可供參考,具有正面的教育功能。

八、資政參考

　　《續修臺北市志》〈土地志〉提出,北投關渡平原一帶的土壤因取用北投地熱谷含砷、鉛等元素之溫泉水灌溉,致有明顯重金屬砷污染的情形,建議應改用其他水源灌溉或栽種花卉 等非食用性作物,以減少對人體危害。而地震時導致土壤液化問題,而臺北市的高度土壤液化區,分布於社子島、行天宮、大安森林公園北半側等處,因土壤液化容易使建築物傾斜下陷,產生意外,土壤液化問題尤需格外關注,不容忽視。[9] 此外,外來物種對生態影響很大,動物中以松材線蟲為最,植物則以大花咸豐草與非洲鳳仙花之擴散速度最快,致使原有的生態平衡崩解,形成生態危機,建議需有更多研究與責極作為,以防止更大的生態損失。此外,為避免忽略地方的獨特性,建議就臺北市的名勝、古蹟、歷史建築,發展具有地方感的文化旅遊,除可提供觀光旅遊,並能刺激在地居民參與、創造,持續深化、厚植與永續經營自然與人文資源。

　　另在〈政事志〉中,除說明臺北市的政事發展、提供公共服務的戶政等公共事務,與時俱進的變革與發展外,還有書寫臺北市政府因應產業變遷需要及使用彈性,將商、工業區向以負面表列方式進行管制,及對老樹保護、生態保水等相關管制

---

9 總纂黃秀政,纂修主持人周國屏,《續修臺北市志·土地志》,前引書,頁ＩＸ－Ｘ。

規定與執行成效，進行檢討。並書寫如何落實水岸、人文、科技都市發展政策與願景的方案與措施。

綜觀臺北市 30 年的商業金融發展一日千里，商業組織規模最臺最大，金融機構數量高臺首位，為防堵金機構弊案，因應國際金融衝擊與追求國際金融的競爭，〈經濟志〉在結語時，建請政府「訂定各項法規，透過金融機構的開放與合併之改革工作，藉此建立完整的金交易秩序與市場，此外，政府也透過亞洲外貿與物流平臺的建構，如設立臺北世界國際貿易中心與加強運輸與物流能力，使臺灣更加邁向經濟自由化與國際化」[10]。

〈社會志〉道出臺灣完成人口轉型，本世紀即將快速轉變為金字塔型，臺北市未來將面臨人口大幅老化、少子化問題，而臺北市的婚姻盛行率逐年下降，初婚年齡不斷延後，離婚率上揚，晚婚遲育甚至終身不婚現象嚴重，因此需要營造友善婚育環境。

續修市志各分志，真實地記錄臺北市的歷史事件，以提供大量豐富的臺灣文學史料、政治社會史料、教育經濟史料、音樂舞蹈史料、藝術工藝史料、風俗文化史料、風景名勝史料、戲劇表演史料等參證史料，實具有參考價值與學術貢獻，保存文獻外，其能提供施政大量的研究訊息，發揮存史之功能外，尚能兼具資政功能，意義非凡。

九、發行光碟

《續修臺北市志》除了有精裝、平裝版本的實體書出版外，

---

10 總纂黃秀政、纂修主持人吳學明、撰稿鄭政誠，《續修臺北市志‧經濟志‧商業與金融篇》，前引書，頁 315。

臺北市立文獻館還又與臺北市立圖書館合作，特別規劃網路電子書版本，開闢線上點閱電子書，分別在文獻館及臺北市立圖書館之網站首頁，提供民眾免費閱覽。而續修志書出版的最大特色，是同時發行光碟，便於地方志書內容的檢索與利用，有助於地方志書的傳遞與流通。

　　該志的光碟，除有單篇光碟外，並將志書發表會推出的 33 篇志書全部集中於 1 片光碟。編纂工程嚴謹浩大的《續修臺北市志》全套志書，終於完整付印及發表，同時廣為流通。讀者可至文獻館「文獻資料室」查閱志書，或者在書店門市、各政府出版品展售處或文獻館購買。發行的光碟的意義，具有跨時代、跨國際、整合科技等多重正向意義，透過光碟、網路，方便在世界各地的人士查詢與檢索，讓這大部書的浩瀚資料可以遠播全球，臺灣方志編纂與科技的發展連為一體，走在時代潮流的尖端。

　　歷史是用來記載人類生活的，衡量一部好的方志，應該如同一部好的史書，自記載中，看出一個時代的政治、社會、經濟等活動的面貌，其內容應絕非僅為表象的記載，而是應該具有關懷社會，並能廣泛深入，對後世有所啟示。臺灣方志纂修已進入嶄新的歷史階段，方志纂修普及，體例與纂修方法更為科學，也均有所貢獻。以《續修臺北市志》為例，其對於中國方志發展史上，提供：「學者修志」、「審查機制」、「反映時代」、「兼容並蓄」、「民主運動」、「凡人入傳」、「在地特色」、「資政參考」、「發行光碟」等九大貢獻，具有存史、資政、教育功能。現今的臺北市，是一個現代化的國際級都市，是臺灣政經文化中心，人文薈萃，經貿繁盛，探究《續修臺北市志》在臺灣方志纂修發展史的歷史貢獻，具有一定的價值與意義。

第九章 結 論

第一節 本文研究結果

經由以上各章節研究，所得結論分述如下：

一、臺灣方志編纂的分期與發展（1683–2016）

考察臺灣方志纂修歷經清領、日本、戰後時期。統計清領時期纂修的臺灣方志，至少有上述 45 部，其中，以《臺灣府志》為臺灣第一本方志。而清領時期的臺灣方志，有蔣毓英、高拱乾、陳夢林等學者與官員，將中國傳統優良的修志傳統引進臺灣，而方志的纂修人員幾乎是清廷官員親自參與修志，此外，並積極培訓陳輝（臺灣舉人，參與《重修福建臺灣府志》纂修）、曾作霖（彰化舉人，編輯《彰化縣志》）等多位在地人士參與修志。官、私修方志提供豐富史料，係為探索早期開闢臺灣史實的資料庫。

日本時期的臺灣方志，纂修的「鄉土志」、「要覽」、「概況」、「大觀」、「一覽」數量多達二百多種，惟纂修內容多為施政資料。至於私人方面，例如伊能嘉矩（1867－1925）精查臺灣史

實，一覽臺灣文化各方面的發展，以三十年時間，殆竭盡其一生的精力，傾注平民之歷史，完成著述《臺灣文化志》，獨步研究臺灣古文化，獲得學界讚賞，此外，并出季和太的《臺灣治績志》，及鈴村串宇經二十多年穿梭中、臺、日蒐羅而得資料編成《台灣全誌》等，均能提供大量參考史料。日本從 1895 年來臺，對臺係推行殖民地統治，第一時間就著手編纂第一部《全臺志》，直至從臺灣撤退前，1945 年又出版《臺灣統治概要》，由此可見，日本從治臺開始，到撤離臺灣，其長期從事臺灣的調查工作，從未間斷。其次，就纂修方志的內容而言，方志內容多以日文書寫纂修，開創纂修的街庄志，則相當於戰後的鄉鎮（市區）志，而成為戰後臺灣新興的方志。

　　戰後時期的臺灣方志，在 1945－1949 年臺灣光復初期，省府多數人力均投入遷臺工作，戰後臺灣方志纂修僅進行纂修省通志之研擬工作，縣（市）志、鄉鎮（市、區）志，成績均掛零。在 1949－1987 年（戒嚴時期）「黨國體制」嚴密控制，新修「地方志書修纂辦法」規定各機關編列纂修志書預算，因此積極纂修《臺灣省通志稿》、增訂《臺灣省通志稿》、整修《臺灣省通志》、重修《臺灣省通志》、續修《臺北市志稿》、《高雄市志稿》；縣（市）志纂修 50 部、鄉鎮（市、區）志則有 54 部。從 1987－2000 年（解嚴初期）《重修臺灣省通志》完竣外，又出版重修《臺北市志》、《續修高雄市志》，纂修的縣（市）志計有 15 部次、鄉鎮（市、區）志則有 69 部。在 2000－2016 年（政黨輪替時期），則纂修全國性志書《臺灣全志》，其內容涵蓋 1949年以後中華民國政府實際統治區，其性質有如元、明、清的「一統志」外，本期纂修、出版的縣（市）志計有 16 部次，鄉鎮（市、

區）志至少計有 70 部以上。

截至 2016 年底，綜觀戰後臺灣（含金門縣、連江縣）共有 23 個縣（市）、368 個鄉鎮（市、區），已編纂、出版之全志、通志、縣（市）志、鄉鎮（市、區）志，官修私纂方志近 300 部。其中，官修方志因是政府編列預算出版，因此常見大量邀請首長題詞，造成私用版面之憾。臺灣方志從清領、日本到戰後時期，因政治、社會、經濟等各種因素，造就不同時期的臺灣方志，例如戰後臺灣的方志編纂具有「方志名稱多元化」、「方志產量多變化」、「出版對象多樣化」、「編纂團隊學術化」、「題材內容現代化」、「編纂方式電腦化」、「經營方法多角化」，充分展現新方志纂修之特色，說明臺灣方志在不同時間，均能能夠展現獨特的編纂特色。

二、臺灣方志之史傳體例

── 以《史記》列傳、表、書體為例

司馬遷揉合「本紀」、「表」、「書」、「世家」、「列傳」五種體例紀史，自此以後，二十四史等正史，都依照《史記》的五體編纂而成，《史記》編纂體例影響長達二千多年。考察中國方志纂修的歷程，方志從三國以後逐漸興起，最早以反映一方風土人物的「地記」為主要形式，但「地記」的內容簡單。到了唐代，「地記」逐漸被圖經取代；及至南宋，方志定型取代圖經的地位，方志的形式從最早的「地記」漸進為「圖經體」。民國方志雖承襲舊志編纂體例，但因社會、經濟、生活、文化、教育、政治等改變，修志主旨以民為本，方志發展在學者專家著

書立論、積極推動下，產生功能更廣泛的「新方志」。方志體例發展與《史記》五體關係十分密切，《史記》的五體仍被當代方志修志者在纂修方志時繼續運用，惟因修志者的旨趣不同，隨著方志內容日益增多，除了《史記》的人物紀傳、表體等，迄今仍被學者及修志專家繼續援用外，現代方志中的「序」、「概說」、「圖」、「徵引資料」等結構因運而生。方志體例除了能夠繼承正史，隨著方志的內容變化，尚能突破創新，展現方志體例之發展，隨著時代推進與社會的進步，逐漸趨向多樣性。

三、臺灣方志之文學書寫

—— 以乾隆時期府志記述為例

清領時期臺灣首部方志《臺灣府志》刊行後，臺灣方志蓬勃發展，數量持續不斷增加，而《臺灣府志》纂修的體例，乃成為纂修方志的重要指標。自康熙時期，蔣毓英主修臺灣第一本《臺灣府志》，迄乾隆時期余文儀主修的《續修臺灣府志》，全臺纂修的《臺灣府志》共有七部。本文主要梳理乾隆時期，所纂修的《重修福建臺灣府志》（劉良璧主修）、《重修臺灣府志》（范咸、六十七合纂）、《續修臺灣府志》（余文儀主修）三部府志，期從所遺留的珍貴文獻資料中，一探早期臺灣方志的文學記述特色。惟檢視內容，余文儀詩作所指「雞籠」（乃指今基隆）「雪壓重關險」，據諸多學者研究，係與現況不符。清領時期，以〈雞籠積雪〉為題作詩者，且被收錄在方志者，為數不少，像是早在康熙時期，高拱乾就率先以此為題，而後在《范志》、《余志》中，分別還有臺灣道莊年、監察御使王璋等人，

所作之詩，均曾以〈雞籠積雪〉為題。探究其因，此乃應與詩人為瑰麗文采，往往把個人富有豐富的幻想力，用美麗的詞藻寫入作品，以致於文采雖美，卻發生與事實不符的窘狀。

儘管如此，據本文檢視《劉志》、《范志》、《余志》〈藝文志〉，總結三志的記述特色，仍具有「收錄首批臺灣文學」、「提供大量民情風土」、「首度載入抗爭民變之事」、「鼓勵臺灣文人創作」、「保存文獻豐功懋烈」五大特色。其中，將抗爭民變的史事，首度載入方志之中，此在過去所纂修的臺灣方志，前所未見，由此具體說明，方志係根據各地社會發展而成。

臺灣方志收錄的藝文作品，並非無病呻吟，總結上述乾隆時期的府志，其除能提供教育重任外，更具有存史的重要功能。而藉由不斷修志的過程，不難觀察一地的人文、地理與歷史的變化。

四、臺灣方志之水利書寫
—— 以桃園大圳石門水庫爲例

由於水資源是臺灣史發展的命脈，有鑑於此，乃爬梳戰後臺灣各縣（市）志，而發現其中包括臺中、南投、苗栗、嘉義、金門、桃園縣等地方縣志，均有相關水利的收錄內容，惟僅桃園縣無論是官修首纂、或重修、新修的縣志，始終以同一部志（〈經濟志〉）、同一篇名（〈水利篇〉）收錄之。從桃園三部縣志，得知桃園臺地，現今仍有清領時期的陂塘、與日本時期的桃園大圳，以及戰後的石門水庫共存。桃園臺地上的埤塘數量高居全臺，桃園大圳開鑿時間又早於嘉南大圳、石門水庫為全臺重

要水庫之一，因此，埤塘、大圳、水庫便成為「人與水互動歷程留下有力的見證」，由於此三項著名的水利工程遺跡，格外引人矚目。

綜觀臺灣地區縣志中的〈水利篇〉，首先，就纂修篇幅而言：有由多遞減者、有由少增多者，及新、舊志差不多者；其次，就收錄志書而言：僅桃園縣三部縣志的〈水利篇〉，是唯一從首纂、重修、新修，自始至終一直同樣被收錄於〈經濟志〉，且大綱〈水利篇〉從未改變，其他縣志則收錄於不同志書。從各地縣志〈水利篇〉，發現原以灌溉為主要功能而開發的埤圳、大圳和石庫，但隨著社會、經濟、環境等變遷因素，已迫使傳統水利面臨觀光等功能的轉型，並非被所有縣志所逐一收錄，此乃因與〈水利〉纂修的資料多寡、纂修團隊編制、或纂修經費等有密切關係。

本文並以桃園縣首部官修《桃園縣志》〈水利篇〉為分析起點，再與重修《桃園縣志》和《新修桃園縣志》〈水利篇〉，以詮釋、比對三者之異同，藉由以上系統化的整理，以闡述現象的變遷，並歸納檢視臺灣社會經濟轉型的歷程。綜觀桃園三部官修縣志的〈水利篇〉，則早期的〈水利篇〉，雖有錯字舛訛，但卻具有「纂修手法日益進步」、「突顯陂塘文化資產」、「反映當代水利樣貌」、「探究農田水利組織」、「提供經濟轉型史料」五大特色與價值，仍為瑕不掩瑜的可貴文獻。

五、臺灣方志之漁業書寫

—— 以新屋沿海客家聚落爲例

九〇年代以來，臺灣整體文化意識走向自我文化的重建認

定，與追求文化主體性。本文從方志書寫的歷史脈絡、現實社會生活的實際樣貌等，研究新屋沿海客家傳統聚落及漁業傳承與發展，最重要的意義即在於展現客家先民開拓歷史與客家文化，突顯客家移民經歷中表現出來的全球性格，以全球的視野來突顯客家文化的多樣性，建立對客家文化遺產的知識內容，肯定客家文化多樣性的價值觀。

桃園臺地有豐富的族群，隨著時間遞嬗、社會變動、經濟活動蓬勃發展，營造出獨特的地域空間。而新屋沿海客家聚落傳承客家庄的原貌，發展在地漁業文化，成為台灣珍貴的文化資產，世界上再也找不到第二個新屋沿海客家傳統聚落；惟因社會、經濟結構的改變，環境污染、工業化發展等襲面而來，客家聚落與漁業活動逐步演進，傳統客家漁村轉型成為客家觀光休閒漁村，客家聚落的漁業文化傳承與發展，成為全球化下客家文化保存與推廣，實待正視的課題。

新屋沿海客家聚落，其所發展而成的漁業文化，乃為人類活動的文化產物，惟區域發展，已對當地聚落及漁業造成影響包括「產業結構改變」、「聚落景觀改變」、「海岸線變遷」、「藻礁受到危擊」。新屋沿海客家聚落的漁業文化，全國獨一無二，為避免此一文化迅速流失，除應多關心外部環境變遷，對傳統人文環境所造成的影響外，而為維持傳統聚落的社會結構、文化、活動的傳承，建議加強推廣客家村落的旅遊觀光，以當地居民為主要對象，凝聚地方居民的認同，結合當地宗教信仰、設計文化地景導覽，讓聚落居民可以從週遭環境了解客家文化景觀的深刻意涵，讓聚落故事繼續傳承下去，永續發展。

六、臺灣方志之歌謠書寫

—— 以原住民族〈澹水各社祭祀歌〉爲例

　　臺灣是個多族群的寶島，原住民是最先居住在這塊土地上的人民，其因無文字，因此歷史文化傳承只能靠口耳相傳的神話、傳說、故事、俗諺、歌謠承遞，要探討原住民族文學發展，必須溯源已經綿延數百年的口傳文學。桃園地區平埔原住民族的神話、傳說、故事、歌謠、諺語等口傳文學，因統治權的嬗替、族群漢化及環境變遷，原住民的生活模式、風俗、祭儀及社會組織等面臨消失。面對桃園地區平埔原住民族面臨語言消失的困境，筆者還是竭盡所能，在有限的文獻資料中探索、分析屬於桃園地區平埔原住民族的口傳文學，以同為達格蘭族的淡北等社傳說提出參考，一探其豐富的想像力外，並深入民間進行田野調查，親自訪問龜崙社頭目永媽隆的後裔，探究平埔原住民族之神話、傳說、故事、諺語，惟其因經漢化而語言迅速失傳，採集僅存的三句平埔語：「gū man（吃飯）」、「mō dū（客人）」、「bi là（錢）」。

　　有關早期流傳於南崁四社平埔原住民族的神話、傳說、故事、歌謠、諺語等，截至目前為止，僅能找到巡臺御史黃叔璥以漢字記音，並將之通譯，收錄於《台海使槎錄》〈番俗六考〉的〈澹水各社祭祀歌〉一首歌詞，而〈澹水各社祭祀歌〉日後陸續成為陳培桂《淡水廳志》等方志所收錄的主要對象。其次，梳理〈澹水各社祭祀歌〉一詞，觀察早期平埔原住民族反映思想則包括：「祖靈崇拜」、「母系社會」、「表達願望」。至於流傳

於南崁四社的平埔原住民族的神話、傳說、故事、諺語，則是一片空白。對於平埔原住民族的口傳文學，文獻極少採集記載，故極其缺乏，殊屬遺憾。

七、戰後臺灣方志纂修的歷史貢獻
—— 以《續修臺北市志》為例

戰後在政府大力推動下，臺灣各地掀起編撰志書的熱潮，致使各地修志事業呈現蓬勃發展的景象。臺北市文獻委員會 2017 年 7 月 15 日在，舉行《續修臺北市志》新書發表會。本文乃以《續修臺北市志》為題，一探臺灣方志在中國方志發展史之貢獻，方志纂修，不同的內容，則會展現不同的貢獻。本文，綜析並總結其在中國方志史上的貢獻，至少包括提供：「學者修志」、「審查機制」、「反映時代」、「兼容並蓄」、「民主運動」、「凡人入傳」、「在地特色」、「資政參考」、「發行光碟」等九大貢獻。

臺灣的方志纂修之路，無論是理論或實踐，均累積諸多前賢的豐富經驗，方志纂修乃成為中華文化獨一無二的文化資產。

第二節 臺灣方志纂修未來願景

臺灣早期與中國大陸遠隔重洋，是一個新開闢之處，文化程度不高，又缺乏地方官私書檔，無書可錄，修志條件困難，撰修方志始於清康熙二十三年（1684）蔣毓英的《臺灣府志》（《蔣志》），首部臺灣方志距離現今有三百多年歷史。清領時期的臺

灣方志，係以官修方志為大宗。

　　清光緒二十年（日明治二十七年，1894），清朝為了朝鮮主權問題，和日本發生甲午戰爭，但清廷戰敗，與日本簽訂馬關條約，光緒二十一年四月十七日臺澎割讓給日本（乙未割臺），日本治臺長達五十年。日人治臺之初，成立「臨時臺灣土地調查局」及「臨時臺灣舊慣調查會」，此外，臺灣總督府廣泛蒐集清領時期所纂修之府廳舊志，並倡修縣廳志，日本時期的臺灣方志，因應時空的變遷，除了傳承清志之遺緒，並新創一格，增加新的志書類目與記載內容，非官修的地方志書，多具有專題撰述取向，採科學的調查研究方法，和中國傳統方志有所不同。此期對修志的體例，要求嚴謹，方志纂修方法，亦有所增益。

　　一九四五年日本宣佈無條件投降，並歸還臺灣主權。戰後臺灣內外動亂甫定，有關方志之纂修，係以傳承中國傳統官方修志的傳統，一九五〇年以後，各縣（市）由省文獻會輔導，紛紛成立文獻委員會，展開縣（市）志的創修、續修、重修等工作，其中，《基隆市志》為臺灣光復後縣（市）志之濫觴。1980、1990 年代，臺灣經濟繁榮，政府重視本土認同與鄉土教育，積極推動鄉鎮志纂修，不但訂定「纂修機關志與文獻書刊獎勵辦法」，1997 年 9 月內政部進而修訂「地方志書纂修辦法」，在政府積極推動下，不管是以縣（市）志的形式，或以志稿的形式出版，各地無不努力推出首部縣（市）志，部分縣（市）政府在首纂縣（市）志後，為記述各時期變化，又持續不斷進行方志纂修工作，例如桃園縣、臺北縣、臺南市、花蓮市、澎湖縣、苗栗縣、屏東縣、臺中縣等地除首纂縣（市）志外，還有重修、

續修、新修的縣（市）志，不論全志、省（市）志、縣（市）志、鄉鎮（市、區）志，四級志書的纂修成果，成績斐然，臺灣修志工作蓬勃發展。

惟「地方志書纂修辦法」[1]在民國九十二年工月三十日內政部以內授中民字第 0920088588-3 號令發布廢止，政府對於地方志書之纂修，從過去明文規定二十年纂修一次為原則不在，各地方志纂修成果，則係與各地方政府財政、或主政者是否具有修志的宏觀理念息息相關。戰後臺灣持續維持中國修志傳統，戒嚴時期，在政府積極推動下，臺灣各地修志事業蓬勃發展。惟各地方政府完成纂修第一部方志後，多數地方未再繼續進行續修（重修或新修）方志，而方志產量實乃與政府推動纂修方志的態度是否積極，有密切關係。

因此，未來臺灣方志編纂的因應之道，建議如下：

一、政府設置專責機構

在臺灣，目前因中央政府已無地方志書主管機關，各級地方政府又缺乏常設的地方（史）志行政部門。檢視臺灣四級志書，僅有全志、省通志及臺北、高雄二市，因設有專責機構，從事文獻的徵集、整理與保管史料，纂修過程較為順利；反之，其他的縣（市）志、鄉鎮（市、區）志，因缺乏專責機構，故纂修人員在從事徵集文獻時，常遇到資料零散不全，方志纂修的籌畫，也會因主政者的理念而有不同等問題。

---

1 「地方志書纂修辦法」請參見文末附錄八。

　　探究中國傳統方志纂修的發展歷程：南宋時期首創「九域圖志局」，乃為一專門主管修志的機構，自此，在朝廷大力推動下，各地紛紛展開修志工作，因此，宋代便成為中國方志發展史上承先啟後的重要時期。及至清代，方志學者章學誠，有鑑於修志遇到文獻徵集困難，為讓修志者有所憑藉和依據，章學誠曾建議應該設立「志科」常設機構，「志科」可讓「登載有一定之法，典守有一定之人」[2]，平日有專人負責收集、整理、保管檔案資料，章學誠提倡各州縣設立志科，典守文獻，俾利未來志書續修所需。清代方志學興盛，乃因清政府以方志編纂，做為地方官員陟降升遷的詮敘制度，因此清廷地方官員紛紛親自參，或廣邀請名家修志。

　　日本時期，殖民政府曾設置史志機構，雖纂修方志之目的是基於統治之需，但亦是保存史料之根本辦法。方志纂修需要政府、制度規定互相結合，而非僅由少數有心推動的專家學者，始能竟功。

　　方志綿延纂修，非僅眼前庶政，方志內涵博廣，地方鄉土文獻浩瀚繁富，若文獻資料未加以蒐集留存，則隨時光韶去而日漸流失。而文獻多寡、資料徵集是否齊全與正確，乃直接影響方志纂修的品質與內涵，若地方政府迻錄舊檔案，且參閱方便，所修方志自然翔實可據。因此，一方之鄉曲名賢等文獻史料，都應該加強纂修收存，而此工作，實乃應由各地方政府積極設置專責機構所司。

2　（清）章學誠撰、民國葉瑛校注，〈州縣請立志科議〉，前引書，頁589。

二、積極培育修志人才

方志學與中華文化的未來發展與研究息息相關，而學問如同文化一般，並非一朝一夕所成，而是需要經過日積月累，經歷深遠的文化洗禮與歷練，才能發展為一門具有深度的學問。戰後時期的臺灣方志，多由學者主導，臺灣具有方志編纂能實務經驗的人不少，政府除了應成立長期專責單位外，培育專門修志人才，專責整理文獻，研究方志學，俾利此一學問重新在臺灣植根，十分重要。

在培育修志人才方面，則可朝以下三大方向努力：

(一)鼓勵大專院校，邀請專業教師開設相關方志與修志專業課程，或鼓勵師生以方志，做為主要研究題材。
(二)政府部門自辦培訓課程，或鼓勵社區大學開辦修志研習營，逐年深耕社區組織，提供社區民眾一起參與，讓修志工作成為社區營造的一環。
(三)定期舉辦方志研究研討會。

近年來，各地方政府積極進行社區營造，皆有良好成績。例如：文化單位為營造多元文化共存願景，凝聚社區情感，以社區營造的精神，擴大民間參與面向，及居民積極推動社區營造工作，透過賦權以耕耘在地文化人才之培育、社區培力及活化，喚起居民關心在地人文、歷史與自然環境，以培養社區關心公眾事務之認同感，促發社區居民的凝聚力；工務單位，則有感於工商產業快速發展、各項建設持續推進，但市容景觀仍

普遍存在閒置髒亂土地、窳陋頹圮的設施，以社區營造方式，鼓勵社區居民由下而上地發掘社區閒置、雜亂環境，並攜手合作以雇工購料方式加以改善，共創綠意潔淨家園；還有，環保當局則有鑑於節能減碳為世界潮流趨勢，推動低碳永續家園計畫，由里開始實施，逐步落實減碳生活，透過里層級之低碳永續家園選拔等活動，透過導入專業輔導人力，及社區志工、住民或團體的參與，設計並營造出具有特色的低碳永續里為目標。

過去，政府部門曾鼓勵大家來寫志活動，但推動社區文化產業需永續經營，才能有效建構地方學，整合與傳承區域文化，而藉由文史調查題材，凝聚社區情感，以社區營造的精神，擴大民間參與面向，可做為推動修志及培養修志人才的參考依據。而藉由學校向下木札根的教育工作，及定期舉辦方志編纂學術研討會等，對兼顧方志纂修的質與量，有一定的成效與幫助。

三、推動跨領域學術研究

從近年來諸多研究論文，發現這些來自於電算機應用學類、創意設計學類、電資工程學類、建築系等不同的學術領域，有志一同以方志做為探究對象，研究者分別以數位內容、數位創作、裝幀、設計、包裝、應用序列標記技術、詮釋資料（metadata）資料檢索技術，還有聚落保存觀念及文化資產等研究，提供不同的研究方法，為方志編纂修研究提供新的研究氣息。

文化發展與學術研究二者關係密切，而方志編纂對於文化的發展、轉化，都有重要的啟示作用，因此，如何勾劃各地不

同的文化內容，是負責方志編纂的重責大任。今天人類文明技術已長足進步，我們應該用全新的態度，利用方志將各地方文化有效保存下來。

四、持續發展方志數位化

有感於方志編纂與中華文化的未來發展與研究息息相關，方志纂修的出版型態備受矚目，且面臨保存典藏與適應時代發展雙重挑戰。傳統方志的出版形態，係以紙本為主，惟現代資訊科技快速發達，各國文化交流日漸頻繁，網際網路盛行，電腦已成為獲取資訊的重要管道之一，致使方志的出版型態，方志全面數位化，已使方志出版的形態，不再僅止限於紙本印刷、或燒錄光碟等形式。網路版的方志因運而生後，方志出版和發行發生變革，並成為方志的另類形式，更開啟網路查詢資料庫系統的時代新頁。

在全球化下，方志亟待以數位化提供各界不受時間、空間的限制，可無限上網查詢，建立文獻資源共建共享。為因應資訊發達，故將方志的內容做最有效率的運用，方志編纂的出版形態運用「一本多元」，已是時代發展所趨。數位化對傳統出版已造成革命性的影響，惟方志除仍具有資政、存史、教育實用價值，在方志數位化後，更可提供有效的研究、與推廣功能。因此，方志數位化在未來，仍待持續發展。

臺灣方志編纂的發展，已進入嶄新的歷史階段，綜上以觀，方志編纂發展至今，不論其體例、方法與內容，皆有創新之處，整體而言，新方志除能繼承傳統方志優點外，並依地理、環境

等不同條件，各自制定符合當地歷史發展與現況的章節架構，綱目序次安排亦合乎科學、邏輯，並以新的觀點、新的方法、新的材料進行纂修，發揮資治、教化、存史、研究和推廣的實用價值，充分展現民國以來，科學新方志纂修之特色。

　　為使方志編纂永續發展，未來政府除應儘快增設專責機構，並且積極培育修志人才，進而推動跨領域學術研究，因應全球化發展趨勢，還要持續推動方志數位化，實乃推廣方志編纂的重要願景，冀能有助於臺灣方志編纂之研究。臺灣方志纂修的發展，可謂已進入嶄新的歷史階段，方志纂修普及，體例與纂修方法更為科學，各地創修的方志均有所貢獻。本文期乃為拋磚引玉之舉，期待未來有更多同好投入，並賜予雅正。

附　錄

附錄一：戰後臺灣四級志書編纂一覽表（1945–2016 年）

一、臺灣省（市）志

時期	出版時間	志書名稱
1945–1949 年 （戰後初期）		
1949–1987 年 （戒嚴時期）	1951–1965 年	《臺灣省通志稿》
	1964–1967 年	《臺灣省通志稿》
	1968–1973 年	《臺灣省通志》
	1974–1984 年	《台北市志》
	19861991 年	重修《台北市志》
	1985–1993 年	《高雄市志》
1987–2000 年 （解嚴時期）	1989–1998 年	《重修臺灣省通志》
	1993–1999 年	《續修高雄市志》
2000–2016 年 （政黨輪替時期）	2014 年	《續修臺北市志》〈土地志〉、〈教育志〉、〈人物志〉
	2015 年	《續修臺北市志》〈大事紀〉、〈政事志〉、〈經濟志〉、〈交通志〉、〈社會志〉

二、《臺灣全志》

時期	出版時間	卷別名稱
1945–1949 年 （戰後初期）		
1949–1987 年 （戒嚴時期）		
1987–2000 年 （解嚴時期）		
2000–2016 年 （政黨輪替時期）	2004 年	（卷首）史略 （卷一）大事志 （卷十）職官志
	2008 年	（卷四）政治志
	2009 年	（卷九）社會志 （卷十二）文化志 （卷八）教育志
	2010 年	（卷二）土地志 （卷三）住民志
	2013 年	（卷六）國防志
	2015 年	（卷七）外交志
	2016 年	（卷五）經濟志

三、縣（市）志、鄉鎮（市、區）志

時期	縣（市）志	鄉鎮（市、區）志
1945–1949 年（戰後初期）		
1949–1987 年（戒嚴時期）	《臺北市志稿》、《基隆市志》、《桃園縣志》、《臺北縣志》、《宜蘭縣志》、《臺南縣志稿》、《彰化縣志稿》、《南投縣志稿》、《臺南市志稿》、《臺灣省新竹縣志稿》、《屏東縣志稿》、《高雄市志》、《新金門志》、《高雄縣志稿》、《花蓮縣志稿》、《臺灣省苗栗縣志》、《臺東縣志》、《澎湖縣志》、《嘉義縣志稿》、《屏東縣志稿》（二部）、《臺中市志》、《金門縣志》、《雲林縣志稿》、《臺中市志稿》、《臺中縣志稿》、《續修高雄市志》、《臺灣省苗栗縣志》、《宜蘭縣志續篇》、《花蓮縣志》、《雲林縣志稿》、《澎湖縣	《中和鄉志》、《臺灣埔里鄉土志稿》、《永和鎮志》、《大溪鎮管內概要》、《金山縣管內概要》、《士林鎮志》、《重修永和鎮志》、《內埔鄉志》、《六堆客家鄉土誌》、《蘆竹鄉志》、《樹林鎮志》、《大園鄉志》、《重修中和鄉志》、《白沙鄉志》、《麻豆鎮鄉土誌》、《鶯歌鎮志》、《大坵園鄉土誌》、《頭份鎮志》、《員林鎮志》、《新莊志卷首—新莊（臺北）平原拓墾史》、《大溪鎮志》、《梓官鄉志》、《高樹鄉志》、《竹南鎮志》、《仁武鄉志》、《屏東縣南州鄉誌》、《馬公市志》、《橋頭鄉志》、《永安鄉志》、《杉林鄉志》、《鳥松鄉志》、《頭城鎮志》、《林園鄉志》、《阿蓮鄉志》、《路竹鄉志》、《六龜鄉志》、《甲仙鄉志》、《林邊鄉志》、《觀音鄉志》、《豐原市

	志》（二部）、《臺灣省新竹縣志》、《金門縣志》、《嘉義縣志》（二部）、《福建省連江縣志》（二部）、《臺南縣志》、《續修臺南縣志》。	志》、《溪湖鎮志》、《草屯鎮志》、《後壁鄉志》、《湖內鄉誌》、《大寮鄉志》、《大樹鄉志》、《大社鄉志》、《岡山鎮志》、《高雄縣田寮鄉誌》、《田寮鄉誌》、《茄萣鄉誌》、《永和市志》、《三民鄉志》、《鳳山市志》。
1987–2000 年（解嚴初期）	《新竹市志》、《續修臺南市志》、《重修屏東縣志》、《新竹縣志‧住民志宗教篇稿》、《臺南市志》、《彰化縣志》、《基隆市志》、《臺中縣志》、《嘉義縣志‧教育志》、《續修花蓮縣志》、《金門縣志》及重修《桃園縣志》。	《板橋市志》、《淡水鎮志》、《新莊市卷三—新莊政治發展史》、《石岡鄉志》、《后里鄉志》、《大安鄉志》、《北港鎮志》、《烏來鄉志》、《和美鎮志》、《員林鎮志》、《長治鄉志》、《內門鄉志》、《埔心鄉志》、《大園鄉志續編》、《霧峰鄉志》、《大肚鄉志》、《大埔鄉志》、《民雄鄉志》、《蘆竹鄉志》、《三峽鎮鎮誌》、《潭子鄉志》、《大里市志》、《新店市誌》、《土誠市志》、《泰山鄉志》、《竹南鎮志》、《公館鄉志》、《三芝鄉志》、《沙鹿鎮志》、《三義鄉志》、《仁德鄉志》、《大雅鄉志》、《湖口鄉

		志》、《竹北市志》、《三重市志》、《龍井鄉志》、《頭屋鄉志》、《西湖鄉志》、《烏榕頭與它的根：太平市誌》、《板橋市志（續編）》、《深坑鄉志》《石門鄉志》、《平溪鄉志》、《萬里鄉志》、《五股志》、《新埔鎮誌》、《彰化市志》、《北斗鎮志》、《芳苑鄉志》、《中埔鄉志》、《美濃鎮志》、《新營市志》、《中和市志》、《新莊市志》、《汐止鎮志》、《苗栗市誌》、《清水鎮志》、《新社鄉志》、《鹿港鎮志經濟篇》、《鹿港鎮志宗教篇》、《芬園鄉志》、《集集鎮志》、《樸子市志》、《潮州鎮志》、《鹽水鎮志》、《歲月山河店仔口：白河鎮志》、《佳里鎮志》、《永康鄉志》、《銅鑼鄉志》。

| 2000–2016年（政黨輪替時期） | 《基隆市志》、《嘉義市志》、《續修新竹市志》、《續修澎湖縣志》、《續修花蓮縣志》、《重修苗栗縣志》、《臺中市志》、《嘉義縣志》、《新修桃園縣志》、《福建省連江縣志》、《南投縣志》、《續修臺北縣志》、《續修臺中縣志》、《續修臺北市志》、《續修苗栗縣志》、《新竹廳志》（中文版）。 | 《新莊志卷三—新莊政治發展史》、《太平市志》、《大同鄉志》、《新店市志》、《寶山鄉志·文化篇》、《寶山鄉志·歷史篇》、《北埔鄉土誌》、《竹山風土誌》、《斗六市志》、《花壇鄉志》、《莒光鄉志》、《竹東鎮志》、《四湖鄉志》、《新市鄉志》、《旗山鎮誌》、《富里鄉誌》、《琉球鄉志》、《金峰鄉志》、《秀林鄉志》、《重修大社鄉志》、《竹東鎮志》、《新埤鄉志》、《水里鄉志》、《鹿野鄉志》、《金沙鎮志》、《萬巒鄉志》、《茂林鄉誌》、《仁愛鄉志》、《泰安鄉志》、《板橋市志三編》、《新豐鄉志》、《北斗鄉土誌》、《重修白沙鄉志》、《山岡鄉志》、《大甲鎮志》、《金城鎮志》、《甲仙鄉志》（增修）、《永康市志》、《大園鄉志續篇》、《增修蘭嶼鄉志》、《安定鄉志》、《續修五股鄉志》、《社頭鄉 |

		志》、《社頭鄉志》、《口湖鄉志》、《南竿鄉志》、《左鎮鄉志》、《國姓鄉志》、《溪湖鎮志》、《重修清水鎮志》、《淡水鎮志》、《龍潭鄉志》、《龍潭鄉志增編》、《桃園縣平鎮市志續編》、《卓蘭鎮志》、《望安鄉志》、《續修桃園市志》、《蘇澳鎮志》、《田中鎮志》、《新埔鎮誌》、《大溪鎮志》、《復興鄉志增修》、《卓溪鄉志》、《長濱鄉志》、《大村鄉志》、《卓蘭鎮志》、《新修西螺鎮志》、《埔鹽文化生活史》、《續修蘆竹市志》。

附錄二：《臺灣府志》〈藝文志〉作品輯錄[1]

文體	篇名	作者	《重修福建臺灣府志》（劉志）	《重修臺灣府志》（范志）	《續修臺灣府志》（余志）
奏	報入臺灣疏	施琅	V		
	請留臺灣疏	施琅	V		
	鄭氏歸降第一表		V		
	鄭氏歸降第二表		V		
	題請另編額中部覆疏	陸路提督張雲機	V		
	題請另編額中部覆疏略	福建陸師提督張雲翼			
議[2]	飛報澎湖大捷疏	施琅		V	V
	陳臺灣棄留利害疏	施琅		V	V
	請蠲減租賦疏	施琅		V	V
	論開海禁疏	施琅		V	V
	請收拾遺棄人才疏	施琅		V	V
	請採買米穀按豐歉酌疏	巡臺御史張湄		V	V

---

1 本表係根據劉良璧的《重修福建臺灣府志》，還有范咸、六十七合纂的《重修臺灣府志》、余文儀主修《續修臺灣府志》，一一進行輯錄而成。
2 《劉志》、《范志》、《余志》均將舊志文體「奏議」改為「奏疏」。

				V	V
	題准臺民搬眷過臺疏	巡撫吳士功		V	V
	題報生番歸化疏（康熙五十五年）	閩浙總督覺羅滿保	V	V	V
	題請會試額中部覆疏	覺羅滿保	V		
	陳海上情形疏	施琅		V	V
	密陳航海進勦機宜疏	施琅		V	V
	請決計進勦疏	施琅		V	V
露布[3]	攻克鹿耳門收復安平露布	藍鼎元		V	V
	鯤身西港連戰大捷遂克府治露布	藍鼎元		V	V
	擒賊首朱一貴等遂平南北二路露布	藍鼎元		V	V
文移[4]	檄諸將弁大搜羅漢門諸山	藍鼎元		V	V
	檄北路將弁分搜小石門諸山	藍鼎元		V	V
	檄下加冬李守戎	藍鼎元		V	V
	檄查大湖崇爻山後餘孽	藍鼎元		V	V
	檄淡水謝守戎	藍鼎元		V	V
	諭閩粵民人	藍鼎元		V	V
	覆臺變殉難十六員看語	藍鼎元		V	V
	覆臺變逃回澎湖押發軍前效力奉參解任十六員讞語	藍鼎元		V	V
	覆臺變在事武職四十一員讞語	藍鼎元		V	V
	覆制軍臺疆經理書	藍鼎元			V
	論臺鎮不可移澎書	藍鼎元			V

---

3 古代軍隊的捷報、公文，稱為「布露」。《范志》、《余志》皆設露布。

4 文移，係指公文。

	請行保甲責成鄉長書	藍鼎元			V
	論蔡奕陳祥送考軍前弁缺書	藍鼎元			V
	與某參戎書	藍鼎元			V
	再與總督滿公書	禮部尚書蔡世遠			V
公移書	詳請開科考試文	臺廈道周昌	V		
	覆制軍臺疆經理書	藍鼎元		V	V
	論臺鎮不可移澎書	藍鼎元		V	V
	請行保甲責成鄉長書	藍鼎元		V	V
	論蔡奕陳詳送考軍前弁缺書	藍鼎元		V	V
	與某參戎書	藍鼎元		V	V
	再與總督滿公書	蔡世遠		V	V
序	捐修諸羅縣學宮序	臺廈道高拱乾	V		
	送臺鎮穆公擢掌禁軍之京序	臺廈道高拱乾			
	題郡守高公詩序	臺廈道吳昌祚	V		
	海天玉尺編初集序	巡臺御史夏之芳	V	V	V
	海天玉尺編二集序	巡臺御史夏之芳	V	V	V
	珊枝集序	巡臺御使張湄	V	V	V
	靖海紀序	大學士李光地		V	V
	平臺灣記序	毛奇齡		V	
	東吟社序	前太常少卿沈光文		V	V
	安海詩序	蔡世遠		V	V
	陳少林遊臺詩序	蔡世遠		V	V
	送黃待御巡按臺灣序	蔡世遠		V	V
	臺海采風圖序	巡臺給事中六十七		V	V
	番社采風圖序	巡臺御史范咸		V	V
	海東選蒐圖序	范咸		V	V
傳	明寧靖王傳	陳元圖			
	蔣郡守傳	陳元圖			
	總督姚公平臺傳（定	陳元圖	V		

	謀推轂）				
記	平臺紀略碑記	靖海侯 施琅	V		
	靖海將軍侯靖海候施公記		V		
	澄臺記	臺廈道高拱乾	V	V	
	重修臺灣府學文廟新建明倫堂記[5]	臺廈道王之麟	V	V	
	臺灣紀略碑文[6]	臺灣鎮楊文魁	V		
	新建臺邑明倫堂碑記[7]	大中丞陳璸	V	V	
	師泉井記（靖海紀）	靖海侯施琅	V	V	V
	重修府學文廟碑記[8]	臺廈道陳璸	V	V	
	新建朱文公祠碑記	陳璸	V	V	V
	新建文昌閣碑記	陳璸	V	V	V
	重修臺灣縣學文廟碑記[9]	陳璸	V		V

5　劉良璧纂修《重修福建臺灣府志》、范咸《重修臺灣府志》、《余志》也都是內
　　文相同，但篇名為分別為〈重修府學文廟新建明倫堂記〉（少了「臺灣」二字）、
　　〈重修府學新建明倫堂記〉（少了「臺灣」及「文廟」四字）。見劉良璧纂修《重
　　修福建臺灣府志》，頁 537；及范咸《重修臺灣府志》，頁 323；余文儀《續修
　　臺灣府志》，頁 993-994。

6　劉良璧纂修《重修福建臺灣府志》，也有〈臺灣紀略碑文〉一文，但置於文體
　　「祭文」類。見劉良璧纂修《重修福建臺灣府志》，頁 554-556。

7　劉良璧纂修《重修福建臺灣府志》收錄的〈新建臺邑明倫堂碑記〉、分與范咸
　　《重修臺灣府志》、余文儀《續修臺灣府志》篇名為〈臺邑明倫堂碑記〉（少了
　　「新建」二字）的內容相同。見劉良璧纂修《重修福建臺灣府志》，頁 574；及
　　范咸《重修臺灣府志》，頁 323 及余文儀《續修臺灣府志》，頁 994-995。

8　劉良璧纂修《重修福建臺灣府志》〈重修府學文廟碑記〉、與范咸《重修臺灣府
　　志》〈重修府學碑記〉內文相同，只是范咸《重修福建臺灣府志》少了「文廟」
　　二字。見劉良璧纂修《重修福建臺灣府志》，頁 576-577；及范咸《重修臺灣府
　　志》，頁 324。

9　劉良璧纂修《重修福建臺灣府志》〈重修臺灣縣學文廟碑記〉、范咸《重修臺
　　灣府志》〈重修臺灣縣學碑記〉、余文儀的《續修臺灣志》〈重修府學碑記〉三
　　則記的內文均相同，請參見范咸《重修福建臺灣府志》少了「文廟」二字。

重修萬壽亭碑記	臺廈道梁文科	V	V	
諸羅縣學記[10]	禮部詩郎蔡世遠	V	V	
重修臺灣縣學碑記（雍正二年）	巡臺御使黃叔敬	V	V	V
紅毛城記（雍正七年）	諸邑令劉良璧	V	V	
藏書記	郡學訓遠弘仁	V		
（附）海東書院學規	臺灣巡道劉良璧	V		
復性篇	興化進士俞荔	V		
秀峰塔記	巡臺御使楊二酉	V	V	V
祀文昌祠	郡司馬郝霆	V		
諸羅縣城隍廟碑記	諸羅令周鍾瑄		V	V
望玉山記	諸生陳夢林		V	V
九日遊北香湖記	陳夢林		V	V
重修府學文廟碑記	巡台御使楊開鼎		V	V
海東書院記	巡臺御使楊二酉		V	V
巡臺錢公去思碑	謝家樹		V	V
新建朝天臺暨文昌閣記	臺灣知府覺羅四明		V	V
重修城隍廟記	覺羅四明		V	V
新建崇文書院記	覺羅四明		V	V
改建海東書院記	覺羅四明		V	V
重修道署記	覺羅四明		V	V
楊觀察北巡圖記	余文儀		V	V
明志書院碑記	楊廷璋		V	V
增建鳳山縣學明倫堂學碑記	巡臺御史范咸		V	V
重建火神廟碑記	臺灣知府蔣允焄		V	V

見劉良璧纂修《重修福建臺灣府志》，頁583-584；及范咸《重修臺灣府志》，頁326；余文儀纂修《續修臺灣府志》，頁996。

10 劉良璧纂修《重修福建臺灣府志》〈諸羅縣學記〉、與范咸《重修臺灣府志》、余文儀《續修臺灣府志》二志的〈重修諸羅縣學記〉內文相同，只是《范志》、《余志》多了「重修」二字。見劉良璧纂修《重修福建臺灣府志》，頁583；及范咸《重修臺灣府志》，頁326；余文儀《續修臺灣府志》，頁1001-1003。

	增建武廟官廳碑記	蔣允焄		V	V
	增建天后宮官廳碑記	蔣允焄		V	V
	新建萬壽宮碑記	蔣允焄		V	V
	新建三山明貺廟碑記	徐德峻		V	V
	重建武廟碑記	鳳山知縣王瑛曾		V	V
	新建驄馬橋碑記	諸羅知縣衛克堉		V	V
	改建玉峰書院碑記	諸羅知縣李倓		V	V
	留養局碑記	彰化知縣胡邦翰		V	V
	重茸斐亭記	臺灣道莊年			V
	記采風圖後	莊年			V
	重修文廟碑記	臺灣知府褚祿			V
	新修城隍廟前石道記	臺灣令李閶權			V
	記十八重溪示諸將弁	藍鼎元			V
文[11]	〈祭鹿耳門水神文〉〈靖海紀〉	靖海侯施琅	V	V	V
	〈祭臺灣山川后土文〉	靖海侯施琅	V		
	〈祭水師協鎮許雲文〉	閩浙總督覺羅滿保	V	V	V
	〈祭惠獻貝子文〉	巡臺御史舒輅、楊二酉	V		
	（附）恭紀惠獻貝子王平定浙閩功蹟頌言	巡臺御史舒輅、楊二酉、張湄；臺灣 鎮何勉及劉良璧	V		
賦	臺灣賦	府學教授 林謙光	V	V	V
	臺灣賦	巡道高拱乾	V	V	V
	平南賦〈靖海紀〉	周澎	V	V	V
	臺灣賦	王必昌		V	V
	臺山賦	張從政		V	V
	臺灣賦	臺灣舉人陳輝		V	V

11 范咸纂修《重修臺灣府志》將文體「文」，改為「祭文」。

	海吼賦	巡臺御使張湄		V	V
駢體	平臺灣序	沈光文		V	V
	客問	諸羅令季麒光		V	V
	孫司馬元衡赤嵌集序	萬經		V	V
詩	澎湖（載「海澄志」）[12]	唐施肩吾		V	V
	東寧十詠	高拱乾	V		
	臺灣八景	高拱乾	V		
	郊行即事	王兆陞	V		
	題天妃宮[13]	季麒光	V		
	臺灣吟	黃學明	V		
	臺灣雜咏	陳兆蕃	V		
	禱雨	齊體物	V		
	喜雨	齊體物	V		
	東郊迎春	齊體物	V		
	竹溪寺	齊體物			V
	海會寺[14]	齊體物		V	
	赤嵌城	齊體物			V
	臺灣雜咏	齊體物			V
	臺灣八景	王璋	V		
	東湖即景	林慶旺	V		
	海會寺	婁廣	V		
	上淡水社	宋永清		V	V
	九日羅山遇雨	宋永清		V	V
	竹溪寺	宋永清		V	V
	普陀幻住菴	沈光文		V	V

12 高拱乾、周元文纂修府志中的〈澎湖（載「海澄志」）〉一文，內容同《范志》、《余志》〈題澎湖嶼〉。見范咸《重修臺灣府志》，頁350；《余志》，頁1063。

13 《周志》〈題天妃宮〉內容與《劉志》相同，惟《劉志》題名〈天妃宮〉，少了「題」字。見《劉志》，頁608。

14 《高志》〈海會寺〉一文，內容同《范志》、《余志》的〈北園別館〉。分見高拱乾纂修《臺灣府志》，頁287、范咸等人纂修《重修臺灣府志》，頁392；《余志》，頁1152。

感憶	沈光文		V	V
贈友人歸武林	沈光文		V	V
望月	沈光文		V	V
歸望	沈光文		V	V
偶成	沈光文		V	V
曾則通久病以詩問之	沈光文		V	V
夕殯不給戲成	沈光文		V	V
己亥除夕	沈光文		V	V
見博者	沈光文		V	V
齊价人移浯以詩投贈次韻答之	沈光文		V	V
自疑	沈光文		V	V
戲題	沈光文		V	V
庭中白菊新開	沈光文		V	V
野鶴	沈光文		V	V
夜眠聽雨	沈光文		V	V
齊价人旋禾未及言別茲承柬寄欣和	沈光文		V	V
仲春日友人招飲不赴	沈光文		V	V
郊遊分得青字	沈光文		V	V
菊受風殘又復無雨潤纍纍發花雖不足觀亦可聊慰我也	沈光文		V	V
重九日登嘯臥亭	沈光文		V	V
看菊	沈光文		V	V
盧司馬惠朱薯賦謝	沈光文		V	V
謝王愧兩司馬見贈	沈光文		V	V
癸卯端午	沈光文		V	V
感懷七首	沈光文		V	V
思歸五首	沈光文		V	V
山間五首	沈光文		V	V
蛙聲	沈光文		V	V
咏籬竹	沈光文		V	V

海中島	沈光文		V	V
竹溪寺	沈光文		V	
亦崁城	沈光文		V	
臺灣雜咏	沈光文		V	
州守新搆僧舍於南溪人多往遊余未及也	沈光文			V
東寧雜咏六首	高拱乾		V	V
安平晚渡	高拱乾		V	V
沙鯤漁火	高拱乾		V	V
鹿耳春湖	高拱乾		V	V
雞籠積雪	高拱乾		V	V
東溟曉日	高拱乾		V	V
西嶼落霞	高拱乾		V	V
澄臺觀海	高拱乾		V	V
斐亭聽濤	高拱乾		V	V
臺灣雜咏二首	高拱乾		V	V
野宿	高拱乾		V	V
草堂漫興	高拱乾		V	V
郊行即事	臺灣令王兆陞		V	V
乙酉三月十七夜渡海遇颶天曉覓澎湖不得回西北帆層瀨于危作歌以紀其事	孫元衡		V	V
危舟得泊晚飯書懷	孫元衡		V	V
海波夜動，燄如流火，天黑彌漫，赤奇觀也。	孫元衡		V	V
抵澎湖澳	孫元衡		V	V
抵臺灣	孫元衡		V	V
曉起漫成	孫元衡		V	V
晚眺	孫元衡		V	V
病後書懷寄篠岫	孫元衡		V	V
中秋夜對月	孫元衡		V	V

諸羅縣即事	孫元衡		V	V
三林海上即事	孫元衡		V	V
返署	孫元衡		V	V
感物候	孫元衡		V	V
春興三首	孫元衡		V	V
遣興	孫元衡		V	V
贈海客	孫元衡		V	V
聽海客言寄嘲北莊友人	孫元衡		V	V
秋日雜詩十二首	孫元衡		V	V
海市清言	孫元衡		V	V
暮春郊行率爾有作	孫元衡		V	V
留滯海外愆踰三載追維所歷不無慨焉	孫元衡		V	V
病中二首	孫元衡		V	V
冬日草堂漫興	孫元衡		V	V
望洋	孫元衡		V	V
黑水溝	孫元衡		V	V
大武郡登高	孫元衡		V	V
鐵線橋村市	孫元衡		V	V
颶風歌	孫元衡		V	V
朔四日泛海赴安平鎮	孫元衡		V	V
裸人叢笑篇	孫元衡		V	V
買舟	孫元衡		V	V
海外驚霜叱雪無復寒林可觀秋日行經木岡山下白茅作花宛如朔雪晨霜足補山川所不逮率簡澄菴宋明府	孫元衡			V
海會寺	婁廣		V	V
手植文公祠梅花	陳璸		V	V
文昌閣落成	陳璸		V	V
臺灣雜咏	陳兆蕃		V	V

赤崁城觀海	陳聖彪		V	V
岡山	陳聖彪		V	V
登八里坌山遠眺	諸羅令 周鍾瑄		V	V
番戲五首	周鍾瑄		V	V
吞霄觀海	周鍾瑄		V	V
關渡門苦雨二首	周鍾瑄		V	V
望玉山	周鍾瑄		V	V
檨圃	陳夢林	V	V	V
丁酉正月初五夜羅山署中大風次早風歇飲酒紀之以詩	陳夢林			V
題臺灣周明府鍾瑄小照即以贈行	蔡世遠		V	V
臺海竹枝詞八首	郁永河		V	V
土番竹枝詞十首	郁永河		V	V
泛海	郁永河		V	V
大甲溪	北路營參將阮蔡文		V	V
巡行詩十二首	巡臺御史夏之芳		V	V
新園道中	楊二酉		V	V
阿猴武洛諸社	楊二酉		V	V
過羅漢門山	楊二酉		V	V
耕耤	巡臺御史楊二酉	V		
東郊勸農	楊二酉	V	V	V
登赤嵌城	楊二酉	V		
四合仙梁	楊二酉	V	V	V
南巡紀事	楊二酉	V		
赤嵌城	楊二酉		V	V
重陽過海東書院	楊二酉		V	V
輓寧靖王詩[15]	陳元圖	V	V	V

15　《劉志》〈輓寧靖王詩〉與《范志》、《余志》〈輓寧靖王〉的內容相同，惟《范志》、《余志》題名〈天輓寧靖王〉，少了「詩」一字。見《范志》，頁386、《余志》，頁1140。

文昌閣落成	陳璸	V		
赤嵌城	宋永清	V		
海會寺	李欽文	V		
望玉山	周鍾瑄	V		
過澎湖嶼	巡臺御史景考祥	V		
臺灣紀巡詩	巡臺御史夏之芳	V		
九日會澄臺即事[16]	巡臺御史舒輅	V	V	
喜雨紀事復張道長	巡臺御史舒輅	V		
泊澎湖	巡臺御史張湄	V	V	V
五妃墓	張湄	V		
夏日得雨	張湄	V	V	V
東郊勸農	張湄	V	V	V
勸農次書給諫韻	張湄	V	V	V
勸農歸經海會寺次韻	張湄	V		
澄臺小集次韻	張湄	V	V	V
大嶝門	張湄		V	V
望向	張湄		V	V
氣侯	張湄		V	V
七夕	張湄		V	V
中秋	張湄		V	V
牛車	張湄		V	V
北香湖	張湄		V	V
蓮花潭	張湄		V	V
澄臺	張湄		V	V
番俗	張湄		V	V
雜感	張湄		V	V
彌陀寺	張湄		V	V
鹿耳門	張湄			V
喜雨	巡臺御史書山	V		

16 《劉志》〈九日會澄臺即事〉內容與《范志》、《余志》〈九日澄臺即事〉相同，
　其中，《范志》題名少「會」一字。見《范志》，頁393；《余志》，頁1155。

	雨後和張待御韻	巡臺御史書山	V	V	V
	勸農歸經海會寺與諸同人分賦	書山	V	V	V
	衙齋秋興	書山		V	V
	暮春郊行	書山		V	V
	喜雨和韻	臺灣總戎何勉	V		
	沙轆行（乾隆五年）	劉良璧	V		
	安平鎮	臺灣知府范昌治	V	V	V
	海口即事	郝霔	V		
	丙辰六月別澎湖十六韻	周于仁	V		
	別澎湖	周于仁		V	V
	彰化八景	秦士望	V		
	番社雜咏二首	黃叔璥		V	V
	臺灣近詠十首・呈巡使黃玉圃先生	藍鼎元		V	V
	題黃玉圃巡使臺陽花果圖	吳王坦		V	V
	又絕句二首	吳王坦		V	V
	過澎湖嶼	景考祥		V	V
	山棲	王之敬（興化人）		V	V
	番俗	鄭霄（連江人）		V	V
	詠偽鄭事四首	陳昂		V	V
	秋夜	林元俊		V	V
	蝴蝶花	王洪		V	V
	朱文公祠梅花	王聯登（泉州人）		V	V
	溪上	陳斗南（臺灣生員）		V	V
	登龜山絕頂	陳斗南		V	V
	遊大奎璧淨度庵	陳斗南		V	V
	走珠莊	陳斗南		V	V
	白鷗塘雜詠	陳斗南		V	V
	初夏讌集	諸羅人 周日燦		V	V

			V	V
暮春	臺灣人 張泮英		V	V
鳳仙花	張泮英		V	
老來嬌	張泮英		V	
龍潭夜月	張泮英		V	
屏山夕照	張泮英		V	
甲子奉命赴臺，清查官莊，即事成詠	福建布政使高山		V	V
放洋	巡臺御使熊學鵬		V	V
六巡使見示長句卻寄	福建按察使覺羅雅爾哈善		V	V
再答六司諫	覺羅雅爾哈善		V	V
寄臺灣巡使六給事	戶部員外郎伊福納		V	V
乙丑立春	六十七		V	V
入日	六十七		V	V
登澄臺觀海	六十七		V	V
方司馬惠九頭柑柬謝	六十七		V	V
水仙花	六十七		V	V
莊副使惠女貞酒賦謝	六十七		V	V
七里香	六十七		V	V
頳桐花	六十七		V	V
即事成偶二律	六十七		V	V
長尾三娘	六十七		V	V
蜥蝪	六十七		V	V
九日	六十七		V	V
臺灣柬書都諫[17]	六十七		V	V
鹿耳門汛即事	六十七		V	V
送范九池侍御巡視臺灣	工部右侍郎德齡		V	V
送范浣淵巡視臺灣	孫灝		V	V

---

17 《范志》〈臺灣柬書都諫〉與〈余志〉〈初抵臺灣柬書都諫〉內容相同。見《范志》，頁394；《余志》，頁1156。

登大崚山	范咸		V	V
三月二十五日渡海祀所見	范咸		V	V
二十六日晚泊澎湖	范咸		V	V
二十八日入鹿耳門過七鯤身	范咸		V	V
茄藤社觀番戲二絕句	范咸		V	
烏魚	范咸		V	V
莊副使惠女貞酒走筆賦謝	范咸		V	V
元旦後四日莊副使齋頭見菊花	范咸		V	V
赤瓦歌	范咸		V	V
七月一日宴七里香花下作	范咸		V	V
鮘魚次六給諫原韻	范咸		V	V
焚虎二首	范咸		V	V
竊花二首	范咸		V	V
題褚太守祿觀稼圖	范咸		V	V
木蘭花歌	范咸		V	V
露香亭即事	范咸		V	V
安平晚渡（臺灣八景）	莊年		V	V
沙鯤漁火	莊年		V	V
鹿耳春潮	莊年		V	V
雞籠積雪	莊年		V	V
東溟曉日	莊年		V	V
西嶼落霞	莊年		V	V
澄臺觀海	莊年		V	V
斐亭觀海	莊年		V	V
斐亭聽濤	莊年		V	
和巡使六給事九頭柑原韻	莊年			V
和巡使范侍御正月五	莊年		V	V

日齋頭見菊花原韻				
范侍御招飲七里香花下	莊年		V	V
諸羅道中即事	褚祿		V	V
安平晚渡	褚祿		V	V
沙鯤漁火	褚祿		V	V
鹿耳春潮	褚祿		V	V
雞籠積雪	褚祿		V	V
七絃草	署臺防同知張若靉		V	V
觀音竹	張若靉		V	V
金瓜茄	張若靉		V	V
含羞草	張若靉		V	V
交枝蓮	張若靉		V	V
白沙書院示諸生	淡水同知曾日瑛		V	V
斐亭聽濤次韻	諸羅令林菼		V	V
安平晚渡	彰化令陸廣霖		V	V
沙鯤漁火	陸廣霖		V	V
澄臺觀海	陸廣霖		V	V
斐亭聽濤	陸廣霖		V	V
二月諸羅道中	諸羅訓導陳繩		V	V
烏魚	陳繩		V	V
五鳴雞	陳繩		V	V
雞籠積雪	監察御使王璋		V	V
東港	臺灣人陳輝		V	V
中秋書感	陳輝		V	V
不窳居訪林羽叟	陳輝		V	V
九日登龜山	陳輝		V	V
鹿耳門夜泊	陳輝		V	V
舟再泊月眉彎	陳輝		V	V
鷺江即事	陳輝		V	V
泊澎湖西嶼	陳輝		V	V
小齋	陳輝		V	V

	買米	陳輝		V	V
	登石屏山	陳輝		V	V
	鎮北門晚眺	陳輝		V	V
	過埤頭店	陳輝		V	V
	宿放糸索社口	陳輝		V	V
	琉球山	陳輝		V	V
	二贊行溪	陳輝		V	V
	半路竹	陳輝		V	V
	五里林	陳輝		V	V
	東港渡	陳輝		V	V
	龍湖巖	陳輝		V	V
	春日遊海會寺	陳輝		V	V
	渡安平	陳輝		V	V
	買隱	陳輝		V	V
	山村見鳳仙花	陳輝		V	V
	鳳山春眺	陳輝			V
	雨後口占	何借宜		V	V
	寒食過五妃墓	何借宜		V	V
	落花	臺灣生員盧九圍		V	V
	椰酒	盧九圍		V	V
	春遊竹谿寺	盧九圍		V	V
	海會寺	盧九圍		V	V
	寧靖王墓	盧九圍		V	V
	遊岡山二首	盧九圍		V	V
	古意	盧九圍		V	V
	秋林晚眺	盧九圍		V	V
	赤嵌城	臺灣生員林麟昭		V	V
	前題	鳳邑生員傅汝霖		V	V
	和宋明府村夜原韻	鳳山大學生鄭應球		V	V
	龜山晚眺	鄭應球		V	V
	移家	鄭應球		V	V
	安平晚渡	府學生員張英		V	V
	遊竹溪寺	臺邑生員陳廷藩		V	V

羅山討友人值雨後留飲	陳廷藩		V	V
泛海	錢琦		V	V
抵任	錢琦		V	V
晚從安平渡海歸署	錢琦		V	V
赤嵌樓	錢琦		V	V
赤嵌城	錢琦		V	V
海會寺	錢琦		V	V
澎湖	錢琦		V	V
有溪	錢琦		V	V
臺陽八景詩-鹿耳連帆	錢琦		V	V
鯤身集網	錢琦		V	V
赤嵌夕照	錢琦		V	V
金雞曉霞	錢琦		V	V
鯽潭霽月	錢琦		V	V
雁門煙雨	錢琦		V	V
香洋春耨	錢琦		V	V
旂尾秋蒐	錢琦		V	V
臺陽八景	立柱		V	V
彌陀寺	費應豫		V	V
留題諸十一番社-羅社	周芬斗		V	V
柴裡社	周芬斗		V	V
他里霧社	周芬斗		V	V
打貓社	周芬斗		V	V
別咯嘓社	周芬斗		V	V
蔴豆社	周芬斗		V	V
灣裡社	周芬斗		V	V
頭社	周芬斗		V	V
二社	周芬斗		V	V
通事礁吧善館	周芬斗		V	V
蕭壠社	周芬斗		V	V
巡臺紀事五十韻	巡臺御史湯世昌		V	V
春日按部北路即事	覺羅四明		V	V

過雁門關	覺羅四明		V	V
安平閱武晚歸	覺羅四明		V	V
赤嵌城懷古	覺羅四明		V	V
登澄臺遠眺	覺羅四明		V	V
臺陽八景-安平晚渡	覺羅四明		V	
沙鯤漁火	覺羅四明			V
鹿耳春潮	覺羅四明			V
雞籠積雪	覺羅四明			V
東溟曉日	覺羅四明			V
西嶼落霞	覺羅四明			V
登臺觀海	覺羅四明			V
斐亭聽海	覺羅四明			V
送余刺史寶岡秩滿入觀即次留別元韻	覺羅四明			V
端陽前見籬菊作花	余文儀		V	V
送裴總戎秩滿西渡	余文儀		V	V
恭和御賜楊制府詩原韻	余文儀		V	
送干靜專司馬謝病歸江右	余文儀		V	
自題渡海圖	余文儀		V	
臺陽八景	余文儀		V	V
秩滿留別臺陽	夏瑚		V	V
次韻送夏寶成	陶紹景		V	V
前題	諸羅知縣衛克堉		V	V
北巡旋署留別諸羅衛令	巡臺御史李宜青		V	V
巡社紀事-搭樓社	鳳山令譚垣		V	V
武洛社	譚垣		V	V
阿猴社	譚垣		V	V
上淡水社	譚垣		V	V
下淡水社	譚垣		V	V
力力社	譚垣		V	V

茄藤社	譚垣		V	V
放糸索社	譚垣		V	V
澎湖	謝家樹		V	V
清水洋	謝家樹		V	V
臺中夏昝長於中土者數刻六月望後一日課士因拈唐文宗我愛夏日長之句為題實寫現實非賦古也	謝家樹			V
臺陽八景	余延良		V	V
臺陽八景	鳳山教諭朱仕玠		V	V
渡臺灣放洋	諸羅教諭盧觀源		V	V
臺陽山川風物迴異中土因就遊覽所及誌之以詩	盧觀源			V
孫武水索題渡海圖，鹿鹿久未報，適將有臺灣之行，即書以贈行。	朱珪		V	V
渡海達鹿耳門寄朱石君先生，即次贈行原韻。	孫霖		V	V
赤崁竹枝詞	孫霖		V	
送孫武水之臺灣	姜宸熙		V	V
澄臺寫望	孫霖		V	V
赤嵌樓秋眺	孫霖		V	V
內省齋即事	孫霖		V	V
風物吟	鄭大樞		V	V
八景詩	金文焯		V	V
寒食日諸署中偶作	謝本量		V	V
海吼行	張方高		V	V
明寧靖王宅	陳輝		V	V
赤嵌城	陳輝		V	V

竹溪寺	張士箱		V	V
前題	黃名臣		V	V
竹溪寺	張大璋		V	V
冒雨邀友遊竹溪	黃瑞超		V	V
賦得倚樹聽流泉	陳志魁		V	V
鯽潭霽月	僧喝能		V	V
雁門煙雨	僧喝能		V	V
登赤崁城懷古	程師愷		V	V
鳳仙花	府學貢生李霽(臺灣)			V
老來嬌	李霽			V
龍潭夜月	李霽			V
屏山夕照	李霽			V

附錄三：乾隆時期三部府志之藝文文體

	《重修福建臺灣府志》（劉良璧）	《重修臺灣府志》（范咸）	《續修臺灣府志》（余文儀）
奏疏	●	●	●
露布		●	●
公移	●		
文	●		
文移		●	●
書		●	●
序	●	●	●
傳	●		
記	●	●	●
祭文		●	●
詩	●	●	●
賦	●	●	●
駢體		●	●

附錄四：桃園縣官修縣志《經濟志》書影

（資料來源：作者拍攝，2016 年 10 月 30 日）

附錄五：桃園縣官修三部縣志《經濟志》一覽表

志書名稱	《桃園縣志》〈經濟志〉	重修《桃園縣志》〈經濟志〉	《新修桃園縣志》〈經濟志〉
成書時間	1966 年 4 月	1979 年 10 月	2010 年 9 月
編纂	主修：郭薰風 纂修：諶化文	主修：廖本洋 纂修：連文安	總編纂：賴澤涵 纂　修：李力庸
冊數	分上、下冊，分訂二冊	分上、中、下冊，合訂一冊	共一冊
整志頁數	上冊 230 頁 下冊 288 頁	上冊 214 頁 中冊 200 頁 下冊 187 頁	709 頁
水利篇頁碼	上冊 123~182 頁	上冊 132-214 頁	241~314 頁
水利篇章節	41 章 116 節 100 目	9 章 24 節	39 章 66 節

《經濟志》綱目	上冊 第一篇　農　業 第二篇　林　業 第三篇　水　利 第四篇　水　產 下冊 第五篇　交　通 第六篇　工　業 第七篇　礦　業 第八篇　商　業 第九篇　金　融 第十篇　物　價	上冊 第一篇　農　業 第二篇　水　利 中冊 第三篇　林　業 第四篇　水　產 第五篇　交　通 下冊 第六篇　工　業 第七篇　礦　業 第八篇　商　業 第九篇　金　融	壹、農業篇 貳、林業篇 參、漁牧篇 肆、水利篇 伍、工業篇 陸、商業篇 柒、金融篇
水利篇章節	第三篇　水　利 第一章水利事業之沿革 第一節人民自由經營時期 第一目水利工程 第二目水利事務 第三目水利私營之弊害 第二節政府機關統制時期 第一目公共埤圳 第二目官設埤圳 第三節官督民辦時間 第一目水利組合 第二目水利委員會	第二篇水　利 第一章水利事業之沿革 第一節人民自由經營時期 第一目水利工程 第二目水利事務 第三目水利私營之弊害 第二節政府機關統制時期 第一目公共埤圳 第二目官設埤圳 第三節官督民辦時間 第一目水利組合 第二目水利委員會	肆、水利篇 第一章水利事業沿革 第一節桃園水文 第二節日治時期的水利建設
	第二章桃園大圳 第一節組織與經費 第一目沿革 第二目經費 第二節工程概況 第一目桃園大圳工程 第二目光復後新設水利工程 第三節大嵙崁溪分水管委員會 第一目沿革	第二章桃園大圳水利委員會 第一節組織與經費 第一目沿革 第二目經費 第二節工程概況 第一目桃園大圳工程 第二目光復後新設水利工程 第三節大嵙崁溪分水管理委員會	第二章陂塘現況 第一節陂塘分佈 第二節灌溉情形

第二目業務概況	第一目沿革 第二目業務概況	
第三章中壢水利委員會 第一節組織與經費 第一目沿革 第二目經費 第二節工程概況 第一目主要工程設施 第二目工程效果 第三目光復後新設水利 　工程	第三章中壢水利委員會 第一節組織與經費 第一目沿革 第二目經費 第二節工程概況 第一目主要工程設施 第二目工程效果 第三目光復後新設水利 　工程	第三章農田水利 會 第一節桃園農田 水利會 第二節石門農田 水利會 第三節桃園、石門 農田水利會經費 第四節灌溉情形
第四章大溪水利委員會 第一節組織與經費 第一目沿革 第二目經費 第二節工程概況 第一目主要工程設施 第二目工程效果 第三目光復後新設水利 　工程	第四章大溪水利委員會 第一節組織與經費 第一目沿革 第二目經費 第二節工程概況 第一目主要工程設施 第二目工程效果 第三目光復後新設水利 　工程	第四章石門水庫 第一節建造緣起 第二節工程與經 費 第三節農業灌溉 第四節發電 第五節給水 第六節觀光
第五章湖口水利整理委 　員會 第一節組織與經費 第一目沿革 第二目經費 第二節工程概況 第一目主要工程設施 第二目工程效果 第三目光復後自辦水利 　工程	第五章湖口水利整理委 　員會 第一節組織與經費 第一目沿革 第二目經費 第二節工程概況 第一目主要工程設施 第二目工程效果 第三目光復後自辦水利 　工程	第五章水利污染 第一節陂塘污染 第二節水庫污染 第三節河川污染 第四節水庫整治 工程
第六章防洪工程 第一節地勢及河流 第二節防洪設施	第六章桃園農田水利會 第一節組織與財務 第二節工程概況 第三節灌溉概況	
	第七章石門農田水利會 第一節組織與財務 第二節工程概況	

		第三節灌溉概況	
		第八章防洪工程 第一節地勢及河流 第二節防洪設施	
		第九章石門水庫 第一節大崁科溪流域之 　　　形勢 第一目地勢 第二目地質 第三目水量 第四目原有水利設施 第五目石門水庫之優越 　　　條件 第二節規劃經過 第一目日據時期之設計 第二目光復後之研究與 　　　促進 第三節工程概況 第一目工程計畫大要 第二目大壩型式及費用 　　　估計 第三目分年施工與經費 　　　之籌措 第四節經濟效益 第一目農田灌溉 第二目水力發電 第三目制水防洪 第四目都市給水 第五目附帶利益 第六目有水斯有土	

資料來源：郭薰風主修，諶化文纂修：《桃園縣志・經濟志》（桃園：桃園縣
　　　　文獻委員會，1966 年）；廖本洋主修、連文安纂修，《桃園縣志・
　　　　經濟志》（桃園：桃園縣政府，1979 年）；賴澤涵總編纂、李力庸
　　　　纂修，《新修桃園縣志・經濟志》（桃園：桃園縣政府，2010 年）。

附錄六：桃園縣埤塘水圳保存及獎勵新生 利用自治條例[18]

第一條　桃園縣（以下簡稱本縣）為保存境內埤塘水圳資源、維持特殊人文地景，提供灌溉、景觀、文化、休閒遊憩、生態保育及防災等功能，特制定本自治條例。

第二條　本縣埤塘水圳保存及獎勵新生利用事項，除中央法令另有規定外，依本自治條例之規定。

第三條　本自治條例之主管機關為桃園縣政府（以下簡稱本府）。

第四條　本自治條例用詞定義如下：

　　一、埤塘：指灌溉水池、魚池、蓄水池，且面積在〇‧三公頃以上，或面積未滿〇‧三公頃，而具有歷史、人文、景觀、生態或其他重要價值，經本府公告者。

　　二、水圳：聯繫埤塘水源平衡之輸送水路，具有歷史、人文、景觀、生態或其他重要價值，經本府公告者。

　　三、新生利用：指埤塘水圳作促進景觀、文化、休閒遊憩、生態保育及防災等功能之硬體建設或活動。

第五條　本縣埤塘水圳以維持一定水域總面積為原則。
下列事項由本府公告之：

　　一、本縣埤塘水圳之總數量及總面積。

　　二、前條關於歷史、人文、景觀、生態或其他重要價值之認定標準。

第六條　本府應設埤塘水圳審議委員會，審議下列事項：

　　一、埤塘廢止之申請。

　　二、水圳之報廢、遷移、加蓋或搭排。

　　三、埤塘水圳新生利用計畫。

　　四、埤塘水圳獎勵補助事項。前項組織及審議辦法由本府另定之。

---

18 中華民國 106 年 5 月 7 日上網查詢，有關「桃園縣埤塘水圳保存及獎勵新生利用自治條例」，請參見 2012 年 7 月 10 日公告定稿，網址 http://www.tycg.gov.tw/ch/home.jsp?id=27&parentpath=0,5&mcustomize=gdownload_list.jsp

第七條為符合埤塘水圳之保存及新生利用，本府於都市及非都
　　　市土地通盤檢討時，得變更埤塘所在地區為適宜之土
　　　地使用分區或用地。
第八條因公共安全、重大建設必要開發計畫或經埤塘水圳審議
　　　委員會許可之埤塘水圳新生利用計畫，必須填埋或縮
　　　減埤塘面積者，應繳交埤塘水圳新生發展基金。但農
　　　業發展條例有規定者，從其規定。前項埤塘水圳新生
　　　發展基金收支保管運用辦法，由本府另定之。
第九條本府得依埤塘水圳之現況，因地制宜公告埤塘水圳水
　　　域、堤頂及其周土地之新生利用允許使用項目。
第十條埤塘水圳之新生利用，應由所有人擬具埤塘水圳新生利
　　　用計畫，報本府核定。

前項申請書及其應附文件由本府另定之。

第十一條為有效達成埤塘水圳新生利用，本府得獎勵補助下列
　　　　對象：
　　一、依第十條提出申請者。
　　二、經本府勘定優先新生利用者。
　　三、管理維護良好者。

前項獎勵補助辦法，由本府另定之。

第十二條前條之獎勵補助經費來源，除編列預算提撥外，得以
　　　　埤塘水圳新生發展基金支應。
第十三條受本府獎勵補助之埤塘水圳，應由申請人擬具經營管
　　　　理維護計畫，經本府審核通過後自行經營管理維護，
　　　　或委託他人經營管理維護。獲補助之埤塘水圳計畫完
　　　　成後，二年內不得填埋或縮減埤塘面積，但經埤塘水
　　　　圳審議委員會許可者不在此限。
第十四條受本府獎勵補助之埤塘水圳，如經查證未依核定之埤
　　　　塘水圳新生利用計畫或經營管理維護計畫執行者，本
　　　　府應以書面通知限期改善，屆期仍未改善者，本府得
　　　　取消獎勵補助款。
第十五條本自治條例自公布日施行。

附錄七：桃園縣及各鄉（鎮、市）原住民族人口統計

（截至 2014 年 12 月 24 日止）

區域別	桃園縣			桃園市			中壢市
性別	計	男	女	計	男	女	計
總計	64,307	30,929	33,378	6,662	3,011	3,651	7,723
阿美	30,570	15,101	15,469	3,726	1,755	1,971	3,581
泰雅	18,638	8,957	9,681	1,065	409	656	1,679
排灣	4,832	2,188	2,644	624	293	331	848
布農	3,692	1,536	2,156	344	142	202	590
魯凱	472	239	233	38	18	20	105
卑南	901	460	441	116	58	58	166
鄒	178	74	104	36	14	22	34
賽夏	959	393	566	195	80	115	165
雅美	67	15	52	13	3	10	10
邵	18	7	11	5	1	4	0
噶瑪蘭	124	71	53	11	6	5	20
太魯閣	1,689	777	912	205	99	106	256
撒奇萊雅	72	48	24	15	9	6	2
賽德克族	306	136	170	42	15	27	43
尚未申報	1,789	927	862	227	109	118	224

男	女	計（平鎮市）	男	女	計（八德市）	男	女	計（楊梅市）	男
106	118	112	51	61	239	130	109	75	37
21	22	29	14	15	61	29	32	22	9
1	1	17	12	5	10	8	2	12	9
102	154	182	88	94	244	106	138	83	35
10	10	16	11	5	1	0	1	4	3
0	0	0	0	0	0	0	0	0	0
4	6	10	2	8	13	3	10	11	1
71	94	117	49	68	115	47	68	99	37
11	23	2	0	2	10	5	5	16	8
74	92	111	52	59	101	52	49	100	55
49	56	55	28	27	47	24	23	70	32
238	352	504	227	277	329	117	212	227	103
380	468	549	235	314	515	225	290	396	187
705	974	1,393	591	802	1,075	484	591	703	307
1,662	1,919	2,790	1,359	1,431	3,734	1,856	1,878	1,816	870
3,434	4,289	5,887	2,719	3,168	6,494	3,086	3,408	3,634	1,693

女	大溪鎮			蘆竹鄉			大園鄉		
	計	男	女	計	男	女	計	男	女
38	146	79	67	149	83	66	73	38	35
13	13	7	6	23	11	12	16	8	8
3	2	2	0	7	3	4	0	0	0
48	52	16	36	110	59	51	37	18	19
1	13	6	7	14	9	5	7	6	1
0	1	0	1	3	2	1	3	2	1
10	0	0	0	6	2	4	0	0	0
8	15	9	6	16	6	10	3	0	3
62	56	23	33	61	23	38	25	11	14
45	69	40	29	55	31	24	33	16	17
38	20	11	9	28	16	12	29	15	14
124	174	70	104	275	110	165	265	127	138
209	257	118	139	415	188	227	260	122	138
396	2,984	1,380	1,604	405	198	207	185	88	97
946	3,086	1,570	1,516	2,615	1,326	1,289	2,282	1,175	1,107
1,941	6,888	3,331	3,557	4,182	2,067	2,115	3,218	1,626	1,592

龜山鄉 計	男	女	龍潭鄉 計	男	女	新屋鄉 計	男	女	觀音鄉 計
248	129	119	48	29	19	9	5	4	52
23	10	13	26	9	17	4	1	3	1
3	1	2	3	2	1	0	0	0	0
219	95	124	187	102	85	23	7	16	67
21	11	10	3	2	1	13	7	6	1
2	0	2	4	2	2	0	0	0	0
0	0	0	4	0	4	0	0	0	0
39	15	24	60	29	31	6	2	4	18
25	12	13	3	2	1	3	0	3	1
74	45	29	46	22	24	5	1	4	18
51	29	22	12	6	6	1	0	1	13
358	150	208	266	102	164	92	37	55	232
467	216	251	279	122	157	74	42	32	128
527	206	321	1,152	499	653	48	16	32	267
4,430	2,233	2,197	1,456	748	708	376	189	187	571
6,487	3,152	3,335	3,549	1,676	1,873	654	307	347	1,369

男	女	計	男	女
22	30	187	109	78
1	0	3	1	2
0	0	1	1	0
0	0	0	0	0
40	27	24	10	14
0	1	0	0	0
0	0	0	0	0
0	0	0	0	0
0	0	0	0	0
6	12	3	0	3
0	0	0	0	0
0	1	14	7	7
9	4	3	2	1
10	8	7	4	3
104	128	36	9	27
56	72	20	4	16
112	155	7,155	3,962	3,193
312	259	107	46	61
672	697	7,560	4,155	3,405

（復興鄉）

資料來源：桃園市政府原住民行政局

附錄八：地方志書纂修辦法[19]

第 1 條　地方志書之纂修依本辦法辦理之。

第 2 條　地方志書分為省(市)志、縣(市)志。

第 3 條　地方志書之纂修，以二十年纂修一次為原則。

第 4 條　地方志書之纂修，如舊志內容完整者，得以續修方式為之。

第 5 條　各省(市)、縣(市)志書纂修事宜，由各省(市)文獻主管機關及各縣(市)政府負責辦理。

編纂志書辦理機關，得向有關機關、團體洽請協助提供資料或約請專門人士協助完成之。

第 6 條　各省(市)文獻主管機關及各縣(市)政府編纂志書，應先編擬志書凡例、綱目及纂修計畫函送內政部核備。

第 7 條　各省(市)、縣 (市) 政府纂修志書應編列預算。

第 8 條　纂修地方志書應依下列規定，並避免冒濫或迷信：

一、志書遇有引用中文以外其他文字時，得以註音字母為之，並得附載原文。

二、志書輿圖應以最新科學方法製繪精印。

三、繪製省(市)、縣(市)輿圖，對於國界、省(市)界或縣(市)界，變更沿革，應清晰劃分，並附說明。

四、志書輿圖除繪製行政區域圖外，並應將山脈、水道、交通、地質、物產、氣候、街市、港灣、名勝及古蹟，分別繪製專圖。

五、地方文化資產，應攝影編入，並加說明。

六、重要及特殊方物，應將原物攝影編入，並加說明。

---

19 全國法規資料庫 http://law.moj.gov.tw/LawClass/LawAll.aspx?PCode=D0020026

七、志書應將土地、住民、經濟、文化、教育、政治、社會等情況之統計編入。

八、志書應列藝文一門，文學藝術並重，如書畫、雕刻及其他有關藝術事項均應兼採；武術技擊另列一門。志書藝文門應編列書目。

九、編列詩、文、詞、曲，無分新舊，並以有關文獻及民情者為限；歌、謠、戲、劇之甄採亦同。

十、革命先烈與抗敵殉難烈士及依褒揚條例受褒揚者之事蹟，應予編入。鄉賢名士及其他有優良事蹟者，得酌量編入。

十一、志書應編列大事記一門。

十二、志書各門應列舉參考書目。

第 9 條　各省(市)、縣(市)志書編纂完成，應由省(市)文獻主管機關、縣(市)政府將志稿函請內政部審定。

第 10 條　各省(市)、縣(市)志書印刷完成後，應分送行政院、內政部、國防部、教育部、行政院文化建設委員會、國家圖書館及有關機關、學校。

鄉 鎮、市、區) 公所得視需要纂修鄉(鎮、市、區)志。

前項鄉(鎮、市、區)志之纂修準用縣(市)志之規定。

第 11 條　各鄉(鎮、市、區)志書編纂完成，應將志稿送縣(市)政府審查後，函請內政部審定之。

直轄市之區志書編纂完成，應將志稿送直轄市文獻主管機關審查後，函請內政部審定之。

第 12 條　本辦法自發布日施行。

參考書目

一、史料（按中國歷代排列）

（漢）史馬遷，《史記》（臺北：新象書局，1985 年）。

（漢）許慎、（清）段玉裁注，《說文解字》（臺北：萬卷樓圖書公司，2002 年）。

（晉）范寧等人，《春秋穀梁傳注疏》卷九，（清）《文淵閣四庫全書》本經部。

（晉）杜預，《春秋經傳集解》（上海：上海商務印書館縮印），玉田蔣氏藏宋本。

（南朝梁）劉勰著，民國范文瀾注，《文心雕龍》〈宗經第三〉，收錄於郭紹虞、

（明）陳第〈東番記〉，收錄於沈月容，《閩海贈言》（臺北：臺灣銀行經濟研究所，1972 年）。

（清）賈漢復修、沈荃纂，《河南通志》，清順治 17 年刊本。

（清）徐文弼，《吏治懸鏡》（臺北：廣文書局，1976 年）。

（清）蔣敏英，《臺灣府志》（南投：臺灣省文獻委員會，1993 年）。

（清）林謙光，《臺灣紀略》（臺北：臺灣銀行經濟研究所，1961 年）。

（清）高拱乾，《臺灣府志》（臺北：臺灣銀行經濟研究所，1960年）。

（清）夏之芳，《台陽紀遊百韻》收錄於《台灣文獻匯刊》第四輯第 18 冊（大陸：廈門大學出版社，2005 年）。

（清）黃叔璥，《台海使槎錄》（臺北：臺原出版社，1957 年）。

（清）周元文，《重修臺灣府志》（臺北：臺灣銀行經濟研究所，1960 年）。

（清）林文達，《鳳山縣志》（臺北：臺灣銀行經濟研究所，1961年）。

（清）陳倫炯，《海國聞見錄》，四庫全書珍本。

（清）陳培桂，《淡水廳志》（臺北：臺灣銀行經濟研究所，1956年)。

（清）陳淑均等人著，《噶瑪蘭廳志》（臺北：臺灣銀行經濟研究所，1985 年）。

（清）郁永河，許俊雅校釋，《裨海紀遊校釋》（臺北：國立編譯館，2009 年）。

（清）王燕緒編修，羅善徵繪圖，《皇清職貢圖》卷三，四庫全書珍本。

（清）周鍾瑄，《諸羅縣志》（臺北：臺灣銀行經濟研究室，1958年）。

（清）劉良璧，《重修福建臺灣府志》（臺北：成文出版社，1983年）。

（清）范咸、六十七，《重修臺灣府志》（臺北：成文出版社，1983 年）。

（清）余文儀，《續修臺灣府志》（臺北：行政院文化建設委員會，2007 年）。

（清）章學誠、（民國）葉瑛注，《文史通義校注》（臺北：頂淵文化公司，2002 年）。

連雅堂，《臺灣通史》（台北：臺灣省文獻委員會，1976 年）。

二、近代方志（按出版時間先後排列）

郭薰風，《桃園縣志總目錄》（桃園：桃園縣文獻委員會，1956 年）。

郭薰風主修、諶化文纂修，《桃園縣志‧經濟志》（桃園：桃園縣文獻委員會，1966 年）。

郭薰風主修，《桃園縣志》〈人物志〉（桃園：桃園縣文獻委員會，1968 年）。

陳啟英，《桃園縣志‧氏族篇》（桃園：桃園縣政府，1975 年）。

連文安，《桃園縣志卷四‧經濟志》（桃園：桃園縣政府，1979 年）

廖本洋主修、連文安纂修，《桃園縣志‧經濟志》（桃園：桃園縣政府，1979 年）。

黃宇元監修、王國璠纂修、劉曉寒主修，《臺北市志‧凡例》（臺北：臺北市文獻委員會，1984 年）。

許中庸，《桃園縣志卷五‧文教志》（桃園：桃園縣政府，1988 年）。

高志彬，《臺灣文獻書目題解：方志類》（臺北：中央圖書館臺灣分館，1989 年）。

曾迺碩，《臺北市志‧卷首上》（臺北：臺北市文獻委員會，1991 年）。

黃興斌編纂、楊王生主編，《重修高雄市志卷尾》（高雄：高雄市文獻委員會，1993 年）。

黃浩明，《龜山鄉志》（龜山：龜山鄉公所，1997 年）。

臺灣省文獻委員會編輯組，《重修臺灣省通志‧卷首》（南投：編者，1998 年）。

若林正丈著，許佩賢譯，《臺灣：分裂國家與民主化》（臺北：新自然主義股份有限公司，2000 年）。

草店尾老人，《崁津五十一》（桃園：編者印，2001 年）。

黃秀政、張勝彥、吳文星，《臺灣史》（臺北：五南圖書出版公司，2002 年）。

李筱峰，《臺灣全志‧卷首戰後臺灣變遷史略》（南投：國史館臺灣文獻館，2004 年）。

張勝彥，《臺灣全志‧大事志》（南投：國史館臺灣文獻館，2004 年）。

蔡正松，《旗山鎮誌》（高雄：旗山鎮公所，2006 年）。

劉耀南，《竹山風土誌》（南投：竹山鎮公所，2006 年）。

柯安正，《重修大社鄉志》（高雄：大社鄉公所，2006 年）。

內政部營建署雪霸國家公園管理處，《塔克金故鄉影像誌》（苗栗：編者，2006 年）。

中華綜合發展研究院應用史學研究所，《新店市志》（臺北：新店市公所，2006 年）。

中華綜合發展研究院應用史學研究所，《琉球鄉志》（屏東：琉球鄉公所，2006 年）。

中華綜合發展研究院應用史學研究所，《金峰鄉志》（臺東：金峰鄉公所，2006 年）。

卓越諮詢顧問有限公司編纂，《花壇鄉志》（彰化：花壇鄉公所，

2006 年）。

楊天厚、林麗寬,《金沙鎮志》（福建省金門縣：金沙鎮公所,
2007 年）。

顏尚文,《嘉義市志》（嘉義：嘉義市政府,2007 年）。

夏黎明,《鹿野鄉志》（臺東：鹿野鄉公所,2007 年）。

黃秀政,《台灣史志新論》（臺北：五南圖書出版公司,2007 年）。

李應森,《龍眼林誌》（南投：中寮鄉龍眼林福利協會,2007 年）。

沈耀宜,《梅山地名誌》（嘉義：財團法人梅山文教基金會,2007
年）。

沈明仁,《仁愛鄉志》（南投：仁愛鄉公所,2008 年）。

總編纂尹章義,《新屋鄉志》（新屋：新屋鄉公所,2008 年）。

林雲榮,《新埤鄉志》（屏東：新埤鄉公所,2008 年）。

黃秀政總編纂,《臺中市志》（臺中：臺中市政府,2008 年）。

尋俠堂國際創藝有限公司,《板橋市志三編》（臺北：臺北縣板
橋市公所,2009 年）。

黃秀政,《臺灣全志·文化志》（南投：國史館臺灣文獻館,2009
年）。

陳鴻圖,《臺灣水利史》（臺北：五南圖書公司,2009 年）。

總纂修雷家驥,纂修楊弘任,《嘉義縣志·社會志》（嘉義：嘉
義縣政府,2009 年）。

總編纂雷家驥、副總編纂吳昆財,《嘉義縣志·志首》（嘉義：
嘉義縣政府,2009 年）。

總纂修雷家驥,纂修林德政,《嘉義縣志·住民志》（嘉義：嘉
義縣政府,2009 年）。

總纂修雷家驥,纂修陳文尚、陳美鈴,《嘉義縣志·地理志》（嘉
義：嘉義縣政府,2009 年）。

總纂修雷家驥，纂修楊維真，分修楊宇勛，《嘉義縣志・人物志》（嘉義：嘉義縣政府，2009 年）。

總纂修雷家驥，纂修阮忠仁，《嘉義縣志・沿革志》（嘉義：嘉義縣政府，2009 年）。

總纂修雷家驥，纂修張峻嘉，《嘉義縣志・農業志》（嘉義：嘉義縣政府，2009 年）。

總纂修雷家驥，纂修江寶釵、分修張屏生、蕭藤村，《嘉義縣志・文學志》（嘉義：嘉義縣政府，2009 年）。

總纂修雷家驥，纂修李淑卿、分修明立國、翁徐得，《嘉義縣志・藝術志》（嘉義：嘉義縣政府，2009 年）。

總纂修雷家驥，纂修李若文、張建俅，《嘉義縣志・經濟志》（嘉義：嘉義縣政府，2009 年）。

總纂修雷家驥，纂修陳淳斌、分修王明燦，《嘉義縣志・政事志》（嘉義：嘉義縣政府，2009 年）。

總纂修雷家驥，纂修李泰儒、分修林明地、翁徐得，《嘉義縣志・教育志》（嘉義：嘉義縣政府，2009 年）。

總纂修雷家驥，纂修顏尚文，《嘉義縣志・宗教志》（嘉義：嘉義縣政府，2009 年）。

總纂修雷家驥，纂修江寶釵，分修張屏生、蕭藤村，《嘉義縣志・文學志》（嘉義：嘉義縣政府，2009 年）。

總編纂賴澤涵、編纂朱德蘭，《新修桃園縣志・交通志》（桃園：桃園縣政府，2010 年）。

總編纂賴澤涵、編纂吳學明，《新修桃園縣志・勝蹟志》（桃園：桃園縣政府，2010 年）。

總編纂賴澤涵、編纂李力庸，《新修桃園縣志・經濟志》（桃園：

桃園縣政府，2010年）。

總編纂賴澤涵、編纂尚世昌，《新修桃園縣志・住民志》（桃園：
桃園縣政府，2010年）。

總編纂賴澤涵、編纂林澤田，《新修桃園縣志・行政志》（桃園：
桃園縣政府，2010年）。

總編纂賴澤涵、編纂黃運喜，《新修桃園縣志・宗教禮俗志》（桃
園：桃園縣政府，2010年）。

總編纂賴澤涵、編纂陳立文，《新修桃園縣志・開闢志》（桃園：
桃園縣政府，2010年）。

總編纂賴澤涵、編纂梁榮茂，《新修桃園縣志・教育志》（桃園：
桃園縣政府，2010年）。

總編纂賴澤涵、編纂劉阿榮，《新修桃園縣志・地方自治志》（桃
園：桃園縣政府，2010年）。

總編纂賴澤涵、編纂劉明憲，《新修桃園縣志・臍錄志》（桃園：
桃園縣政府，2010年）。

總編纂賴澤涵、編纂鄭政誠，《新修桃園縣志・志首》（桃園：
桃園縣政府，2010年）。

總編纂賴澤涵、編纂潘朝陽，《新修桃園縣志・地理志》（桃園：
桃園縣政府，2010年）。

總編纂賴澤涵、編纂謝艾潔，《新修桃園縣志・社會志》（桃園：
桃園縣政府，2010年）。

總編纂賴澤涵、編纂謝艾潔，《新修桃園縣志・人物志》（桃園：
桃園縣政府，2010年）。

總編纂賴澤涵、編纂謝艾潔，《新修桃園縣志・藝文志》（桃園：
桃園縣政府，2010年）。

呂允在，《增修烈嶼鄉志》（金門：烈嶼鄉公所，2010 年）。

總編纂王振勳，《文化生活圈發展史--埔鹽文化生活史》（彰化：
　　　彰化縣埔鹽鄉公所，2016 年）。

總編纂黃秀政，《續修臺北市志》（臺北：臺北市立文獻館，2017
　　　年）。

三、專　書（按出版時間先後排列）

陳國鈞，《臺灣土著社會始祖傳說》（臺北：幼獅書店，1964 年）。

傅振倫，《中國方志學通論》（臺北：臺灣商務印書館，1966 年）。

王夢鷗註釋、王雲五主編，《禮記今註今譯》（臺北：臺灣商務
　　　印書館，1970 年）。

梁啟超，《要精解題及其讀法》（臺北：華正書局，1974 年）。

黎錦熙，《方志今議》（臺北：臺灣商務印書館，1976 年）。

林天蔚，《地方文獻研究與分論》（北京：北京圖書館出版社，
　　　1976 年）。

趙　翼，《二十二史箚記》（臺北：鼎文書局，1979 年）。

蔡志展，《清代臺灣水利開發研究》（臺中：昇朝出版社，1980
　　　年）。

謝國平，《語言學概論》（臺北：三民書局，1985 年）。

楊燕起，《歷代名家評史記》（中國北京：北京師範大學，1986
　　　年）。

國立中央圖書館台灣分館特藏資料編纂委員會，《臺灣文獻書目
　　　題解》第一種方志類（二）、（三）、（四）（臺北：國立中
　　　央圖書館台灣分館，1988 年）。

梁啟超，《中國歷史研究法補編》（上海：上海書局，1989 年）。

姜義華，《史學概論》（臺北：水年圖書公司，1991 年）。

劉緯毅，《中國地方志》（北京：新華出版社，1991 年）。

徐復觀，《兩漢思想史》（臺北：臺灣學生書局，1993 年）。

陳正祥，《臺灣地誌》（臺北：南天書局，1993 年）。

王夢鷗，《文學概論》（臺北：藝文印書館，1994 年）。

周　迅，《中國的地方志》（臺北：臺灣商務印書館，1994 年）。

來新夏，《中國地方志》（臺北：臺灣商務印書館，1995 年）。

巴蘇亞•博伊哲努（浦忠成），《台灣原住民的口傳文學》（臺
北：常民文化，1996 年）。

林會承、劉興明，《桃園之陂塘調查研究》（桃園：桃園縣立文
化中心，1996 年）。

梁啟超，《中國歷史研究法》（中國北京：東方出版社，1996 年）。

潘樹廣，《中國文學史料學》（臺北：五南圖書出版有限公司，
1996 年）。

李攸峰、劉峰松，《台灣歷史閱覽》（臺北：高皇出版社，1996
年）。

伊能嘉矩著、楊南郡譯，《平埔族調查旅行》（臺北：遠流出版
公司，1996 年）。

陳鴻圖，《水利開發與清代嘉南平原的發展》（臺北：國史館，
1996 年）。

周婉窈，《台灣歷史圖說》（臺北：聯經出版，1997 年 10 月）。

巴蘇亞•博伊哲努（浦忠成），《原住民的神話與文學》（臺北：臺
原出版社，1999 年）。

王良行，《鄉鎮志撰修實務手冊》（臺中：國立中興大學、行政

　　　院文化建設委員會中部辦公室，1999 年）。

許雪姬、林玉茹主編，《五十年來臺灣方志成果評估與未來發展
　　　學術研討會論文集》（臺北：中央研究院臺灣史研究所籌
　　　備處，1999 年）。

黃秀政，《臺灣史志論叢》（臺北：五南圖書出版公司，1999 年）。

蔡志展，《明清臺灣水利開發研究》（南投：臺灣省文獻委員會，
　　　1999 年）。

洪敏麟，《臺灣舊地名之沿革》（南投：臺灣省文獻委員會，1999
　　　年）。

張素玢、詹素娟，《臺灣原住民史平埔族史篇（北）》（南投：臺
　　　灣省文獻委員會，2002 年）。

李總集，《桃園大圳農田灌溉渠道系統之改善模式研究》（桃園：
　　　臺灣省桃園農田水利會，2002 年）。

陳其澎計畫主持，《2003 年桃園臺地陂塘文化學術研討會》（桃
　　　園：桃園縣立文化中心，2003 年）。

全國意向顧問有限公司，《全國客家人口基礎資料調查研究》（臺
　　　北：行政院客
家委員會，2004 年）。

巴兆祥，《方志學新論》（上海：學林出版社，2004 年）。

黃厚源，《我家鄉我桃園》（桃園：桃園縣人與地鄉土文化學會，
　　　2005 年）。

鄒川雄，《通識教育與經典詮 —— 一個教育社會學的反省》（嘉
　　　義：南華大學教育社會學研究所，2006 年）。

高禎霙，《《史》《漢》論贊之研究》（臺北：花木蘭文化出版社，
　　　2006 年）。

朱光潛，《談文學》（臺北：五南圖書，2006 年）。

黃英哲，《「去日本化」「再中國化」：戰後臺灣文化重建
　　（19451947）》（臺北：麥田出版社，2007 年）。
黃秀政，《臺灣史志新論》（臺北：五南圖書出版公司，2007 年）。
林衍經，《方志學綜論》（上海：華東師範大學出版社，2008 年）。
梁啟超，《中國歷史研究法》（臺北：書房出版公司，2008 年）。
李仁癸，《珍惜台灣南島語言》，臺北：前衛出版，2010 年）。
胡萬川，《民間文學的理論與實際》（臺北：里仁書局，2010 年）。
劉國平，《司馬遷的歷史哲學》，收入於《古代歷史文化研究輯
　　刊》（臺北：花木蘭出版社，2010 年）。
江樹生譯註，《熱蘭遮城日誌》（臺南：臺南市文化局，2011 年）。
羅根澤主編，《中國古典文學理論批評專著選輯》（中國北京：
　　人民文學出版社，2011 年）。
日創社文化事業有限公司，《桃園客家海脣人：新屋漁村展風貌》
　　（臺北：行政院客家委員會，2011 年）。
行政院客家委員會編，《99 年至 100 年全國客家人口基礎資料調
　　查》（臺北：編者，2011 年）。
王朝貴等人，《讀經教育理論與實務》（臺北：洪葉文化，2011
　　年）。
臺灣總督府民政部警察本署／蕃務本署編著，翁佳音、陳治宏
　　譯，《平埔番調查書》（臺南：國立臺灣歷史博物館，2013
　　年）。

四、學位論文（按畢業時間先後排列）

李彥霖，《陂塘到大圳桃園臺地水利變遷（1683-1945）》，東吳大
　　學歷史學系碩士論文，2004 年。

鄧秀美，《客家文化休閒產業發展之研究──以桃園縣新屋鄉為例》，元智大學資訊社會學研究所碩士論文，2008年。

黃琪崴，《文化公民權之賦權與實踐以桃園客家文化節回應性評估》，國立中央大學客家研究碩士在職專班碩士論文，2009年。

盧淑美，《客家鄉鎮發展文化觀光之研究──以桃園縣新屋鄉為例》，國立中央大學客家研究碩士在職專班碩士論文，2010年。

連梓鈞，《從語言接觸之觀點探討客家聚落的族群互動關係──以新屋鄉笨港村為例》，國立中央大學客家政治經濟研究所碩士論文，2011年。

李鈺淳，《鳥瞰臺灣方志：以物產、職官為初探對象》，國立臺灣大學資訊工程學研究所碩士論文，2011年。

盧巧榕，《臺灣清代街的形成與發展：以方志記載為中心的探討》，國立臺北藝術大學建築與文化資產研究所碩士論文，2011年。

沈玉燕，《乙未年桃園客家地區抗日事件之研究》，國立中央大學客家研究碩士在職專班碩士論文，2012年。

覃培清，《臺泰跨國婚姻文化適應現象：以南桃園客家庄泰籍妻子為例》，國立中央大學客家社會文化研究所碩士論文，2012年。

徐惠玲，《《新修嘉義縣志》、《新修桃園縣志》之比較研究──以藝文方志為例》，銘傳大學應用中國文學系博士論文，2013年。

呂凌慧，《《枋寮100番地誌》：地方志的數位實驗創作》，國立

政治大學數位內容碩士論文，2013 年。

黃致凱，《應用序列標記技術於地方志的實體名詞辨識》，國立
　　　政治大學資訊科學學系碩士論文，2015 年。

孫偉哲，《地方志設計屬性與喜好度相關探討》，國立高雄師範
　　　大學文化創意設計碩士論文，2016 年。

陳彥文，《臺灣方志中女性傳記書寫之研究以桃園、新竹、苗栗、
　　　臺中及彰化地區為例》，國立彰化師範大學台灣文學研究
　　　所碩士論文，2016 年。

孫定邦，《臺灣清代地方志木雕版研究以國史館臺灣文獻館所藏
　　　《淡水廳志》雕版為例》，逢甲大學歷史與文物研究所碩
　　　士論文，2016 年。

五、單篇論文（按出版時間先後排列）

盛清沂，〈吾國歷代之鄉鎮志暨本省當前編纂鄉鎮志問題〉，《臺
　　　灣文獻》，第 17 卷 2 期，1966 年。

莊金德，〈臺灣省文獻委員會設立的沿革〉，《臺灣文獻》第 19
　　　卷第 4 期，1968 年。

高志彬，〈重修福建臺灣府志編印說明〉，《重修福建臺灣府志》
　　　（臺北：成文出版社，1983 年 3 月）。

高志彬，〈重修臺灣府志編印說明〉，《重修臺灣府志》（臺北：
　　　成文出版社，1983 年 3 月）。

陳三井，〈論清代臺灣地區方志的義例講評〉，《漢學研究》，第 3
　　　卷第 2 期，1985 年。

顧力仁、辛法春，〈臺灣地區公藏方志的存藏留傳與利用之調

查〉，《漢學研究》第 3 卷第 2 期（臺北：漢學研究資料
及服務中心，1985 年）。

王世慶，〈尹章義「清修臺灣方志與近三十年所修臺灣方志之比
較研究」〉，《漢學究》第 3 卷第 2 期（臺北：漢學研究資
料及服務中心，1985 年）。

陳捷先，〈論清代臺灣地區方志的義例〉，《漢學研究》第 3 卷第
2 期（臺北：漢學研究資料及服務中心，1985 年）。

簡榮聰，〈臺灣省文獻委員會推動全面修志概述〉，《臺灣文獻》，
第 46 卷第 3 期（南投：臺灣省文獻委員會，1995 年）。

曾迺碩，〈臺灣方志五十年：從方志發展談直轄臺北市志之修
纂〉，《中國現代史專題研究報告第十八輯》（臺北：中華
民國史料研究中心，1996 年）。

高志彬，〈臺灣方志之纂修及其體例流變述略〉，《臺灣文獻》第
49 卷第 3 期，1998 年。

任　茹、王柏山，〈明清臺灣中北部地區水利之開發從北港溪到
大漢溪〉，《臺灣文獻》，49 第 3 期，1998 年

蔡志展，〈明清臺灣的水源開發〉，《臺灣文獻》，第 49 卷第 3 期，
1998 年。

林美容，〈確立地方誌的傳統：兼談臺灣史學的奠基〉，東吳大
學主編，《方志學與社區鄉土史學術研討會論文集》（臺
北：臺灣學生書局，1998 年）。

張素玢，〈南崁地區的平埔族〉，收入於劉益昌、潘英海主編，《平
埔族群的區域研究論文集》（南投：臺灣省文獻委員會，
1998 年）。

黃秀政、曾鼎甲，〈論戰後臺灣方志之纂修以《臺灣省通志稿·

學藝志》為例〉,《臺灣文獻》49 卷第 2 期,1998 年 6 月。

林玉茹、蔡峙,〈戰後臺灣方志總表〉,《五十年來臺灣方志成果
　　評估與未來發展學術研討會論文集》(臺北:中央研究院
　　臺灣史研究所籌備處,1999 年)。

來新夏,〈論新編方誌的人文價值〉,《海峽兩岸地方史志暨地方
　　博物館學術研討會》(南投:臺灣省文獻委員會,1999
　　年)。

王良行,〈鄉鎮志體例另論〉,《五十年來臺灣方志成果評估與未
　　來發展學術研討會論文集》(臺北:中央研究院臺灣史研
　　究所籌備處,1999 年)。

林玉茹,〈地方知識與社會變遷戰後臺灣方志的發展〉,《臺灣文
　　獻》,第 50 卷第 4 期(南投:臺灣省文獻委員會,1999
　　年)。

林玉茹,〈知識與社會:戰後臺灣方志的發展〉,《五十年來臺灣
　　方志成果評估與未來發展學術研討會論文集》(臺北:中
　　央研究院臺灣史研究所籌備處,1999 年)。

林玉茹、蔡峙製表,〈戰後臺灣方志總表〉,《五十年來臺灣方志
　　成果評估與未來發展學術研討會論文集》(臺北:中央研
　　究院臺灣史研究所籌備處,1999 年)。

黃耀能,〈纂修高雄市、南投縣志的架構以及所遭遇的困難〉,《五
　　十年來臺灣方志成果評估與未來發展學術研討會論文
　　集》(臺北:中央研究院臺灣史研究所籌備處,1999 年)。

謝嘉樑,〈由行政主管談當前方志纂修面臨的問題〉,《五十年來
　　臺灣方志成果評估與未來發展學術研討會論文集》(臺
　　北:中央研究院臺灣史研究所籌備處,1999 年)。

曹鳳祥，〈乾隆帝出兵平定臺灣林爽文起義的戰略〉，《陝西廣播電視大學學報》第四期，2002 年 4 月。

林會承，〈桃園陂塘的獨特性與其遠景〉，《2003 年桃園臺地陂塘文化學術研討會》（桃園：桃園縣政府，2003 年）。

賴志彰，〈桃園陂塘的歷史變遷〉，《2003 年桃園臺地陂塘文化學術研討會》（桃園：桃園縣政府文化局，2003 年）。

黃秀政，〈論二二八事件的發生及其對臺灣的傷害〉，《臺灣史志新論》（臺北：五南圖書館公司，2007 年）。

黃秀政，〈戰後臺灣方志的纂修（1945~2005）〉，《臺灣史志新論》（臺北：五南圖書館公司，2007 年）。

黃美娥，〈點校說明〉，《續修臺灣府志》（臺北：行政院文化建設委員會，2007 年）。

黃秀政、郭佳玲，〈戰後臺灣縣(市)志的纂修—以新修《臺中市志》為例〉，《方志學理論與戰後方志纂修實務》（南投：國史館臺灣文獻館，2008 年）。

蕭新煌、黃世明，〈纂修《臺灣全志・社會志》：實務的經驗與檢討〉，《方志學理論與戰後方志纂修實務》（南投：國史館臺灣文獻館，2008 年）。

鄒川雄鎮，〈從身心狀態觀點看經典學習與經典詮釋—以《論語》學而篇首章之詮釋分析為例〉，收入於謝青龍、林昭炤主編，《精粹中的博雅經典、教育與經典教育》（臺北：麗文文化事業，2010 年）。

黃秀政，〈《續修臺市志》纂修計畫〉，《臺北文獻直字》（臺北：臺北市文獻委員會，2012 年 3 月）。

徐惠玲，〈清康熙年間《臺灣府志》之文學記述及其特色〉，《臺

灣文獻》（南投：國史館臺灣文獻館，2016 年 12 月）。

黃秀政，〈地方史志編纂與研究專輯（上）導讀〉，《臺灣文獻》
　　67 卷 4 期，2016 年 12 月 30 日。

六、報　紙

林麗如，〈換個角落想永續多元發展登錄世遺活化陂塘峰會找
　　契機〉，《聯合報》B1 版，2010 年 10 月 14 日。

七、網路資料

中央研究院民族學研究所數位典藏 http://www.ianthro.tw/p/39

原住民族委員會官方網站
http://www.apc.gov.tw/portal/docList.html?CID=6726E5B80C8822F9

國科會國家型科技計畫—臺灣大學數位典藏創新應用前鋒計畫
(EPEE)1930 年代臺灣平埔族群影音資料整合應用與推廣放映計畫
http://www.pinpu.digital.ntu.edu.tw/overview_b.php

臺北市政府原住民族事務委員會官網
http://www.sight-native.taipei.gov.tw/fp.asp?fpage=cp&xItem=659919
&CtNode=20731&mp=cb01

全國法規資料庫
http://law.moj.gov.tw/LawClass/LawAll.aspx?PCode=D0020026

行政院客家委員會 http://web3.hakka.gov.tw/mp.asp?mp=1

內政部戶政司 http://www.ris.gov.tw/

自由時報電子報
http://news.ltn.com.tw/news/politics/breakingnews/2131743

八、田野調查

2012 年 5 月 4 日，在桃園市訪問《桃園縣志》〈經濟志〉纂修諶化
　　文之子諶其驤。

2013 年 4 月 21 日，在桃園市電話訪問桃園在地聯盟總幹事潘忠政。

2015 年 1 月 5 日，在桃園市龜山區，採訪永媽隆的後裔永文義。

2017 年 7 月 3 日，在新北市淡水，採訪前國立中興大學歷史學
　　系教授/文學院院長黃秀政。

2017 年 7 月 14 日，在臺北市台北市長官邸藝文沙龍表演廳《續
　　修臺北市志》新書發表會，採訪《續修臺北市志》總纂
　　黃秀政。